L'auteur

Docteur en psychologie, David Fontana est professeur de psychologie appliquée à l'université du Pays de Galles et à l'université de Minho au Portugal.

Psychologue de renom, il s'attache à montrer le lien existant entre psychologie et spiritualité. Il a suivi l'enseignement et pratiqué la méditation sous l'égide de nombreux maîtres, tant orientaux qu'occidentaux. Membre de la *British Psychological Society*, Président de la *Society for Psychical Research*, il est également psychothérapeute et conseiller en psychologie.

Auteur de près de dix-huit ouvrages sur la méditation, le développement personnel, les symboles et la maîtrise du stress, il a été traduit en dix-neuf langues. Souvent invité des radios et de la télévision, il parcourt le monde sans cesse, allant de retraites en conférences où il partage avec ses lecteurs son expérience de la méditation.

LE LIVRE
DE LA MÉDITATION

Collection L'Âge d'Être
dirigée par Laurence Fritsch

L'APRÈS-MORT
Georges Barbarin

VOYAGE VERS LE MAÎTRE DE LA PUISSANCE
Ibn' Arabi

LA TECHNIQUE ALEXANDER
Sarah Barker

LA ROUE DE LA MÉDECINE
Sun et Wabum Bear

VAINCRE LA CODÉPENDANCE
Melody Beattie

SOYEZ ZEN
Charlotte Joko Beck

GUIDE DES TECHNIQUES DU MIEUX-ÊTRE
GUIDE DES MÉDECINES DIFFÉRENTES
Marie Borrel/Ronald Mary

DES PLANTES POUR TOUS LES JOURS
Arlette Braine

LA VIE EST ÉNERGIE
Simonne Brousse

LA BIOLOGIE DE L'ESPRIT
Rémy Chauvin

LE TAO DE LA VOIX
Stephen Chun Tao Cheng

MIEUX MANGER POUR MIEUX VIVRE
Lionel Coudron

LE BOUDDHISME ET LA SPIRITUALITÉ ORIENTALE
Pierre Crépon

LE CRISTAL, PIERRE DE SANTÉ
Korra Deaver

LA MÉMOIRE DES VIES ANTÉRIEURES
Denise Desjardins

LA MORT ACCOMPAGNÉE
Garance Denaux

CES COULEURS QUI NOUS GUÉRISSENT
Roland Di Sabatino

NOUS SOMMES TOUS IMMORTELS
DES VIES ANTÉRIEURES AUX VIES FUTURES
Patrick Drouot

PRATIQUE DE L'EXPÉRIENCE SPIRITUELLE
Karlfried Graf Dürckheim

VERS L'ÉTERNELLE JEUNESSE
LE TAO DE L'HABITAT
Gérard Edde

TROUVER SON PROPRE CHEMIN
Isabelle Filliozat

CHAMANE, GUÉRISSEUR DE L'ÂME
John A. Grim

À L'ADRESSE DE CEUX QUI CHERCHENT
Alain Guillo

LA VOIE SPIRITUELLE DU CHAMANE
Michael Harner

VOTRE ENFANT A UN PASSÉ
Peter et Mary Harrisson

COMMENT COMPRENDRE SON HOROSCOPE
Germaine Holley

TRANSFORMEZ VOS DÉSIRS EN RÉALITÉ
Richard Khaitzine

LA MORT EST UN NOUVEAU SOLEIL
LA MORT, DERNIÈRE ÉTAPE DE LA CROISSANCE
Elisabeth Kübler-Ross

DO IN, LA VOIE DE L'ÉNERGIE
Anne-Béatrice Leygues

COMPRENEZ VOS ENFANTS GRÂCE À LA NUMÉROLOGIE
TROUVEZ VOTRE PARTENAIRE GRÂCE À LA NUMÉROLOGIE
Philippe de Louvigny

TU TE LIBÉRERAS DE TES CHAÎNES
Gérard G. May

QUAND LA COLÈRE MONTE
Matthews et Judith McKay, Peter D. Rogers

PILOTER SA VIE EN CHAMPION
Guy Missoum et Jean-Marc Lhabouz

MAÎTRISEZ VOTRE DESTIN
Philippe Morando

VIVRE LA VOYANCE
Rosana Nichols

LA VIE APRÈS LA MORT
Nils O'Jacobson

NAÎTRE ET RENAÎTRE DANS L'EAU
Michel Odent

LUNA-YOGA
Adelheid Ohlig

CE QU'ILS ONT VU AU SEUIL DE LA MORT
Karlis Osis et Erlendur Haraldsson

LA REBIRTH-THÉRAPIE
Jacques de Panafieu

LES CHANNELS
Erik Pigani

COMMENT SORTIR DE SON CORPS ?
Bernard Raquin

DU SOLEIL AU QUOTIDIEN
Norman Rosenthal

DÉCODEZ VOS RÊVES
UN PRÉNOM À VIVRE
Geneviève Salvatge

BIEN VOIR POUR MIEUX VIVRE
Lisette Scholl

SAGES D'ORIENT
Idries Sham

VOS VIES ANTÉRIEURES
Elaine Stephens

ÉVEILLEZ LES FACULTÉS PSYCHIQUES DE VOTRE ENFANT
Dr Alex Tanous et Katherine Fair Donnelly

LA MAGIE DES RUNES
Edred Thorsson

L'ÊTRE ALPHA
Henry G. Tietze

LA VIE SECRÈTE DES PLANTES
Peter Tompkins / Christopher Bird

UN ÉCLAIR D'ÉTERNITÉ
Janwillen van de Wetering

LA CONSCIENCE AU SOLEIL
Monique de Verdilhac

CES POUVOIRS QUI SONT EN VOUS
John Volkmar

YI-KING AU QUOTIDIEN
Greg Whincup

SUPER-MOI
Ian Wilson

UTILISEZ LES POUVOIRS DE VOTRE CERVEAU
Jacquelyn Wonder/Priscilla Donovan

L'Âge d'Être

DR DAVID FONTANA

Le livre de la méditation

POCKET

Titre original :
The Meditator's Hanbook

Traduit de l'anglais
par Laurence E. Fritsch

ISBN 2-266-00078-0

Sommaire

À la mémoire de Carl Jung,
psychologue, méditant, mystique,
qui explora l'esprit humain
avec un talent d'exception

Avant-propos de l'éditeur français

Cet ouvrage, remarquable par son érudition, est pourtant très abordable pour les personnes n'ayant jamais pratiqué la méditation, et ce n'est pas là son aspect le moins remarquable.

Nous remercions David Fontana de son aimable collaboration et des précisions qu'il a bien voulu apportées afin d'affiner la traduction de certains termes.

En ce qui concerne les termes chinois, nous avons opté pour l'orthographe pinyin et remercions Gérard Edde des éclaircissements qu'il nous a donnés.

Enfin, l'apparat critique et la bibliographie française sont destinés à faciliter l'abord de certaines notions par le plus grand nombre de personnes possibles car ce livre est un tremplin vers une étude, et peut-être une pratique, que seul chacun de nous peut mener à son rythme et suivant ses aspirations.

Second ouvrage de David Fontana à être traduit en français, *Le Livre de la méditation* tend un pont entre Orient et Occident en montrant le chemin de l'Unité et de la clarté intérieure.

Puisse-t-il être un messager de paix et de sécurité.

Laurence E. Fritsch

Préface

Un grand tumulte agite la surface de la terre. Cependant, dans le même temps, la plupart d'entre nous expérimente dans sa vie quotidienne des relations dont l'intimité, la chaleur, la confiance, l'honnêteté et la générosité sont caractéristiques de la façon dont les individus se comportent les uns envers les autres. C'est ainsi que l'on a souvent l'impression qu'en dépit du fait que nous soyons tout à fait incapables de gérer la façon dont nous vivons au plan collectif, il apparaît qu'au plan individuel nous sommes pleins de bonnes intentions, lesquelles transparaissent dans la grande moralité qui, en fin de compte, caractérise le comportement humain. Il est vrai qu'au cours des âges les humains se sont adressés aux différentes religions du monde pour essayer de trouver des réponses leur permettant de mieux gérer les demandes et les défis de la vie. Mais, là comme ailleurs, le cynisme a fait tant de progrès qu'il porte la responsabilité de la destruction des valeurs, de la terreur et de la guerre au lieu d'avoir contribué à la résolution des problèmes auxquels nous sommes confrontés.

Dans toutes les traditions, la méditation est une pratique qui tend à apaiser l'agitation de nos vies tant intérieure qu'extérieure et à créer une harmonie entre l'individu et le monde social, spirituel, voire métaphysique qui l'entoure. C'est une pratique qui n'est pas nécessairement fondée sur une croyance ou une foi. Son but ultime est de créer un état de plénitude sereine tant au plus profond de nous-mêmes qu'en surface, dans la façon dont nous vivons. C'est enfin une pratique qui embrasse toutes les religions et toutes les traditions séculaires ; elle est source de calme, de compréhension, de liberté et de sérénité.

L'ouvrage que nous offre ici David Fontana cache sous la simplicité et la modestie de son titre un dessein d'importance. En effet, il tend à nous montrer la vraie place de la méditation dans toutes les traditions de la société humaine, des plus grandes aux plus petites, et ceci en nous servant de guide dans les méandres de leur histoire nationale et philosophique. Dans ce sens il s'agit bien là d'un authentique guide des techniques alternatives de la méditation pour mieux tenir tête à l'agitation dont nous sommes les instigateurs et qui perturbe nos vies personnelles comme le monde qui nous entoure.

Mais qu'est-ce que la méditation ? Il est finalement très difficile de répondre à cette question basique, tout simplement parce que la méditation embrasse trop de traditions. Depuis des années j'ai lu nombre de relations concernant les différentes façons de méditer dans l'hindouisme, le bouddhisme, le soufisme, le judaïsme, le christianisme et le chamanisme. Pour ma part, j'ai constaté qu'après m'être adonné un moment à cette lecture ma vue se brouillait. Je me sentais alors glisser et me noyais dans les profondeurs abyssales de l'obscurcissement, de celles que les érudits, consciemment ou non, créent à l'intention de celui qui veut s'aventurer dans leurs terres rarement cartographiées. Bien des écrits portant sur la méditation dans les différentes traditions sont si obscurs pour le lecteur moyen qu'il devient bientôt presque impossible de comprendre la nature même de la pratique, le propos de la méditation, ainsi que la façon dont elle est reliée à la démarche spirituelle beaucoup plus large au sein de laquelle cette technique est enseignée. Par conséquent c'est la confusion qui naît à la place de la compréhension, le trouble qui remplace le repos. On a ainsi le sentiment que des érudits sont parfois si imbus de la connaissance qu'ils possèdent de telle ou de telle tradition, qu'ils la rendent mystérieuse pour maintenir leur ascendant sur le commun des mortels et les étudiants. Aucune de ces accusations ne peut être portée contre David Fontana dont le livre est en tout point lumineux.

Il s'agit là d'un ouvrage qui vous guide, qui prend tranquillement le lecteur par la main et marche à ses côtés en l'accompagnant dans les méandres aussi vastes que complexes du savoir véhiculé par les traditions. Il lui donne des directions claires et simples pour continuer sur le chemin, et son langage est immédiatement accessible sans rien céder à la condescendance ou à la simplification extrême. Je rends ici hommage à David Fontana en disant que j'ai appris bien plus après vingt ans de pratique et d'étude de la méditation d'un point de vue psychologique en lisant son livre qu'en lisant plusieurs ouvrages mis bout à bout. Il a, en effet, pour mérite de mettre en évidence avec clarté la complexité des différentes traditions spirituelles et d'expliquer simplement la place de la méditation au sein de chacune d'elles. Il ne se lasse pas de redonner tout au long de cet ouvrage des instructions claires pour pratiquer les différentes sortes de techniques méditatives au sein de ces diverses traditions.

Cependant ce livre n'est pas simplement un guide de la méditation aux tournures académiques et au ton impartial. Il est écrit avec une grande sensibilité et, particulièrement vers la fin, l'on sent émerger l'intelligence des traits communs à la pratique méditative à travers les traditions quelles qu'elles soient, de même que l'intelligence particulière de cette pratique que David Fontana retire de sa riche expérience de celle-ci. Il sait nous faire part des fruits de la méditation tels que l'état de tranquillité, les sentiments de beauté et de plénitude, la compréhension des choses, l'engagement qu'il implique au lieu de la séparation qu'il pourrait suggérer, la vérité, l'honnêteté et la sincérité qui en résultent. Le livre refermé, j'ai essayé de résumer pour moi-même la nature de la méditation. J'ai d'abord pensé que la méditation est l'expérience de soi, puis cela se transforma dans mon esprit en l'expérience de l'être. Enfin, en des termes plus spirituels, elle devint la célébration de l'être. La conséquence de ceci, c'est qu'il y a une célébration de l'être, d'autrui, puis de tous les êtres. Finalement il s'agit simplement de la célébration de l'Être. J'en conclus donc que *Méditer c'est Être*. Tel est de mon point de vue la conclusion de ce vaste périple à travers les traditions — la compréhension que j'ai fondée sur ma propre expérience, le guide de David Fontana. La méditation est une voie pour apprendre à être, sans attachement, sans avidité, ni désir, ni antipathie, sans agression ni culpabilité enfin. Par conséquent, il s'agit là réellement d'une pratique destinée à calmer la turbulence de notre monde tant intérieur qu'extérieur. Il me semble en fait que, avec la volonté collective de guérir notre planète et les habitants que nous sommes, la méditation représente une voie sans détour de quiétude et de compréhension qui peut nous aider à vivre dans notre monde et avec autrui et non hors de notre monde coupé des autres.

La sincérité du docteur Fontana, l'énorme richesse de son érudition comme de sa pratique de la méditation s'associent pour faire de cet ouvrage le merveilleux compagnon de tous les méditants, quel que soit le moment où ils sont parvenus de leur propre voyage spirituel.

Michael West,
auteur de *La Psychologie de la méditation*.

Introduction

Écrire sur la méditation c'est également écrire sur la religion puisque c'est en son sein — ou plus exactement dans la spiritualité — que toutes les grandes traditions méditatives ont grandi et prospéré. J'espère cependant que le lecteur qui ne s'intéresse pas particulièrement au domaine religieux ne jettera pas ce livre. Il ne s'agit pas ici, en effet, d'essayer de convertir qui que ce soit à une forme de pensée spirituelle, car c'est à chacun de trouver son propre chemin dans la vie et de connaître ou d'ignorer le sens de celle-ci. Il ne s'agit pas non plus de considérer le point de vue d'une unique religion. Si l'on rencontre des références plus nombreuses à certaines religions, c'est parce que ces dernières ont insisté sur la tradition méditative.

Pour ma part, j'ai toujours cherché la vérité unique qui se cache derrière toutes ces religions. Les enseignements, tant pratiques que théoriques, que j'ai eu le privilège de recevoir dans bien des traditions majeures orientales et occidentales, ajoutés au sens du sacré dont j'ai fait l'expérience dans les temples,

les églises, les mosquées, les chapelles et les tentes de méditation, m'ont montré que c'est souvent la faillibilité humaine et non la vérité qui est responsable des luttes entre les peuples.

Dans le même temps, mon intérêt de psychologue m'a conduit à étudier les mystères de l'esprit humain, la richesse de tout ce que nous pouvons expérimenter dans la vie comme dans la mort sans même le soupçonner si nous faillissons à cette exploration. La méditation est une voie, peut être la seule qui permet cette exploration afin d'entrer au cœur de cette richesse.

N.d.T. : Le terme « réaliser » que l'on rencontrera au cours de l'ouvrage, est un terme technique signifiant que l'on a atteint l'illumination.

1

Qui suis-je ?

L'exploration de l'espace intérieur

Chacun de nous vit dans deux mondes. L'un d'entre eux est d'une grande évidence. Regardez autour de vous et il s'étale sous vos yeux. Remarquez à quel point il vous est familier et connu. De fait, vous pouvez mettre un nom sur chacune des choses que vous voyez, dire à quoi elle sert, d'où elle vient, ce qu'elle coûte, qui la possède, si elle est séduisante ou repoussante, le temps qu'elle va durer et ce qui adviendra à la fin de sa vie. De même prenez conscience du fait que vous pouvez mettre un nom sur les visages qui vous entourent, partager les gens en hommes et femmes, enfants et adultes, jeunes et vieux, amis et étrangers, être chéris ou simples relations, blonds et bruns, compatriotes ou étrangers. Vous noterez comme les choses sont facilement classifiables, comme elles sont vite labellisées, comme elles sont compréhensibles, voire prévisibles. Le monde qui touche nos sens est pour la plupart du temps et pour la plus grande partie de nos vies un monde clair et compréhensible, plein de visions et de sons, de goûts et de sensations comme autant de définitions de ce qu'est le fait d'être vivant.

Pourtant il existe un autre monde, tout aussi éclatant mais bien plus difficile à décrire et à comprendre, un monde intérieur de pensées et d'émotions, un monde d'imagination et de rêves, un monde qui cache l'ombre de notre « JE », cette mystérieuse personne que l'on ne peut en fait jamais voir mais qui est capable de scruter les mondes intérieur comme extérieur. Il s'agit d'une personne dont nous pouvons oublier l'existence de temps en temps lorsque, par exemple, nous sommes totalement absorbés dans une tâche, envoûtés par une symphonie de Beethoven ou presque endormis. Cependant, elle refait toujours surface au moment où nous reprenons nos esprits, où nous nous réveillons et redevenons nous-mêmes.

Qui est ce « JE » ?

C'est une bien étrange chose que de constater la rareté des moments où nous nous penchons sur l'existence de cet intangible « JE ». Qui donc *est* en fait cette personne qui vit en nous et qui côtoie nos espaces extérieur et intérieur ? D'où vient-elle et où va-t-elle ? Il est clair que il ou elle fait l'expérience de la vie, mais qu'est-ce qu'en fait que l'expérience de la vie, cette chose étrange, magique, frustrante et affolante qui s'exprime à travers nous et qui nous fait balancer la plupart du temps de façon peu confortable entre la tristesse et la joie ? Quelle est sa fonction ? A-t-elle un but et lequel ? Pouvons-nous la connaître et, si tel est le cas, la comprendre ?

Plus on considère ces questions et plus on s'aperçoit que répondre à la première d'entre elles c'est répondre à toutes aussi bien. Et ceci tout simplement parce que savoir qui nous sommes, c'est aussi savoir d'où nous venons et ce vers quoi nous allons, c'est encore savoir ce qu'est la vie et à quoi elle sert. Chacune de ces interrogations n'est qu'une facette de la même question fondamentale et éternelle : « Qui suis-je ? » Voilà bien la question existentielle fondamentale, celle qui est la source de toutes les autres et qui leur donne leur sens comme leur importance.

Depuis des milliers d'années, et probablement depuis l'aube de la conscience dans la nuit des temps préhistoriques, hommes et femmes ont considéré cette question essentielle, écouté ces individus étranges qui, de temps en temps, sont apparus à nos yeux en semblant connaître la réponse, une réponse édictée dans un langage mystérieux et symbolique qui ne ressemble pas du tout à une réponse. Et pour peu que l'on demande un peu plus de clarté, ils ne nous offrent qu'une série de techniques plus ou moins énigmatiques à travers lesquelles, prétendent-ils, il nous est possible de trouver cette clarté pour nous-mêmes. C'est ainsi que l'on nous a enseigné, semble-t-il, que la réponse à la question « Qui suis-je ? », loin d'être une formule donnée de toute pièce par quelqu'un d'autre, est bien une *expérience* personnelle directe. Et à y bien réfléchir, quelle autre réponse peut-il bien y avoir puisque c'est *nous-mêmes* qui sommes ce que nous sommes ?

Savoir ce que l'on veut

Un terme court existe pour ce « JE », ce « Soi » dont nous voulons connaître la nature : c'est

« l'esprit », voilà un terme pratique et général qui recouvre tout ce qui est contenu dans notre monde intérieur au niveau tant conscient qu'inconscient. Notre « esprit » ce sont nos pensées, nos sentiments, nos souvenirs. Ce sont les images que nous visualisations, la musique que nous nous chantons, le sens que nous donnons au monde extérieur, la conscience que nous avons de notre propre existence. Ce sont encore les espoirs et les rêves que nous nourrissons pour l'avenir, les valeurs morales qui sont les nôtres et qui régissent notre vie, les vœux que nous formulons pour nous et pour autrui. Et dans le même temps ce sont ces étendues cachées au plus profond de nous-mêmes et situées sous le niveau de notre conscience immédiate qui, néanmoins, d'une façon que j'expliquerai plus loin, influencent profondément nos pensées, nos actions et nos émotions. « L'esprit » est en fait le théâtre magique de notre espace intérieur où nous jouons les drames de notre vie. Comme dans tout théâtre, l'action se passe tant sur scène qu'en coulisses, on y rencontre les acteurs et les auteurs dramatiques. En fait il comprend l'esprit conscient qui pense et sait ce qu'il pense et l'esprit inconscient qui agit d'une façon très différente sur un mode caché.

C'est ainsi que pour nous connaître, il nous faut connaître notre propre esprit et sa double nature tant au niveau conscient qu'inconscient. Voilà bien une tout autre forme de connaissance, très différente en tout cas de celle qui consiste à dire des gens de décision qu'ils « savent ce qu'ils veulent [1] ». Elle

1. L'expression américaine est : *to know their own minds.* L'expression signifie littéralement « savoir ce qu'ils ont dans leur esprit ». Elle inclut donc le mot *minds* qui signifie « esprits » et reprend l'image utilisée par le docteur Fontana dans tout ce paragraphe. Le jeu de mots est impossible à rendre en français. *(N.d.T.)*

embrasse directement ce que nos esprits sont dans les faits. Elle implique d'être en même temps l'esprit qui est connu et l'esprit qui connaît — ce qui est impossible à première vue. Voilà bien enfin une forme de connaissance qui semble a priori aussi impossible à regarder au fond de son propre regard.

Ceux qui savent

Prenons encore le temps de considérer les hommes et les femmes qui, apparemment, connaissent la réponse à la question « Qui suis-je ? ». Si l'on y regarde bien et pour peu qu'on les identifie clairement, nous nous mettons dans la situation d'apprendre et de pratiquer les exercices que ces maîtres enseignent, exercices qui peuvent ou non — l'avenir nous le dira — nous conduire à trouver à notre tour la réponse à cette question aussi singulière que déconcertante.

D'abord nous constatons que ces personnes sont apparues dans des époques et des cultures très différentes. Quant à leur mode d'expression, voici ce que l'on observe également bien qu'ils utilisent des langages abstrait ou concret très différents, et qu'ils se servent de symboles très variés pour exprimer la vérité sous-jacente à la question, il n'en reste pas moins que l'essence de ce qu'ils disent ne change jamais. Qu'ils viennent de l'Orient ou de l'Occident, qu'ils soient issus de cultures hautement complexes ou apparemment très simples, qu'ils viennent d'époques très reculées ou des temps modernes, leurs enseignements restent d'accord sur l'essentiel. Si la science et la technologie du monde extérieur change rapidement de façon exponentielle, pendant le temps où j'écris ces lignes, le monde intérieur, celui dont ces hommes et ces femmes nous parlent, est en fait en dehors du temps. Les cartes qu'ils nous laissent afin de nous aider à trouver notre chemin restent inchangées.

Troisième point en ce qui concerne les guides : ils ne voient aucune limite au sein de l'espace intérieur. Les cartes qu'ils nous laissent ne présentent pas de traits pointillés délimitant des territoires. Elles ne font mention d'aucun poste frontière, d'aucune déclaration de douane, d'aucun changement de tarif, de monnaie ni de réglementation. Ces hommes et ces femmes ne mentionnent aucune division entre les trois grands domaines de l'esprit que nous autres contemporains nommons la religion, la philosophie et la psychologie. Il n'y a, à leurs yeux, que l'esprit. Aucun partage n'est même envisagé entre le conscient et l'inconscient, ni même entre l'état de veille et l'état de sommeil, ni enfin entre les pensées et les rêves. Il n'y a qu'une seule *connaissance* globale. En d'autres termes, puisque le mot connaissance est souvent de nos jours ravalé à un savoir purement factuel, il n'y a qu'une seule sagesse qui embrasse tout.

Nous aurons l'occasion de rencontrer certains de ces hommes et de ces femmes au cours de cet ouvrage mais — parce que nos esprits contemporains ont besoin de catégoriser les gens — nous préférons leur donner le nom de maîtres religieux ou spirituels. En Orient il y a d'abord le *Bouddha* et nombre de praticiens de la tradition bouddhiste, *Patanjali* et bien d'autres adhérents des traditions hindoues et particulièrement du *Vedânta*. Au Moyen-Orient, on notera *Rumi* et les tenants de la tradition *soufie* ainsi que des auteurs anonymes tels que celui qui écrivit la *Sefer Yetzirah* et les autres textes *kabbalistiques*. En ce qui concerne le pont entre le Moyen-Orient et l'Occident, on citera le *Christ* et les auteurs chrétiens — particulièrement ceux de la période *gnostique* — ainsi que le mythique *Hermès Trismégiste* et les nombreux spécialistes des mystères de la religion et de la tradition *hermétique*.

Pour des raisons moins évidentes mais également importantes, il faut ajouter à cette liste *Pythagore* et certains auteurs spécialistes des mystères de la Grèce sans oublier les traditions *amérindiennes* ou *chamaniques*. Cette liste n'est en aucun cas exhaustive. L'unité que l'on retrouve dans le travail de ces différents maîtres est qu'ils enseignent des pratiques destinées à aider l'individu à regarder en soi-même et à trouver au sein de son espace intérieur la réalité dont émane toute existence. Elle est de tout temps notre vraie nature, la force créatrice qui nous permet « d'être » et qui soutient le monde extérieur.

Le point de vue de la psychologie moderne

Permettez-moi de préciser maintenant pourquoi la psychologie occidentale moderne doit prendre en considération les enseignements de ces maîtres. Le fait même qu'il me faille passer du temps sur ce point illustre suffisamment tant la distinction artificielle que nous faisons en Occident entre psychologie, religion et philosophie, que l'étroitesse d'esprit avec laquelle une bonne partie de ces praticiens font leur travail.

Et c'est bien cette étroitesse d'esprit qui conduit certaines personnes (pour la plupart des confrères psychologues) à me demander pourquoi je ne me sens concerné par ce qui est parfois décrit comme un « non-sens mystique et non scientifique » que ces enseignements représentent alors que je suis le pur produit de la tradition occidentale. Il est vrai qu'en Occident nous avons la fâcheuse habitude de nous considérer comme ce qui se fait de mieux au plan humain. Nous envisageons l'histoire comme un processus d'évolution ascensionnel et continu de l'espèce humaine quittant le monde des superstitions et des pensées primaires pour un savoir sophistiqué sensé représenter une image authentique et objective de ce que les choses sont réellement. Pour la défense de cette vision des choses, il faut dire les exploits de la science et de la technologie moderne, de la recherche spatiale, de la magie électronique, des bonds fantastiques effectués par la biologie et la médecine ainsi que les découvertes extraordinaires qui ont nourri le progrès en nous apprenant à manipuler et à contrôler virtuellement chaque aspect de notre monde physique.

Cependant, ce discours contient deux erreurs interdépendantes. La première est due au concept de progrès soi-même car il signifie que les idées précédentes, les anciennes visions du monde étaient nécessairement erronées. En fait cela dépend beaucoup de ce qu'il y a derrière ces idées. Si votre intérêt est de démontrer que le monde n'est qu'une vaste machine, produit de la combinaison de la chance aveugle et de la sélection naturelle, il est clair que vous interpréterez les preuves données par votre science dans des termes dictés par cet intérêt particulier. D'autre part si vous cherchez à démontrer que le monde possède d'autres dimensions, et que ce sont celles-ci qui donnent un sens et un but à la vie, il n'est pas moins clair que vous interpréterez les signes d'une façon bien différente.

Voici une analogie fort utile : pensez à une voiture et à son conducteur. Si votre intérêt se limite à la mécanique, vous passerez votre temps la tête sous le capot et ne vous intéresserez en aucun cas à la personne assise à l'intérieur. S'il vous arrivait d'y penser, vous rejetteriez tout bonnement cette idée parce qu'un être humain n'est pas fait de fer et de plastique, seuls éléments que vous reconnaissez. À l'inverse, si vous prenez quelque intérêt dans les personnes qui conduisent la voiture, vous ouvrirez la porte et regarderez à l'intérieur avec un regard très différent.

Ce serait une erreur que de mésestimer l'importance de ce qu'il y a sous le capot. Scruter le moteur est une action juste quand il s'agit de bricoler la mécanique. Mais de la même façon ce serait une erreur de sous-estimer celui qui se trouve à l'intérieur de la voiture. Car il s'agit là d'une action juste lorsqu'il s'agit de connaître le conducteur. Aucune des deux actions n'est « erronée » au sens absolu. Elles ont toutes les deux leurs fonctions qui dépendent du type de question que l'on se pose. Cependant, bien que la personne qui garde la tête sous le capot a la tâche la plus aisée (les machines sont plus faciles à gérer et à prévoir que les gens qui les conduisent), c'est la personne qui regarde à l'intérieur qui se pose la question la plus fondamentale : c'est elle qui trouvera l'explication non seulement du conducteur mais aussi de la voiture puisque c'est l'esprit humain, en fin de compte, qui est responsable des deux.

La seconde erreur est de penser que le progrès apparent dans *certains* domaines de notre savoir est un progrès dans *tous* les domaines. La science et la technologie contemporaine ont progressé à grandes enjambées dans l'étude de la composition matérielle des choses inanimées, tout comme la biologie moderne dans l'étude de la composition matérielle du vivant. Mais on n'a pas fait des pas de géant dans l'étude de la psychologie humaine. En fait, nous savons très peu de choses (et dans certains domaines encore moins) de tout ce qui concerne l'esprit humain, en tout cas bien moins que les maîtres du temps du

Bouddha il y a deux mille cinq cents ans, et bien moins que ceux qui vivaient au temps des auteurs anonymes des *Védas* hindous, des siècles auparavant.

En fait, la cartographie détaillée de l'esprit humain et des états de la conscience humaine que nous ont donnée les sages orientaux de ces époques reculées, n'a jamais été égalée tant dans sa complexité que dans sa précision par tous les essais de la psychologie occidentale moderne.

À ceux qui reculent à la simple mention de Bouddha ou des Védas hindous qui ont, à leurs narines, un parfum de soufre et de superstition, je peux opposer ce que nous appelons la grande littérature du monde occidental. S'il est vrai que nous n'y trouvons rien de comparable à la grande cartographie des états du mental que nous ont laissé les Orientaux, il est tout aussi vrai que dans l'observation de la pensée et du comportement des hommes, il est difficile de surpasser la profondeur d'analyse d'un Shakespeare, d'un Goethe ou d'un Molière. Si leurs œuvres ont survécu par-delà les siècles, ce n'est pas à cause de la beauté de leurs langages mais bien parce qu'elles sont d'une pénétration exceptionnelle de la condition humaine et que nous y trouvons une série de miroirs qui reflètent pour nous les réalités de notre expérience.

Ce sont des œuvres de cette amplitude, jointes à celles produites dans le millénaire qui précéda le Christ par les écrivains grecs tels que Sophocle et Euridipe, qui montrent que les hommes et les femmes se sont toujours posés les mêmes questions sur la psychologie humaine, sur les origines de la vie, et sur la destinée, questions que nous sommes toujours en train d'essayer de résoudre aujourd'hui.

Non, il serait vraiment faux de penser que, parce que nous autres contemporains nous avons pénétré les secrets de l'atome et de l'espace intersidéral, nous avons rencontré le même succès dans l'observation de l'esprit humain et dans la compréhension des mystères de l'espace intérieur.

L'esprit et le cerveau

En fait d'une certaine façon la science contemporaine n'a pas vraiment essayé d'étudier l'esprit. Elle a préféré l'assimiler au cerveau. En d'autres termes, elle a préféré considérer l'activité mentale en tant que processus électrochimique au sein du cerveau mesurable par des instruments adaptés. Le fait que — quelle que soit la nature de cette activité — nous avons une expérience des pensées en tant que *pensées*, c'est-à-dire en tant qu'événement d'ordre mental et non physique, est considéré par elle comme hors de propos.

La motivation sous-jacente à cette façon d'envisager les choses est très claire : il s'agit de présenter les hommes et les femmes comme des machines biophysiologiques susceptibles d'étudier au même titre que des machines mécaniques peuvent être analysées. L'ennui c'est que les êtres humains ne se considèrent pas comme des machines et persistent (il est vrai, de façon fort inconvenante pour des scientifiques) à agir de façon imprévisible, désordonnée, non conventionnelle et même, à l'occasion, éclatante.

Car les êtres humains persistent et signent : ils font montre d'imagination, ils rêvent, ils créent, ils innovent. Bien plus, ils font preuve d'initiative, ils ne se soumettent pas toujours aux règles, ils produisent de grandes œuvres artistiques et littéraires, ils survivent contre toutes les forces adverses. Plus fort encore, ils s'adaptent tant au plan mental que biologique, à des choses aussi étonnantes que l'apesanteur de l'espace intersidéral — voilà bien une question scientifique réelle et réellement embarrassante puisque les humains n'avaient jamais fait, auparavant, l'expérience de l'apesanteur dans leur évolution historique et que, par conséquent, la théorie voulait qu'ils soient incapables de s'y adapter. Ils persistent encore et continuent d'inventer, de découvrir, de prendre la suite de l'évolution génétique soi-même — autre embarrassante question pour la science puisque l'évolution génétique doit, aujourd'hui, être considérée comme dépendante de l'esprit et que l'on ne la croit plus uniquement le résultat de mutation hasardeuse et de la loi de la sélection naturelle.

Ils persistent enfin, ces êtres humains, à posséder cette chose troublante que l'on appelle la conscience, et même la conscience de soi, pour laquelle le plus réactionnaire des darwiniens ne peut trouver d'explication ni de but évolutionniste.

Le monde intérieur

C'est ainsi que, pour revenir à la position de notre psychologie occidentale moderne, il m'apparut tout à fait clair que, si l'on souhaite devenir psychologue, on doit étudier les gens tels qu'ils sont et non tels que nous souhaiterions qu'ils soient. Il nous faut accepter la psychologie avec ses propres conditions comme une science possédant ses règles et ses procédures spécifiques. Ce qui signifie qu'il s'agit d'écouter les gens et de prendre en compte ce qu'ils disent sur eux-mêmes. Ceci inclut l'utilisation de l'introspection, permettant à chacun de réfléchir et de raconter sa propre expérience. Cela sous-entend par ailleurs que l'on fait montre de respect pour cette introspection et cette réflexion, au lieu de répondre aux sujets, que ce qu'ils ont dans la tête n'est que le résultat d'un processus électrochimique d'une machine biologique située à l'intérieur de leur crâne.

Enfin, cela signifie aussi qu'il faut envisager sérieusement le monde intérieur dans lequel chacun de nous vit et par lequel il porte un regard sur le monde extérieur ; ce monde intérieur au sein duquel chacun de nous interprète et donne un sens à la vie, au sein duquel il se confronte à cette question fondamentale : « Qui suis-je ? »

Une fois reconnue la nécessité d'une telle approche de la psychologie humaine, je me suis mis à la recherche de méthodes et de techniques permettant d'explorer le monde intérieur et, en fin de compte, j'en suis venu à m'intéresser à la méditation.

Ma première curiosité sérieuse envers ce sujet se manifesta pendant ma vie d'étudiant après la licence, il y a de cela quelque vingt-cinq ans : au cours de mes recherches sur le yoga, mon regard fut attiré par une note dans un livre de Desmond Dunne, *Le Yoga facile* (en fait ce livre est une bonne introduction au *hatha-yoga*, beaucoup moins basique que le titre voudrait le laisser entendre) et qui disait qu'à travers cette pratique l'on apprenait « à être vrai et pleinement conscient de soi-même en tant qu'unité... non pas simplement au sens occidental du terme, individuel et très personnel, qui conduit trop souvent à l'égocentrisme et à l'inconfortable négation de soi mais bien d'une façon sereine et détachée qui immunise l'individu contre les influences superficielles ».

Une pratique qui pouvait avoir cet effet, me dis-je alors, méritait l'attention d'un psychologue. Tout ce qui est susceptible d'aider l'individu à atteindre la sérénité, le détachement et « l'immunité contre les influences superficielles » me semblait supporter la comparaison avec ce que la meilleure de nos techniques et de nos thérapies modernes pouvait offrir. Plus on travaille dans le champ de la psychologie humaine, plus on prend conscience de l'ampleur et de l'extension de la souffrance humaine. Que l'on ait atteint le désir d'étudier de façon plus intime notre espace intérieur, ou que l'on en soit encore à des intérêts purement extérieurs, la plupart d'entre nous a grandement besoin de sérénité afin d'être moins vulnérable aux nombreux problèmes que la vie met sur notre chemin. Dans ces années-là, c'est-à-dire il y a quelque vingt-cinq ans, il existait beaucoup moins de documentation sur la méditation qu'aujourd'hui et encore moins de professeurs en ce domaine. Cependant, je commençai de lire tout ce que je trouvais sur le sujet et j'eus particulièrement la bonne fortune de tomber sur l'excellent ouvrage d'Ernest Wood — même s'il est un peu sec et académique — dont le titre est *Yoga*. Si j'en croyais la force des termes employés par Wood comme par d'autres écrivains tels que Dunne, je pris conscience que, quelles que soient les autres facettes de la méditation, l'une d'entre elles était à n'en pas douter la concentration. De fait la concentration apparaissait comme le premier pas essentiel à faire. Et il ne s'agissait pas d'une concentration habituelle, à savoir celle qui fait que l'on se focalise sur un stimulus toujours renouvelé comme c'est le cas lorsque l'on s'intéresse à un livre, à une partie d'échecs ou que l'on écoute une symphonie. Il s'agissait d'une concentration appliquée à un seul objet, que celui-ci soit permanent ou consiste en un rythme simple et répétitif.

C'est ainsi que j'appris par exemple que le méditant peut se concentrer sur une forme géométrique, un mur blanc, un chant rythmé, un mouvement du corps ou encore sur le double mouvement respiratoire de l'inspiration et de l'expiration. Et là, semblait-il, était tout ce qui comptait. Armé de ce savoir, je décidai de passer aux essais de telle sorte qu'un soir, une fois seul à la maison, je posai un coussin sur le sol et quelque peu emprunté et de façon plutôt inconfortable, je m'assis en tailleur, fermai les yeux et tentai de concentrer mon attention sur ma respiration. À ce stade, je n'avais aucune idée de ce qu'il fallait que je fasse des pensées qui se pressaient dans ma tête et continuaient d'affecter ma capacité d'attention. Toujours est-il que, par chance ou par quelque don de la grâce, je réussissais cet essai pendant quelques dix minutes et restai relativement bien concentré sur les mouvements d'inspiration et d'expiration de mon abdomen.

Et quand je rouvris les yeux parce que j'avais été distrait par le bruit de quelqu'un qui revenait à la maison, je fus surpris (et plutôt fier) de me trouver relativement calme et dans un état d'esprit agréable. La pièce qui m'abritait avait pris une sorte de nouvelle qualité où les couleurs et les formes des objets de la vie quotidienne possédaient une beauté douce un peu particulière sous la lumière électrique. Il me sembla alors — sans vraiment savoir pourquoi — que quelque chose de la même qualité se passait à l'intérieur de moi.

Je pensai en moi-même « c'est ça » et je vis devant moi se profiler une vie de méditation régulière où j'entrerais rapidement dans l'état de sérénité et de détachement dont parlait Desmond Dunne et dans laquelle je coulerais des jours heureux en répandant la paix et la joie. Il était clair que méditer était facile. Je n'avais qu'à m'asseoir dans un coin tranquille, fermer mes yeux, me concentrer sur ma respiration et le tour était joué.

Inutile de dire que le lendemain soir, lorsque je

m'assis de nouveau sur mon coussin et que j'espérais avec confiance retrouver le même état, je fus considérablement déçu. En fait, au moment où je fermai les yeux et tentai de focaliser mon attention sur ma respiration, mon esprit me chuchota : « Je sais exactement ce que tu veux. Laisse-moi faire. Je vais nous conduire là-bas sans aucun problème. » Mais, s'il est vrai que l'esprit m'emmena bien dans une conversation mentale, dans un état d'inconfort physique, d'ennui et assez rapidement d'irritation, il est également clair qu'il ne me conduisit pas « *là-bas* ». Toute la séance fut un échec cuisant, quoiqu'on puisse parler d'échec d'une certaine façon et de grand succès d'une autre. En effet, si je regarde les choses comme elles doivent l'être, c'est à ce moment-là que commença le véritable travail d'enseignement qui m'apprit alors que la méditation n'est en aucun cas quelque chose dans laquelle on entre uniquement par la force de la volonté et par la force d'un ego qui dit : « Laisse-moi faire, c'est d'une simplicité enfantine. Tout ce que j'ai à faire est de recréer consciemment l'état que nous souhaitons. »

Il fallut un bon moment pour que la leçon porte ses fruits car jusqu'à ce jour toute mon éducation avait fait de moi quelqu'un qui pensait que, pour parvenir à quelque chose, il fallait travailler dur et consciemment. Il ne me fut pas facile de reconnaître que j'étais maintenant embarqué dans un processus bien plus subtil qui obéissait (si tant est « qu'obéir » est un bon mot) à des lois totalement différentes. Et la première de ces lois est la suivante : même si vous vous asseyez avec la ferme *intention* de méditer, dès que le processus s'engage, il vous faut laisser tomber cette notion d'intention et celle tendant à fixer votre esprit sur l'accomplissement d'un but prédéterminé. Au contraire, vous devez vous concentrer sur l'objet de la concentration, quel qu'il soit, comme si vous faisiez cela pour la toute première fois. Pas d'attente, pas d'espoir ni même d'absence d'espoir. Vous vous assyez et vous vous concentrez. Vous vous asseyez et vous pratiquez, et ce qui advient alors, vous l'observez tout en restant détaché.

Le point de vue élargi d'un psychologue

Malgré l'échec apparent de ma seconde tentative (et de bien d'autres qui suivirent) mon intérêt pour la méditation continua de grandir. Il m'arrivait de ressentir des éclairs de quiétude à l'intérieur de moi lesquels étaient paradoxalement — mais le méditant apprend vite à vivre avec le paradoxe — lénifiant et excitant en même temps. Il m'arrivait également parfois de trouver dans la vie quotidienne un soupçon de la sérénité et du détachement dont parlait Desmond Dunne ; bien qu'il ne m'avait pas vraiment « immunisé contre les influences superficielles », au moins il s'agissait-là de signes montrant qu'il y a moyen de vivre une vie dans laquelle on n'est pas malmené par les influences extérieures et sous la menace constante d'une myriade de frustrations et de difficultés que la vie met sur notre chemin.

Et quand le temps fut venu d'écrire mon premier ouvrage, je découvris que quelques minutes de méditation avant de prendre la plume m'aidaient à clarifier mon esprit et l'ouvrait à l'afflux d'idées déferlant de cet endroit mystérieux au sein de notre monde intérieur où la créativité prend sa source. Bien qu'à l'époque je n'avais pas encore rencontré mon premier maître en méditation, j'avais trouvé une ou deux personnes qui partageaient mon intérêt pour ce sujet et nous échangions les morceaux d'information que nous avions glané dans les livres et dans des

Concentration

Qu'est-ce exactement que la concentration ? Étant donné sa grande importance dans le champ de la méditation, il nous faut en savoir un peu plus.

Les psychologues donnent de la concentration la définition suivante : il s'agit d'une forme particulière de l'attention, disciplinée et soutenue, une attention qui nécessite d'être canalisée dans un tunnel étroit de façon que les stimuli étrangers qui nous distraient en temps normal ne puissent le faire. Toute notre conscience est alors focalisée sur une seule chose, elle n'a plus qu'un seul objet.

Dans la vie quotidienne la concentration est une excellente chose. Si nous sommes concentrés sur ce que nous faisons, nous sommes bien plus efficaces et nous retenons mieux les détails de ce que nous faisons. Bien des trous de mémoire sont le fait d'un manque d'attention au bon moment.

Mais pourquoi la concentration est-elle si essentielle en méditation ? La réponse est très simple : ce n'est que lorsque l'esprit est concentré qu'il nous est possible de clarifier la voie nous permettant de l'expérimenter. En temps normal nous sommes tellement malmenés tant au plan mental qu'émotionnel par une avalanche incessante de choses qui réclament notre attention, que nous ne pouvons pas vraiment connaître la nature de celle-ci en réalité. Nous sommes tellement occupés à regarder par la fenêtre que nous n'avons jamais exploré notre maison, que nous sommes inconscients de son existence propre. Grâce à la concentration, nous entraînons notre esprit à être plus clair et plus aiguisé quel que soit ce que nous faisons. Elle nous permet de donner l'espace nécessaire pour tourner ses yeux vers l'intérieur et voir ce qu'il y a à cet endroit-là.

Mais comment l'esprit peut-il se connaître ? Cela ne ressemble-t-il pas à un regard qui essaierait de se regarder soi-même ? Il s'agit-là sûrement de quelque chose d'impossible. C'est certainement le cas si l'on considère qu'il faut deux choses pour « connaître » ; un esprit qui connaît et une chose à connaître. En d'autres termes, la chose est impossible si l'esprit doit toujours se concentrer sur quelque chose qui *n'est pas soi-même*, si l'esprit et ce que l'esprit contient sont deux choses bien différentes. La concentration permet à l'esprit d'atteindre un point vide de contenu. Qu'en est-il donc ? L'esprit aurait-il cessé d'exister ? C'est votre propre expérience directe de la chose qui vous donnera la réponse.

On peut s'entraîner à la concentration et, parce qu'elle est essentielle à la méditation, la méditation est le meilleur moyen de s'entraîner à la concentration. Voici cependant deux exercices préliminaires fort utiles.

Exercice n° 1

Choisissez n'importe quel mot commun, tel que « arbre » ou « eau ». Écrivez-le sur une feuille de papier. Puis écrivez le premier mot qui vous vient à l'esprit et que vous y associez, puis *immédiatement après revenez à votre mot originel*. Un autre mot va vous venir à l'esprit. Écrivez-le puis revenez immédiatement à votre point de départ. Faites cet exercice tant que des associations de mots vous viennent à l'esprit. Dès qu'elles cessent conservez simplement le mot originel. Gardez-le à l'esprit. Concentrez-vous sur lui sans penser à quoi que ce soit qui s'y rapporte. Continuez cet exercice tant que vous vous sentez bien.

Exercice n° 2

Il faut le faire le jour suivant l'exercice n° 1. Prenez le même mot d'origine. Gardez-le à l'esprit. Dès que celui-ci glisse vers l'un ou l'autre des mots associés qui sont venus à vous dans l'exercice 1 (à moins qu'il n'en vienne de nouveaux) revenez immédiatement à votre point de départ. Répétez cet exercice au moins cinq minutes par jours pendant un mois.

À la fin du mois vous noterez une sensible amélioration de votre pouvoir de concentration.

conférences occasionnelles données par un membre de la communauté des lamas tibétains qui, après l'invasion chinoise, avaient trouvé le chemin de l'Occident. Progressivement, au fil de mes lectures, je découvrai quelques perles telles que cette affirmation d'Edward Conze, l'un des traducteurs et interprètes occidentaux les plus importants des textes bouddhistes. Il disait par exemple :

> « L'illumination, ou encore l'état de Nirvâna, est bien sûr le but ultime des méditations bouddhistes. Sur le chemin du Nirvâna, celles-ci ont pour objet d'encourager le développement spirituel, de réduire l'impact de la souffrance, de calmer l'esprit et de révéler les faits réels de l'existence. Il en résulte une plus grande douceur, une plus grande compassion, une plus grande ouverture aux messages de la vie et le sentiment que la mort a perdu son aiguillon. »
>
> (*Buddhist Meditation*, page 11).

Voilà qui était bien mieux que la sérénité et le détachement dont parlait Desmond Dunne. Il restait que Conze s'accordait à Dunne pour mettre l'accent d'abord sur le fait que la méditation « révélait la vraie réalité de l'existence » (et donc devait répondre à la question « Qui suis-je ? »), et dans un second temps qu'il réduisait « l'impact de la souffrance ». Il s'agissait donc d'une voie de connaissance de soi d'une part et d'une voie de psychothérapie de l'autre. Deux voies séparées certes en premier lieu mais, et je l'apprendrai plus tard, faisant partie intégrante de la même chose. (L'extrait que j'ai cité de Conze va plus loin et fait référence au concept de « Nirvâna » et « d'illumination » mais ces notions sérieuses dépassaient mon entendement à ce moment-là.)

À partir de ces premières découvertes, je poursuivai ma recherche et trouvai l'un des plus grands psychologues de l'Occident, Carl Jung, lequel s'intéressa de surcroît tant aux regards offerts par les traditions orientales qu'aux démarches occidentales hermétique, gnostique et alchimique. Jung considérait que ces regards étaient de véritables guides pour explorer l'espace intérieur. Plus j'étudiais ses écrits, plus j'acquis la conviction que, loin d'être le mélange d'ignorance et de superstition que la science occidentale veut bien le faire accroire, ces regards et les traditions dont ils sont issus nous apportent l'éventail le plus profond de la sagesse psychologique et spirituelle de l'humanité.

Avec le temps, j'eus l'occasion de commencer une étude du point de vue pratique sous la houlette de nombre de professeurs de méditation issus de ces différentes traditions et c'est l'essentiel de ce que j'ai appris que je transmets aujourd'hui dans cet ouvrage. J'espère cependant que ce rapide détour dans mes souvenirs personnels aura suffisamment expliqué pourquoi, malgré toute mon affection et mon respect pour la psychologie occidentale, je l'ai trouvée inadaptée quand il s'agit de s'intéresser au monde intérieur et aux états de conscience qui sont pourtant pour chacun de nous l'essence même de ce que nous sommes. J'espère aussi qu'avant la fin de cet ouvrage j'aurai su expliquer pourquoi la méditation est la pratique suprême dans l'exploration du monde intérieur et de ses états de conscience ainsi que dans la découverte des vérités qu'elle seule peut révéler.

J'espère enfin que j'aurai su démontrer pourquoi la méditation, au cours de cette exploration, comprend parmi ses effets bénéfiques, ce que Conze appelait « réduire l'impact de la souffrance ». Malgré tous les efforts effectués par la psychologie occidentale pour alléger la misère psychologique humaine, nous sommes encore au berceau quand il s'agit d'aider les gens à trouver la paix avec eux-mêmes. La souffrance psychologique est tout autant réelle que la souffrance physique et ceux qui en sont les prisonniers cherchent désespérament quelque chose, quelqu'un qui puisse les aider à sortir de cet auto-emprisonnement. Si la méditation peut leur apporter ce « quelque chose », voilà une autre bonne raison pour laquelle le psychologue occidental doit chercher à sonder ces mystères.

2

Pourquoi méditer ?

Si l'on considère la façon dont la psychologie occidentale ignore le monde intérieur de l'esprit et dont elle ignore de la même façon la méditation comme méthode d'exploration de celui-ci, on est à peine surpris de constater que les Occidentaux ont peu produit de conclusions intéressantes sur les pouvoirs de la méditation tels que les prétendent des écrivains comme Dunne et Conze. Dans un livre récent, *The Psychology of Meditation (La psychologie de la méditation)*, Michael West en apporte des preuves et malgré la qualité de son livre, il prouve combien il est difficile de faire des investigations dans le domaine de la méditation.

Comment rechercher les avantages de celle-ci ? Comment affirmer si les gens sont devenus plus « sereins » ou « détachés » ou encore résistants « à l'impact de la douleur » ? Le moyen le plus simple est encore de leur poser la question. Il est regrettable que la psychologie occidentale n'apprécie pas ce genre d'investigations dans la mesure où elle est synonyme d'introspection et qu'elle se fie donc à la précision et à l'intégrité de ce que les gens disent sur eux-mêmes. C'est pour cette raison que la recherche psychologique sur la méditation a nécessité des mesures d'ordre physiologique. Cela rassure généralement les psychologues (même si c'est regrettable) de se fonder sur des données physiologiques, car ce sont là des facteurs objectifs ; en l'occurrence on peut citer en fait la mesure de la pression sanguine, l'activité électrique du cerveau et des substances chimiques telles que l'adrénaline et la noradrénaline dans le flux sanguin.

C'est ainsi que, puisque la méditation est censée apporter la sérénité, le psychologue cherchera à savoir si elle produit les changements physiologiques qui accompagnent généralement le processus de la relaxation physique, à savoir une réduction de la pression sanguine et du rythme cardiaque, une modification du rythme des champs électriques du cerveau lesquels passent des ondes bêta de veille ordinaire aux ondes alpha plus lentes, ainsi que la réduction du niveau des hormones reliés au phénomène de stress, je parle là de l'adrénaline et de la noradrénaline. Tout ceci et bel et bon dans la limite de ce que l'on peut savoir par ce moyen. Il reste que cette démarche ne va pas suffisamment loin pour nous dire par exemple comment le méditant *ressent* en fait son expérience intérieure. Pour être plus précis, deux personnes peuvent être apparemment relaxées au plan physiologique de façon égale et montrer les mêmes modifications de rythme de la pression sanguine et des ondes du cerveau, cependant leur calme peut être dû à des causes tout à fait différentes et peut être ressenti de façon très variée. Quand le premier sujet vagabondera sous l'effet d'un rêve éveillé, l'autre pourra être fermement concentré sur sa respiration. Les effets psychologiques auront la même apparence mais la nature et la qualité des expériences intérieures qui les font naître seront totalement différentes.

Étant donné la relative rusticité des mesures physiologiques, il n'est pas si surprenant que cette forme de recherche montre que la méditation n'est pas meilleure quand il s'agit de transporter un individu dans un état de calme physiologique que les techniques simples de relaxation enseignées par les psychologues eux-mêmes. Ce qui a pour résultat de confirmer les psychologues dans leur pensée ; la méditation n'est pas plus recommandable que les procédures nettement moins « mystiques » puisqu'elle n'a pas de résultat supérieur : CQFD !

Une autre méthode utilisée par les psychologues pour faire des recherches sur la méditation est la technique du questionnaire. Voilà qui plaît nettement plus à nos confrères que l'introspection car les questions peuvent être très spécifiques et inclure des pièges destinés à démasquer ceux qui donnent des informations fausses ou imprécises. Bien plus, les questions peuvent être formulées de façon à révéler des faits objectifs — l'individu transpire-t-il sous l'effet de la nervosité ou a-t-il l'estomac noué ? — en évitant ainsi les questions subjectives, que ressent l'individu ?

Une fois de plus, une recherche de ce type est belle et bonne dans les limites de ce à quoi elle peut répondre, mais elle ne nous dit toujours pas comment l'individu fait l'expérience de sa vie intérieure. Par exemple, deux personnes peuvent répondre de concert « oui » à des questions qui leur demandent s'ils transpirent ou s'ils ont des flatulences d'estomac avant un entretien ou une conférence en public, mais ces réponses ne nous disent rien de la façon dont les individus concernés établissent un rapport avec cet état. L'un d'eux peut s'identifier à cet état et se laisser submerger tandis que l'autre l'observera avec objectivité et agira efficacement en conséquence. En d'autres termes, si les deux personnes sont bien sujettes à l'anxiété, leur comportement respectif par rapport à celle-ci sera très différent, ce qui est d'une importance considérable dans leur vie de tous les jours.

Étant donné les défauts que présentent les tests sous forme de questionnaire, il est prévisible que les résultats qu'ils donneront nous diront une fois de plus bien peu de la valeur de la méditation. Il est possible qu'ils montrent que comme les gens qui s'y intéressent sont plus anxieux en groupe que la majorité de leurs compagnons, la méditation leur permet de réduire quelque peu le niveau de leur angoisse. Une fois encore les résultats ne seront pas meilleurs que ceux obtenus par une simple pratique de la relaxation. Autre découverte, les gens dont les réponses indiquent un *très haut taux d'anxiété* dans les questionnaires sont plus susceptibles de renoncer à la pratique de la méditation que les autres : voilà qui est intéressant car c'est l'indication qu'il faut soutenir ces personnes par une aide extérieure. Il n'en reste pas moins que les tests sont incapables de nous dire ce qui se passe dans le monde intérieur de ces gens-là qui les incite à se rétracter.

Dans le champ très large de la personnalité, l'utilisation de questionnaires montre que les gens introvertis (ceux qui sont plus tournés vers leur espace intérieur) sont plus susceptibles de se livrer à la méditation que les extravertis, plus orientés vers une activité sociale : voilà qui n'est guère surprenant. Plus intéressant, les introvertis deviendraient *moins* introvertis s'ils pratiquent la méditation, ce qui est rassurant pour ceux qui craignent que la méditation accroisse la tendance à la solitude — quoique cette ouverture peut venir de l'appartenance à un groupe de méditants, lesquels sont des gens de compagnie très agréable, sans être propre à la méditation. Le test montre également que ceux qui pratiquent la méditation ont de bien meilleurs résultats que les autres au plan de la confiance en soi (la valeur que nous nous donnons). Cependant, la même recherche montre que les individus ayant peu confiance en eux-mêmes sont particulièrement enclins à abandonner la méditation : voilà qui suggère simplement qu'un haut taux de confiance en soi est la cause de la persévérance dans la méditation bien plus qu'un de ses effets.

N'en croyez pas pour autant, car ce n'est pas ce que je dis, que ceux qui méditent forment un petit groupe de gens très satisfaits d'eux-mêmes ! La vanité est fréquemment une défense contre un *manque* de confiance en soi, une tentative absurde de convaincre les autres de nos merveilleuses capacités dues au fait que l'on n'y croit pas soi-même. La capacité que l'on a à se valoriser relève bien plus du domaine de l'acceptation de soi, du fait que l'on prend conscience que, quels que soient nos défauts et nos qualités, nous méritons tous de nous respecter et de nous chérir simplement parce que l'on possède la vie humaine qui est précieuse.

La méditation en tant que psychothérapie

Aucune des recherches que nous venons de synthétiser n'a été menée avec des personnes avancées dans l'art de la méditation. La plupart des chercheurs ont été — et sont toujours — plus attirés, à plus ou moins juste titre, par les effets que la méditation peut produire chez d'ordinaires mortels en dédaignant ceux qu'elle engendre sur une petite élite très avancée dans ce domaine. Il y a bien des rapports venus d'Inde concernant des yogis expérimentés qui, dans des conditions soigneusement contrôlées en laboratoire, sont capables de maîtriser le métabolisme de leur corps par la méditation au point de survivre très longtemps dans un milieu sans oxygène qui tuerait des gens ordinaires comme vous et moi. Il y a bien des récits aussi de méditants avancés dont le cerveau est capable de continuer à produire des rythmes alpha alors qu'ils sont aux prises avec un problème complexe d'arithmétique (il s'agit-là d'une activité qui en temps normal exige du cerveau un rythme bêta, quel que soit le calme que l'on puisse conserver). L'un de mes professeurs de méditation, le vénérable Ngakpa Chögyam en a fait la preuve dans des conditions très strictes de surveillance au sein d'un département hospitalier de neurologie. Le récit de cette expérience est inclus dans l'introduction de son ouvrage *Rainbow of Liberated Energy*.

Il y a une autre limite à cette recherche, à savoir que bien des méditants qui y ont participé utilisent la technique de la méditation transcendantale. Il s'agit là d'une technique de *mantra* qui a eu un bon nombre d'enthousiastes adeptes (voir chapitre 10). Cependant, certaines recherches menées avec ceux-ci a failli aux règles de précision les plus communes ou bien on n'était pas sûr de pouvoir attribuer les résultats à une cause particulière plutôt qu'à une autre. Par exemple les résultats bénéfiques au plan physiologique attribués aux effets de la méditation ne pouvaient être en fait que le simple fait d'une relaxation physique puisque nous l'avons vu, celle-ci présente des traits similaires aux résultats physiologiques obtenus par la méditation. Or ceux-ci peuvent être causés par le simple fait de croire à l'opérativité de la méditation (c'est ce qu'on appelle « l'effet placebo ») — dans ce cas jouer du flageolet peut procurer le même bien-être du moment qu'on y croit de la même façon.

De toute façon, bien que la recherche ne donne pas entièrement satisfaction, nous n'en sommes pas encore à la fin de l'histoire. Des psychologues qui utilisent aujourd'hui la méditation dans leur travail *clinique* ont publié des résultats montrant que, lorsque celle-ci était utilisée pour des sujets appropriés, la méditation permettait de réduire la tension, l'anxiété, et les comportements anormaux liés au stress, tels que l'insomnie, le bégaiement, la forte pression artérielle et une anomalie du rythme cardiaque, ainsi que le sentiment de culpabilité. Elle a également fait ses preuves dans d'autres domaines : elle permet de réduire la dépendance à la drogue, d'accroître la notion d'identité personnelle, d'améliorer l'humeur, de faciliter l'expression émotionnelle, enfin de stimuler la créativité, l'énergie et la capacité générale de productivité.

Malheureusement, puisque ces témoignages n'ont pas été le fait d'expériences pratiquées de façon très stricte, nous ne pouvons savoir si la relaxation aurait produit les mêmes résultats. Il reste certain que ces études cliniques vont plus avant dans la vie et s'intéressent plus au progrès des individus concernés que celles auparavant mentionnées, parce qu'elles prennent en compte l'introspection et respectent par là même les dires de l'individu quant à sa pratique de la méditation. Elles n'en révèlent pas encore pour autant ce que nous voulons savoir. Elles vont, certes, dans le sens des allégations de Dunne (en ce qu'elle permet d'accroître la sérénité et le détachement) et de celles de Conze (qui prétend qu'elle permet d'atteindre un esprit plus calme et de diminuer l'impact de la douleur).

Il reste que les études cliniques suggèrent également que la méditation ne convient pas à tout le monde. Afin de la pratiquer avec succès, il convient que le méditant montre une certaine autodiscipline (ce qui n'est pas vraiment le cas dans la pratique de la relaxation). En revanche, il convient que le méditant ne fasse pas non plus montre d'un trop grand besoin de maîtrise de soi. Celle-ci aurait pour résultat d'ébranler son sentiment de sécurité voire de l'effrayer lorsque la méditation l'amènerait à perdre ce que l'on peut appeler « l'impression de tenir les rênes en main ». Cela risquerait d'entraîner l'individu à arrêter la méditation et, pire que cela, à se sentir en danger lorsqu'il la pratiquerait.

Une autre conclusion (qui n'est pas surprenante à vrai dire) est la suivante : les formes les plus simples de méditation telles que la concentration sur la respiration ou sur un mantra donnent des résultats plus rapides que des formes plus complexes telles que la visualisation. Les résultats cliniques sous-entendent qu'il existe certains dangers à méditer et ceux-ci valent la peine qu'on en dresse la liste. Aucun d'entre eux n'est vraiment grave, et aucun d'entre eux n'est une raison suffisante pour abandonner la méditation. Il s'agit là de simples points contre lesquels il vaut mieux que vous soyez sur vos gardes.

1. La méditation peut donner l'impression de posséder un pouvoir personnel et une forme de supériorité. Celle-ci est inutile mais peut de surcroît entrer en conflit avec l'impression plus « objective » du méditant qui ne réussit pas si bien que cela dans la vie de tous les jours. Une autre alternative est que la première peut masquer la seconde à tel point

qu'elle empêche le méditant de la regarder en face et de la gérer de façon réaliste.
2. L'état de relatif optimisme et de bien-être rapporté par nombre de méditants peut créer une euphorie illusoire qui entrave en fait toute tentative d'identifier et de réduire les problèmes psychologiques.
3. La méditation peut conduire à une certaine réduction de l'allure avec laquelle on prend les choses en mains et on tient les rênes de la vie. Cette sorte d'allégement peut très bien-être inadéquat à la vie que l'individu doit effectivement mener. Il s'ensuit qu'il peut devenir *moins* efficace dans sa carrière comme dans sa vie domestique que par le passé.
4. Pour certaines personnes, cette impression de soulagement et de bien-être qui s'installe avec la méditation peut se transformer dans la conviction que l'on est devenu paresseux et légèrement sybarite ou que l'on perd son temps au lieu de se colleter avec la réalité.
5. Entrer en méditation avec dans la tête des espoirs utopiques et trop élevés risque de conduire à la désillusion quand ce n'est pas à l'aversion pour toute activité tendant à scruter le monde intérieur.

Des méditants expérimentés diraient à la lecture de cette liste : « Ah, c'est exact, mais tout ceci n'arrive que si l'on pratique la méditation d'une façon erronée. Par exemple il ne faut pas en attendre au début de trop grands résultats, et, si vous méditez correctement, vous n'éprouverez pas cette impression de pouvoir personnel ou d'optimisme irréaliste. » Ils pourraient fort bien ajouter que si réduire l'allure dans la gestion de sa vie signifie que l'on est moins efficace pour mener sa carrière, cela signifie surtout que dès le départ on mène une carrière qui ne nous convient pas. Ils ont bien sûr complètement raison.

En travaillant avec un maître dans l'art de la méditation, celui-ci vous fera toutes ces remarques et saura vous conseiller en conséquence. Même si vous travaillez seul, une juste compréhension initiale de la méditation vous permettra d'éviter ces pièges ou de leur tenir tête — s'ils venaient à faire leur apparition.

Cependant, ces dangers mettent l'accent sur une nécessité : il est nécessaire de connaître les bribes de la théorie impliquée dans le processus de méditation tout autant que la pratique. Elle n'est pas particulièrement exigeante et, pour quiconque s'intéresse à l'exploration du monde intérieur, elle représente une immense fascination. Il est vrai qu'en ce qui concerne la méditation, théorie et pratique sont les deux faces d'une même pièce. La première est incomplète sans la seconde et réciproquement.

Ce que disent les méditants de la méditation

Puisque la recherche psychologique nous en dit si peu sur l'expérience du méditant, la chose sensée à faire est de se retourner vers les méditants et de leur demander de nous expliquer avec leurs mots l'effet que la méditation leur procure. Prenons deux exemples d'Occidentaux ayant étudié la méditation sous la houlette de maîtres orientaux.

Je citerai d'abord Jane Hamilton-Merritt, un écrivain américain qui apprit la méditation de façon intensive dans les monastères thaïlandais.

> « La méditation... est, entre autre, un apprentissage pour calmer l'esprit, le contrôler, recentrer son potentiel énergétique... L'esprit se développe à tel point qu'il est capable de réaliser des choses beau-

coup plus fines... Le corps et l'esprit semblent se réharmoniser ou se centrer dans la mesure où la séparation qui existe entre le corps et l'esprit — on peut encore dire la dualité — est réduite et même totalement supprimée à certains moments... C'est cette séparation du corps et de l'esprit qui empêche les humains de connaître leur vraie nature et qui entraîne donc de nombreux combats, beaucoup de tristesse, beaucoup de souffrance. Le processus de méditation amène, semble-t-il, une perte de désir, une chute du besoin de posséder des choses non nécessaires, une réduction de l'ego toujours demandeur... Quand ces besoins sont supprimés... il devient possible de connaître une partie de la vraie nature de l'humain. Lorsqu'on a atteint ce nouvel état, où l'on ne trouve plus ces pièges qui nous distraient et qui entravent notre progression, l'esprit peut se recentrer et atteindre une tranquillité au plan personnel. »

A Meditator's Diary (page 142).

Quant à cette sérénité au plan personnel, Hamilton-Merritt confirme qu'elle éprouve bien « une forme de calme, de compréhension des choses, d'harmonie dans (sa) vie qui sont apparues après avoir pratiqué la méditation ».

Je citerai également dans un second temps Timothy Ward, une autre Américaine ayant étudié dans un monastère thaïlandais : elle nous donne une idée de ce qu'est l'expérience de *samâdhi*, un des niveaux très avancés de la méditation.

« Ma respiration se faisait plus claire et plus facile. Elle se maintenait dans une parfaite concentration que je n'avais jamais encore atteint. Des pensées apparaissaient de temps en temps, mais elles ne pouvaient pas la perturber. Je n'étais consciente que d'une chose, un certain équilibre, une sorte de bien-être... De façon surprenante il s'agissait d'un état d'esprit actif, qui n'était ni de l'automatisme ni de la transe. Ce n'est que de temps en temps que la concentration pouvait le maintenir. Cela demandait beaucoup d'énergie sans pourtant produire aucun stress... J'avais l'impression de pouvoir maintenir cet état indéfiniment... Ce qui me plaisait le plus était cette sensation de bien-être. »

What the Buddha never taught (page 150).

Ces deux exemples décrivent bien un état qui surpasse les effets produits par des techniques comme la relaxation, quelle que soit la similitude avec les modifications physiologiques qu'elle peut entraîner. La littérature concernant le processus de relaxation ne décrit rien qui ressemble à cette connaissance (de la vraie nature humaine) rapportée par Jane Hamilton-Merritt, rien qui ressemble au *samâdhi* expérimenté par Timothy Ward. Il en va de même des ouvrages de ceux qui ont suivi les diverses psychothérapies occidentales. Ils ne contiennent rien qui soit comparable.

Les livres écrits par ceux qui ont l'expérience de la méditation sont, en revanche, pleins d'exemples de la sorte. Plus on se plonge dans ces ouvrages, plus on parle et on observe de méditants, et plus on prend conscience qu'il s'agit là d'une technique qui ne ressemble à aucune autre, d'une pratique tout à fait unique. Elle peut transformer, apporter une richesse de compréhension et transmettre une sagesse presque indicible mais qui transporte ceux qui en font l'expérience dans une dimension bien plus profonde.

De la même façon que ma première tentative, qui remonte à vingt-cinq ans, transforma subtilement formes et couleurs de la pièce où je me trouvai, ainsi la méditation change tant la perspective que l'on a sur soi-même — la façon dont on pense, dont on ressent les choses et dont on se considère — que la perspective avec laquelle on envisage le monde extérieur. Il se produit un changement de regard qui n'affecte pas seulement le mental et l'émotionnel mais toute la perception sensorielle. On s'ouvre plus à son environnement, on prend mieux conscience des beautés et des couleurs de la nature, des joies et des peines d'autrui. On *ressent* la texture de la vie, de la même façon que des parents ressentent la chaleur et la douceur de la peau d'un bébé, que le potier la terre sur le tour ou le jardinier les pétales d'une fleur qui s'épanouit.

Qu'est-ce donc que la méditation ?

Jusqu'à présent j'ai parlé de la méditation sans en offrir vraiment de définition claire. Je l'ai mentionnée comme une voie possible d'investigation du monde intérieur permettant de répondre à la question « Qui suis-je ? », et donc de changer la façon dont nous appréhendons et comprenons le monde extérieur. Ce regard tourné vers l'intérieur nécessaire pour nous aider à comprendre ce qui se passe hors de nous n'est pas pour nous surprendre. De fait tout ce qui nous est extérieur n'existe pour nous que quand nous en devenons conscient grâce à nos sens et que nous l'enregistrons dans nos esprits. Ce n'est donc qu'en comprenant l'esprit que nous comprendrons les phénomènes extérieurs qui jouent leur rôle jusqu'au bout au sein de la magie de son théâtre.

J'ai également précisé que le démarrage de ce processus d'introspection est la concentration sur un stimulus particulier à l'exclusion de tout autre.

Mais voilà qui ne donne pas encore une définition de ce qu'*est* réellement la méditation. Et nous voilà parvenus devant une difficulté qu'il nous faut affronter avant d'aller plus loin. Les définitions sont une façon bien occidentale de donner un certain « sens » au monde. Nous aimons tous les définitions. « Qu'est-ce que c'est ? », demandons-nous volontiers pour trouver immédiatement une réponse « eh bien c'est ceci ou cela ou encore autre chose ». Une fois que nous avons proposé une définition, nous avons l'impression d'avoir répondu à la question et d'avoir mis soigneusement sous clé l'*essence* de ce dont nous parlions.

Est-ce vraiment le cas ? Notre définition n'est rien d'autre qu'une suite de mots. Et les mots ne sont pas plus la chose dont nous parlons que le terme « cheval » n'est l'animal soi-même. Nous nous sommes intelligemment trompés nous-mêmes en croyant que notre définition et ce que nous voulons définir sont une seule et même chose. Nous allons même plus loin que cela en croyant que notre définition est également une *explication* et que ce faisant nous avons dit tout ce qu'il y a à dire de la chose.

Prenons la définition d'un élément ordinaire tel que l'eau. « Qu'est-ce que l'eau ? » Il s'agit d'un liquide sans couleur essentiel à la vie. Nous allons plus loin et précisons qu'il s'agit d'une substance chimique composée d'hydrogène et d'oxygène à raison de deux atomes d'hydrogène pour un atome d'oxygène. Voilà qui est fort intelligent et très utile si l'on est un chimiste. Mais qu'est-ce que l'eau *est* en réalité ? Allez donc la regarder. Plongez-y votre visage. Buvez-la, prenez-y un bain. C'est cela précisément qu'*est* l'eau, cette expérience de la vue, du toucher, du goût et de la sensation d'être mouillé.

Mais cela va bien plus loin encore. Votre corps est pour la plus grande partie fait d'eau. *Vous* êtes pour la plus grande partie de l'eau. *Vous* êtes une colonne mobile d'eau. *Vous* êtes ce qu'est l'eau. Ressentez l'eau de l'intérieur et non simplement de l'extérieur. L'eau est votre sang et vos tissus, votre cerveau et votre peau, votre cœur et vos poumons. L'eau n'est pas simplement quelque chose qui appartient au monde extérieur. L'eau est dans le monde intérieur. Si cela n'était pas le cas, personne ne pourrait écrire ces mots et personne ne pourrait les lire.

Dès que nous commençons à penser de cette façon-là, nous prenons conscience du manque de sens total de la définition de l'eau, liquide sans couleur formé de deux atomes d'hydrogène et d'un atome d'oxygène. Nous pouvons tant que nous y sommes détruire de la même façon nos autres définitions. Posons-nous un moment et considérons ce que les anciens dans leur grande sagesse appelaient les quatre éléments : l'eau, l'air, le feu et la terre. Nous avons évoqué l'eau, qu'en est-il des trois autres ? L'air est un gaz dit le chimiste, fait d'oxygène mélangé à quelques autres gaz. Est-ce vraiment le cas ? Remuez les mains d'avant en arrière dans l'espace devant vous et ressentez l'impression que cela vous laisse sur la peau. Remplissez vos poumons et concentrez-vous sur la sensation qui se passe dans vos narines et dans votre poitrine. Regardez par la fenêtre et observez les arbres bouger sous l'action du vent. *Voilà* ce que l'air est en réalité.

Une fois encore n'est-ce pas plus que cela ? Votre sang est plein d'oxygène, dont les pulsations courent le long de chaque artère de votre corps et qui nourrit chacun de vos tissus. Voilà ce qu'est l'air. Vous êtes l'air. Un ballon plein d'air. Que penser alors d'une définition qui ne considère l'air que comme un gaz fait de parcelles d'autres gaz ?

Qu'en est-il maintenant du feu ? Est-ce un gaz

en combustion ? Essayez de ressentir la chaleur de votre corps. Mettez la main sur votre bras et éprouvez cette chose étrange et mystérieuse qu'on appelle la chaleur. Ressentez-la qui rayonne à l'intérieur de chaque fibre de votre être. Voilà ce qu'est le feu. Vous êtes le feu. Vous êtes un fourneau de feu qui se consume doucement.

Qu'en est-il de la terre, le dernier des quatre éléments ? De la même façon vous êtes la terre. Le fer, le cuir, le phosphore, le zinc, le magnésium, le manganèse et plusieurs autres métaux sont tous présents dans votre corps. Sans eux vous ne pourriez vivre. Chacun d'eux est identique aux minéraux qui se trouvent dans la terre. On ne peut pas dire qu'il y ait une réelle différence entre le fer qui se trouve dans notre corps et le fer qui se trouve dans un ongle, ou encore entre le cuivre qui se trouve dans votre corps et le cuivre d'un tuyau en cuivre. Vous êtes ces minéraux et ces minéraux sont vous. (Remarquez bien que j'ai résisté à la tentation de dire que vous êtes une motte de terre, mais c'est uniquement pour ne pas vous donner une mauvaise impression !)

Et plus nous réfléchissons à cette question, plus nous réalisons que les anciens, quand ils identifiaient les quatre éléments, voulaient dire des choses bien plus profondes que ce que nous voulons bien leur accorder.

On peut aller plus loin dans cette démarche. Les quatre éléments sont issus, au sens littéral du terme, des étoiles. Nous sommes des poussières d'étoiles, le peuple des étoiles, les enfants des étoiles. Nous sommes les étoiles et les étoiles sont nous, non pas dans un sens relativement absurde tel que l'affectionne la science-fiction, mais au sens froid et objectif de la science moderne. Les étoiles ne sont pas simplement des lumières qui clignotent dans le ciel par une nuit claire ; elles sont la substance même de notre chair et de nos os, de nos cerveaux et de nos cœurs. Les étoiles sont en nous comme elles sont hors de nous. Toute définition ignorant cette réalité est au mieux une dangereuse demi-vérité.

Les définitions, pour cette raison, ne sont que des moyens de donner des bribes d'information, utiles certes en soi mais tout à fait inutiles si on les prend pour ce que les choses qu'elles définissent *sont* réellement. C'est pourquoi les symboles, sur le rôle desquels je vais revenir maintes et maintes fois, sont des moyens bien plus puissants de compréhension que les mots que l'on peut trouver dans un dictionnaire. L'humanité a toujours eu conscience de cette vérité. Un drapeau national véhicule bien plus sûrement et avec plus de force l'idée d'un pays pour ses habitants que ne le ferait une description géographique. Le symbole de la croix parle bien plus au cœur des chrétiens que ne pourrait le faire l'inventaire sec de leurs croyances. Les symboles véhiculent l'essence des choses et font surgir une réponse intérieure à cette essence qu'aucune définition ne pourra jamais faire surgir.

Ce n'est que maintenant que la psychologie moderne tente de démêler cet écheveau. Elle risque d'ailleurs de commettre l'erreur que justement les symboles nous permettent d'éviter ; à savoir, tenter d'expliquer une chose avec les mots d'une autre au lieu de lui permettre de parler directement par l'expérience. En tentant de définir un symbole au sens « scientifique », son essence est comme du sable qui glisse entre les doigts. Seul Jung, parmi les psychologues modernes, en a prit semble-t-il, pleinement conscience. Il écrit que :

« [...] Un mot (ou une image) est symbolique quand il (ou elle) implique quelque chose de plus que son sens immédiat et évident. Il possède un aspect "inconscient" plus large qui ne peut jamais être précisément défini ni pleinement explicité. De fait il ne faut pas chercher à le définir ou à l'expliquer. Lorsque l'esprit explore le symbole, il est conduit à des notions qui sont lovées bien au-delà de ce que la raison peut appréhender... Parce que ce qui se trouve au-delà des possibilités de la compréhension humaine est formé d'innombrables éléments, nous utilisons sans cesse des concepts d'ordre symbolique que nous ne pouvons définir ni comprendre pleinement. C'est la raison pour laquelle toutes les religions emploient un langage et des images de cet ordre. Mais cette utilisation consciente que nous faisons des symboles n'est qu'un seul aspect d'un phénomène psychologique d'une grande importance : l'homme créé également des symboles de façon inconsciente et spontanée sous la forme de rêves. »

L'Homme et ses symboles (page 4).

La référence que fait Jung à l'inconscient est d'une importance vitale ici. Elle nous fait pénétrer plus avant dans les mystères apparents de la méditation. En ce qui concerne l'inconscient, ce vaste réservoir de l'esprit où sont emmagasinées tant de choses inaccessibles à la conscience, il fait partie du monde intérieur dans lequel la méditation nous permet de pénétrer. Personne ne peut prétendre saisir l'importance de la méditation pour sa vie et son bien-être psychologiques sans en prendre conscience. L'esprit conscient n'est qu'une petite partie de la vie du mental, la partie émergée d'un iceberg qui s'étend dans des abîmes insondables et qui, dans le même temps, atteint le ciel et ce qui se trouve au-delà (j'ai déjà fait mention du fait que le méditant apprend à vivre avec le paradoxe).

Puisque l'on parle de paradoxe, celui qui consiste à atteindre les plus grandes profondeurs comme les pics les plus élevés en même temps est plus facile à accepter si l'on se souvient que le terme « inconscient » n'est soi-même qu'une simple définition. Nous l'utilisons (et les psychologues sont là plus coupables que quiconque) comme s'il expliquait les vastes étendues cachées de l'esprit. Il n'en est rien bien sûr. Au plan scientifique, nous ne savons tout simplement rien de la nature réelle de l'inconscient. Des idées, des souvenirs, des rêves surgissent dans notre esprit de sources inconnues et nous disons simplement « c'est l'inconscient qui travaille », comme si cet inconscient-là était un objet aussi tangible qu'un ballon ou un seau. En utilisant le terme de cette façon, comme si c'était l'explication universelle, nous mettons un frein brutal à notre recherche et risquons de rendre triviale la plus grande partie de la vie de notre mental.

Et le pire est à venir, puisque certains psychologues considèrent l'inconscient comme notre nature animale, la source des commandes instinctives dont nous ferions bien mieux de nous libérer aussi vite que possible. La méditation nous fait prendre conscience que l'aspect animal, proche de la terre, de l'inconscient, loin d'être simplement brutal et instinctif, est une sagesse en soi. Bien plus, elle nous montre qu'il existe un autre aspect de l'inconscient, qui communie avec une sagesse fondamentale que certains appellent « spirituelle », et à laquelle d'autres donnent le nom de « soi supérieur ». En fait nous sommes partagés. C'est comme si nous nous tenions debout les jambes écartées au-dessus d'une rivière, un pied dans le monde riche et fructueux de la nature et l'autre dans le monde — où l'air se fait rare — de l'esprit. Lorsque l'on médite, on peut alors observer que, malgré leurs différences apparentes, ces deux mondes s'interpénètrent.

Conscient et inconscient

La psychologie occidentale ne donne pas une cartographie très précise de l'esprit. Il en existe une, la plus utile, qui fut précisée par Sigmund Freud, le fondateur de la psycho-analyse. Ce modèle présente trois niveaux.

Niveau 1, l'esprit conscient :

Il consiste en tout ce qui peut occuper votre conscience à n'importe quel moment, qu'il s'agisse de pensées, de sensations, de sentiments ou d'émotions. L'esprit conscient — ou encore la conscience — est essentiellement la partie de l'esprit dans laquelle nous nous sentons vivre.

Niveau 2, l'esprit préconscient :

Ce terme recouvre toutes les informations stockées dans notre tête et qui, bien qu'elles ne retiennent pas notre attention consciente au moment M, peuvent être rappelées plus ou moins à la demande. Imaginez par exemple de penser à votre maison. Il y avait peu de chances que cette pensée vous vienne avant que je n'en fasse mention mais dès que je l'ai rappelée à votre esprit toute sorte d'idées et impressions visuelles associées à votre maison sont venues immédiatement à votre conscience. Elles ont émergé de votre préconscience.

Niveau 3, l'inconscient :

Il s'agit de ces profondeurs mystérieuses dont j'ai parlé dans le texte, et qui sont généralement inaccessibles à l'esprit conscient si l'on n'utilise pas des techniques appropriées telles que l'hypnose, le rêve et, par-dessus tout, la méditation. Jung divisait l'inconscient en plusieurs parties. *L'inconscient individuel* comprend tous les éléments en rapport avec notre propre histoire personnelle et l'inconscient collectif en rapport avec les prédispositions que l'on hérite et que nous partageons tous, les modes de pensées et de sentiments communs à la race humaine. *L'inconscient collectif* est, semble-t-il, la demeure de nos aspirations, nos désirs tant spirituels qu'émotionnels, ainsi que des schémas que Jung qualifie d'*archétypes*, sur lesquels nous modelons les concepts puissants et universels suivants : la « mère », le « père », le « héros », le « vieil homme » ou la « vieille femme » sage, le « dieu » et ainsi de suite. Il s'agit là en d'autres termes des symboles primordiaux qui ont été chargés de sens de tout temps et par toutes les races, comme en témoigne leur apparition renouvelée dans les contes de fées, les mythes, les légendes et les différentes formes d'art de ces cultures ; symboles qui nous aident à définir la façon dont nous conceptualisons le monde et dont nous y sommes reliés.

Au cours de la méditation, l'esprit s'ouvre d'abord à l'état préconscient, c'est-à-dire l'embouteillage de pensées et de souvenirs qui se pressent immédiatement à la porte de l'esprit quand nous essayons de nous tourner vers l'intérieur. Puis, au fur et à mesure que notre capacité à méditer s'améliore, l'esprit s'ouvre à l'inconscient. Des souvenirs, depuis longtemps remisés issus de l'inconscient individuel, font d'abord leur apparition avant que ne viennent les symboles universels et les archétypes issus de l'inconscient collectif.

L'inconscient collectif représente le niveau où nos esprits rejoignent les forces tant psychologiques que spirituelles unifiantes qui sont la base de la race humaine. Il est alors possible que des pouvoirs extrasensoriels, que le méditant peut alors découvrir en lui et développer, refassent surface et remontent comme une émanation de notre aptitude à entrer directement en contact avec les pensées et les sentiments d'autres hommes et d'autres femmes par l'intermédiaire de l'inconscient collectif.

Le pouvoir des symboles

Voilà qui me ramène au monde des symboles et des métaphores. Dans sa tentative de les comprendre, la psychologie occidentale suggère qu'ils tiennent leurs pouvoirs de la faculté d'association. Une croix ne signifie rien en soi mais acquiert un sens dès qu'on l'associe dans notre esprit au christianisme. L'une remplace l'autre de la même façon qu'un logo ou une marque commerciale représente un produit spécifique. Voilà qui est pourtant nier le pouvoir des symboles à solliciter l'imagination et à faire émerger des niveaux de signification intérieurs de l'esprit inconscient et non de l'esprit conscient, comme nous le fait remarquer Jung.

En insistant sur ce point, Jung ne se réfère pas seulement aux quelques rares individus qui ont tissé les grands patrons de la pensée et de la pratique des religions du monde mais bien aux hommes et aux femmes ordinaires vivant des vies ordinaires. Jung remarqua par exemple au cours de son travail clinique que lors de leurs voyages intérieurs vers la plénitude et la santé mentale, ses patients atteignaient fréquemment un stade où ils commençaient de rêver spontanément à des *mandalas* (il s'agit de formes et d'images symboliques utilisées dans bien des sortes de méditation, voir chapitre 7). Il constata également qu'en travaillant ces mandalas, en les peignant, en les dessinant, en les prenant pour base de méditation, il s'ouvrait à des vérités intérieures totalement inaccessibles autrement.

Bien plus, voilà une autre preuve encore du fait que certains symboles sont dotés d'un pouvoir archétypal universel : tant en Orient qu'en Occident, les mêmes symboles apparaissent au fil des temps : ce fut par exemple le cas de la croix utilisée comme symbole religieux bien des siècles avant l'arrivée du christianisme. Quel que fût leur degré d'éloignement et d'isolement les unes par rapport aux autres, des communautés et des cultures très différentes ont créé et vénéré les mêmes symboles. La croix, le cercle, le triangle et le carré reviennent sans cesse comme représentation lourde de sens. Par ailleurs, et c'est là qu'ils sont particulièrement pertinents pour ce qui occupe le méditant, au moment où ces symboles *sourdent* de l'inconscient, ils agissent comme des clés permettant de *le pénétrer*. La méditation sur ces symboles universels, de celle dont je donne des exemples dans le chapitre 7, permet au méditant d'ouvrir les portes et de prendre des passages qu'il aurait eu dans tout autre cas, beaucoup de mal à trouver.

Les arts créatifs sont une autre preuve du pouvoir des symboles ; j'entends par-là la peinture, la musique et la poésie tant il est vrai que certains sons et certains mots véhiculent un message. C'est l'une des raisons pour laquelle les arts créatifs sont dotés d'un tel pouvoir de stimulation de l'imagination et qu'ils nous sollicitent par des biais qu'une simple représentation matérielle ne pourrait faire. Les symboles permettent à l'artiste d'accéder à notre être intérieur, de communiquer directement avec nous dans un langage qui pourrait prendre la forme d'une sténographie intérieure, laquelle nous donne le sentiment de « connaître » même si nous ne savons pas exactement ce que nous connaissons.

Un fossé immense sépare le langage des poètes et des écrivains de celui des scientifiques. En poésie comme dans les grands récits de l'humanité, les mots véhiculent leur impact par la métaphore et le mythe. En répondant à ces formes de suggestion, nous comprenons que la vérité ultime, aussi loin que l'on puisse l'appréhender, est d'ordre poétique et non scientifique. Malgré tout son pouvoir et son utilité, la science est limitée par les règles de son propre langage. Au sein de ce champ de convenances, il est pertinent et juste. En dehors de ce champ, il nous donne une lame de rasoir quand nous avons demandé une fleur.

La méditation nous emporte au plus profond de ce monde poétique de la métaphore et du symbole. Nous passons du pays de la lame de rasoir dans celui de la fleur. Nous quittons le monde logique, linéaire et rationnel pour le monde de l'intuition où la vérité se manifeste par flash permettant de la pénétrer et où elle cause de profonds changements dans la façon dont nous répondons à l'expérience. Un monde où l'on *est* bien plus qu'on ne raisonne, un monde où être humain c'est être ce que l'on est et non ce que l'on nous dit que nous sommes, un monde enfin où la vie est vécue plutôt qu'elle ne nous est racontée.

Pour reprendre une fois de plus la question « Qu'est-ce que la méditation ? », comprendre la méditation c'est éviter la définition scientifique et dire : la méditation est une fleur de lotus qui émerge des eaux tranquilles. La méditation est encore un moine ou une nonne assis dans le silence des montagnes qui se dressent. Elle est encore la ligne des arbres qui se dessinent sur le ciel. Elle est aussi cet homme et cette femme assis en paix en plein milieu de la cité affairée. Elle est également ce voyageur qui chemine à travers les arbres d'une grande forêt. Elle est enfin la musique apaisante d'une flûte qui s'élève dans une soirée d'été.

Un sage dit une fois que la tragédie de l'Occidental est qu'il « n'est pas capable de s'asseoir tranquillement dans sa propre demeure ». La méditation est cette capacité d'assise qu'il s'agisse de la demeure bien physique du monde extérieur ou de la demeure mentale de notre monde intérieur. La méditation est l'expérience de l'être, l'expérience de ce qui se cache derrière les mille et une pensées ou émotions qui encombrent notre quotidien. Essayez de penser à ce qu'est votre *propre* symbole pour cet état. Trouvez-en un qui incarne pour vous ce qu'est la méditation. Au moins, essayez. S'il ne vous en vient pas un immédiatement à l'esprit, mettez tout ceci de côté et laissez le symbole sourdre de l'inconscient au moment qu'il jugera opportun. Il se peut que ce soit au cours d'une vraie méditation. Retenez que les symboles sont le langage de l'inconscient et que la méditation permet d'écouter ce langage.

En fin de compte, retenez que la méditation est déjà en vous. Bien que par commodité nous y fassions toujours référence comme à une technique, en réalité ce n'est pas quelque chose qui attend d'être appris. Ce n'est pas quelque chose qui doit vous être ajouté, quelque chose de plus qu'il nous faut comme on apprend le langage de l'ordinateur ou à dire bonjour en chinois. La méditation est l'expérience de ce que vous êtes déjà, de ce que vous avez toujours été et de ce que vous serez toujours. La méditation est ce à quoi ressemble le monde quand on le regarde de loin, debout, tranquille et immobile et non celui que l'on perçoit dans un brouillard, tourmenté que l'on est par une perpétuelle agitation.

Langage des symboles

Prenez une feuille de papier et dessinez un cercle. Contemplez-le pendant un moment puis écrivez en dessous tous les mots qu'il vous suggère. Ces mots sont le « langage » ou cercle, ce qu'il symbolise à vos yeux.

Si nombre de gens font le même exercice, ils emploieront invariablement pour la plupart le même « langage ». Le cercle est l'un des symboles universels les plus puissants. Il a été utilisé comme dessin mais également comme expérience vécue — c'est le cas de la table ronde du roi Arthur et de ses chevaliers, c'est le cas des danses circulaires qui sont un trait caractéristique des coutumes populaires mais surtout des rituels sacrés et chamaniques.

Le cercle représente la plénitude, l'achèvement, l'accomplissement, l'unité, l'absolu. Il frise la perfection pour autant que l'on puisse atteindre celle-ci, parce qu'il n'a ni début ni fin et que chaque point de ce cercle est équidistant du centre. Le cercle apparaît dans toutes les religions, de la croix celtique à la roue bouddhiste en passant par le symbole yin yang des taoïstes jusqu'à atteindre le dôme des mosquées islamiques. Il n'y a pas d'autre symbole qui provoque un déferlement d'une telle richesse en provenance de l'inconscient et qui conduise plus facilement à l'impression de tranquillité et de paix dans la méditation.

Essayez à votre tour de faire le même exercice de dessin et d'association avec la croix, le carré et le triangle. Ce sont des symboles plus excitants et plus chargés de défis que le cercle, mais ils portent en eux d'importants niveaux de signification que n'ont pas manqué d'utiliser toutes les grandes religions.

La croix symbolise entre autre le point de rencontre entre la terre et le ciel, l'arbre de vie (remarquez bien comme on fait souvent référence au Christ comme ayant été symboliquement crucifié sur un arbre), l'expansion infinie dans toutes les directions, les quatre éléments avec le cinquième au centre, à savoir l'éther. Le carré, quant à lui, symbolise la force, l'intégrité et la constance, tandis que le triangle incarne la trinité (ce qui apparaît sous les formes les plus variées dans presque toutes les religions), l'énergie masculine quand sa pointe est en haut, l'énergie féminine quand sa pointe est dirigée vers le bas, et l'union des principes féminins et masculins quand les deux triangles sont accolés pour figurer une étoile.

Essayez maintenant de combiner deux de ces quatre symboles ou trois d'entre eux pour créer de nouveaux symboles. Faites ceci jusqu'à ce que vous ayez trouvé quelque chose qui a une signification spéciale pour vous. Dans un sens on peut dire que cette figure est votre symbole personnel.

Lorsque vous méditez sur les symboles, il vous faut mettre de côté toutes les associations dont nous venons de parler. En fin de compte elles ne sont que des mots. Laissez le symbole vous parler en direct, produire son impact au niveau du ressenti, de l'être. C'est une chose que de parler de « l'harmonie » ou de la « paix » et une tout autre que de se sentir « en » harmonie et « en » paix. Lorsque vous méditez sur un symbole, ne faites nullement attention aux associations verbales qui pourraient surgir. Elles peuvent être rappelées et enregistrées par la suite mais, pendant la méditation, laissez de grâce le symbole parler par soi-même.

3

Concentration, tranquillité et vision profonde[1]

Les bases de la méditation

Parvenus à ce point de notre discours il est utile de faire une pause et de résumer les bases de la pratique de la méditation. Si vous commencez tout juste à méditer, ceci pourra vous aider à comprendre où commencer, et si vous êtes déjà un peu initié, cela vous permettra de faire le point sur votre pratique comme nous avons tous besoin de le faire de temps en temps. C'est trop facile de laisser la pratique devenir machinale, presque mécanique. Assis dans la posture de méditation dont nous sommes coutumiers voilà que nous nous retrouvons rapidement perdus dans nos pensées. Il s'agit là d'un passe-temps rela-

1. Le texte anglais dit *insight*, c'est-à-dire « regard qui pénètre au cœur des choses » *(N.d.T.)*.

vement agréable, en supposant que lesdites pensées sont heureuses, mais le résultat est le suivant : les semaines et les mois passent et nous ne faisons aucun réel progrès. Quelle que soit la nature de la méditation, elle n'est certainement pas le fait d'être perdu dans ses pensées.

Comme je l'ai déjà dit dans le chapitre 1, le tout premier pas, celui qui est essentiel dans la pratique de la méditation, quelle que soit la forme que celle-ci prenne, est la concentration. L'esprit doit avoir un objet sur lequel se concentrer et doit s'y tenir. Que l'attention s'échappe, que des pensées viennent l'envahir, que la fatigue ou l'ennui s'installent, il faut ramener doucement mais fermement l'attention à son point de fixation. Virtuellement ce dernier peut être n'importe quoi mais, spécialement aux tout premiers stades de la méditation, il est souhaitable que ce soit un élément simple et/ou de rythmique. C'est la raison pour laquelle depuis le temps du Bouddha, cinq cents ans avant le Christ — et probablement depuis des temps immémoriaux — on a utilisé la respiration.

Celle-ci est ensemble simple et rythmique. Il s'agit d'un mouvement régulier qui vient et qui s'en va, qui se soulève et qui retombe, qui flue et reflue. Par ailleurs comme la respiration nous accompagne toujours, tant dans les bons que dans les mauvais jours, elle ne risque pas de créer des associations personnelles spécifiques. Elle est la toile de fond de nos vies, vitale certes mais considérée comme allant tellement de soi que nous ne sommes même plus conscients qu'elle existe. Si d'aventure vous êtes sujet à l'asthme, à la bronchite ou à d'autres problèmes respiratoires, vous serez sans doute plus conscient que les autres du caractère précieux de chaque respiration, bien que vous n'y fassiez plus particulièrement attention.

Travailler la respiration

En conséquence la respiration est un bon objet de concentration. Le méditant ne suit pas celle-ci sur tout son parcours du nez jusqu'à l'abdomen mais il choisit l'une ou l'autre de ces parties du corps et s'y tient. Il peut choisir les narines et prendre conscience que l'air est frais quand nous inspirons et plus chaud quand nous expirons. Il peut aussi choisir le mouvement de l'abdomen et ressentir le soulèvement et la chute du diaphragme. Aller d'un point à un autre serait trop distrayant, la concentration nécessite, selon le terme employé par le bouddhisme, avoir un seul point d'appui.

Ainsi on s'assoit dans un endroit calme, dans la position du lotus ou l'une de ses variantes, à moins que l'on ne préfère se tenir sur une chaise, le dos bien droit, les mains posées à plat sur les cuisses et les pieds bien à plat sur le sol. Vous focalisez votre attention sur les narines ou l'abdomen et maintenez celle-ci en refusant toute distraction, qu'elle vienne des pensées ou d'événements extérieurs. En théorie, rien n'est plus simple. Vous sentez l'air entrer puis prenez conscience de la très légère pause qui s'effectue entre l'inspir et l'expir, puis vous sentez l'air sortir avant qu'une autre pause se passe cette fois-ci entre l'expir et l'inspir. Au moins au début, vous ne faites aucun effort particulier pour donner un rythme spécial à votre respiration, comme par exemple produire des expirs plus longs que des inspirs ; vous laissez juste votre respiration aller et venir naturellement et devenir de plus en plus calme au fur et à mesure que votre esprit et votre corps se relaxent.

Vous pouvez vous aider en comptant les respirations, d'un à dix sur chaque expir puis en repartant de un et ainsi de suite. Si vous perdez le fil, vous revenez au début, au numéro un.

Si vous commencez juste d'apprendre la méditation, procédez par cessions de cinq à dix minutes ; essayez de faire une assise chaque jour au même moment, qu'il s'agisse du matin ou du soir, selon que cela vous convient le mieux. De cinq à dix minutes par jour, vous pourrez passer à quinze à vingt minutes au fur et à mesure des semaines, mais ne cherchez jamais à forcer le pas. Il ne s'agit pas de serrer les dents avec détermination. Il s'agit de s'asseoir tranquillement avec soi-même et, s'il est vrai que tout ceci demande une certaine forme de discipline, celle-ci ressemble bien moins à une résistance à tout prix qu'à une sorte de reddition et de laisser-faire.

Quand surgissent les inévitables pensées et émotions, laissez-les passer devant vous comme vous le feriez pour des nuages qui se réfléchissent dans l'eau. Ne cherchez pas à les pousser au loin, mais laissez-les se mouvoir à leur propre rythme. Peu importe « l'importance » des pensées, peu importe encore l'intensité des émotions, il ne faut pas que vous en dépendiez et que vous les laissiez se succéder les unes aux autres, l'une engendrant l'autre de sorte que vous vous trouviez sur la piste de la rêvasserie qui vous entraîne de plus en plus loin et vous éloigne d'autant de cette simple vérité : votre inspir et votre expir. Si, cependant, vous vous laissiez emporté, retournez doucement mais non moins fermement à votre respiration dès que vous en prenez conscience. Évitez de vous montrer impatient avec vous-même ou de vous persuader que vous n'arriverez jamais à apprendre la méditation. En divaguant, votre esprit est simplement en train de vous montrer combien vous avez besoin de méditer. Il vous aide, il vous pousse, il vous montre le peu de contrôle que vous avez sur vos propres pensées. La bonne réponse à cette stimulation est la gratitude ; la gratitude envers cette partie de votre esprit qui a pris conscience de votre rêvasserie et qui vous rappelle à l'ordre et vous fait vous recentrer.

Je ne saurais trop insister sur l'aspect essentiel de cette attitude de gratitude. Si vous vous maudissez à chaque fois que vous vous apercevez de votre distraction, vous allez favoriser la naissance d'un sentiment de dégoût vous concernant. Bien plus vous allez conditionner votre esprit à ne *pas* vous rappeler à l'ordre quand il viendra à vagabonder. À force de le punir à chaque fois qu'il vous aide de cette façon, il n'appréciera pas forcément. Il vous aidera donc de moins en moins souvent et la concentration deviendra pour vous de plus en plus difficile. En réponse à la frustration que vous lui imposerez, votre esprit vous soufflera bientôt à l'oreille et réussira même à vous persuader que la méditation est un gaspillage d'énergie et que vous seriez bien avisé d'utiliser votre temps à une meilleure cause.

Prânâyâma

Le fait de se concentrer sur la respiration pendant la méditation conduit les gens à se poser souvent la question suivante : doivent-ils respirer d'une manière particulière ? Le meilleur conseil que l'on puisse donner est de respirer de façon naturelle et de prendre conscience au fur et à mesure que la méditation gagne en profondeur de la façon dont la respiration gagne en modération et en subtilité jusqu'à finalement devenir presque imperceptible.

Il n'en reste pas moins qu'il existe un certain nombre de techniques particulières de respiration, connues sous le nom générique de *prânâyâma* et que l'on enseigne en yoga. On dit d'elles qu'elles aident le méditant à accroître son pouvoir de contrôle sur les forces vitales de son corps ; elle servent à augmenter la santé physique mais jouent également un grand rôle dans la transformation de l'énergie physique en énergie spirituelle (chapitre 4). Il est imprudent de pratiquer les plus évoluées de ces techniques sans un professeur, certaines pourraient se révéler dangereuses en affectant entre autre le rythme cardiaque. Voici cependant quelques-unes de ces techniques qui permettent à l'esprit et au corps d'entrer plus rapidement dans l'état de méditation. Pratiquez-les si vous le souhaitez quelques minutes à chaque fois que vous prenez place sur votre coussin ou sur votre chaise avant de revenir à une respiration normale.

• La forme la plus simple de *prânâyâma* est la suivante : on inspire par la bouche en fermant les lèvres comme lorsqu'on siffle jusqu'à ce que les poumons soient remplis, puis on avale, on ferme la bouche et on expire aussi lentement par le nez. Cet exercice est réputé engendrer une douceur de comportement, une attitude gaie et amicale, pour favoriser la beauté des formes et une longue vie.

• L'une des formes les plus relaxantes de *prânâyâma* consiste à allonger le temps de l'expir par rapport à celui de l'inspir. Dans l'absolu, le premier doit durer le temps de compter silencieusement jusqu'à huit et le second jusqu'à quatre. Mais lorsqu'on commence à l'expérimenter, il suffit de s'assurer que l'expir est plus long que l'inspir.

• Une forme plus évoluée de cette pratique consiste à retenir chacun des inspirs pendant un temps qui dure deux fois plus longtemps que celui de l'expir. Le rythme obtenu est quatre/seize/huit qui peut même être augmenté en six/vingt-quatre/douze avec de la pratique. Cela ne doit entraîner aucune tension, il ne faut pas faire de pause entre l'expir et l'inspir. Afin de tirer le plus grand profit de cette technique, il faut fermer sa narine droite avec son pouce droit, respirer par la gauche, fermer les deux narines pendant que l'on retient la respiration puis fermer la narine gauche avec le pouce gauche et respirer par la droite. On inverse le processus pour le respir suivant, en inspirant par la droite et en expirant par la gauche et ainsi de suite en inversant les narines à chaque respiration. Entre parenthèses, cette respiration, que l'on appelle la respiration nord-sud, est le meilleur moyen que je connaisse de prévenir un rhume et d'éclaircir les sinus.

N'oubliez jamais qu'aucune tension particulière ne doit accompagner ces exercices de respiration. Si tel était le cas et s'ils venaient à produire des effets secondaires nocifs : étourdissements, palpitations, sentiment d'oppression, arrêtez tout de suite. C'est que vous avez été trop loin. Soyez plus raisonnable la prochaine fois.

Comment gérer les distractions

Dès que l'on commence à méditer, on prend conscience de toutes ces diversions qui accompagnent chaque instant et qui distraient notre attention quel que soit ce que nous sommes en train de faire. Il s'agit de distractions qui peuvent provenir d'un inconfort physique, tel qu'une douleur dans la jambe ou une démangeaison sur le nez, de bruits extérieurs (celui de la télévision dans la pièce à côté ou des babillements des enfants), il peut s'agir encore des affres de la faim ou enfin de l'émergence de pensées et d'émotions.

Que faire ? Si ces distractions sont permanentes, elles deviennent bien plus évidentes au cours de la méditation au point de nous donner parfois envie de crier. Voilà en effet qu'une petite démangeaison de rien du tout va devenir une irritation rageuse, que le murmure des voix va se transformer en mugissement de sauvages, que le souvenir d'un air populaire va résonner à nos oreilles comme une fanfare militaire, qu'un frémissement de colère va déferler en une rafale furieuse.

Le conseil que l'on donne habituellement — le seul en fait qu'il y ait à donner — est de prendre note tout simplement de ces choses et de poursuivre le cours de notre méditation. Voilà qui est beaucoup plus facile à dire qu'à faire. Comment donc pourrions-nous « prendre simplement note » de quelque chose qui ne cesse de nous harceler et d'attirer notre attention ? La réponse se situe dans la façon dont l'esprit l'appréhende. Si votre attitude est trop déterminée, et que vous montrez trop d'acharnement consciencieux à *ne pas* être distrait par ce que vous considérez comme des intrusions injustifiées, cela rendra les choses plus difficiles encore. L'attitude juste est de considérer ces distractions comme faisant tout à fait naturellement partie de la vie. Celle-ci ne va pas faire ses valises et rentrer chez elle simplement parce que vous voulez méditer. La vraie méditation est donc l'aptitude à rester centré au milieu de la vie et à ne pas s'échapper de celle-ci. De cette façon, ces distractions font partie de ce qui *est* ; elles font partie intégrante de l'activité que l'on observe en permanence tant dans les mondes extérieur qu'intérieur.

Si vous prenez ce point de vue, vous vous apercevrez que, paradoxalement, toutes ces distractions sont là pour vous aider à tester la profondeur de votre concentration.

N'essayez donc jamais de vous fermer à celles qui viennent de l'extérieur. Laissez-les entrer et sortir de votre conscience exactement comme toutes les autres choses que votre esprit enregistre. Il en est de même des petits inconforts de notre corps. Dès que vous les ressentez, ne vous précipitez pas pour les effacer. Dès que vous aurez pris l'habitude de changer de position ou de vous gratter, dites-vous bien que vous devrez le faire de plus en plus souvent. Asseyez-vous quel que soit l'inconfort physique, et la plupart de vos petits maux laisseront votre conscience en paix comme le reste. S'ils deviennent vraiment trop troublants, occupez-vous-en car la quiétude du corps favorise la quiétude de l'esprit. S'asseoir même en ressentant une légère douleur vous fait prendre conscience qu'il ne faut pas constamment essayer de changer son environnement pour qu'il nous convienne.

Tout ceci est facilité dans la mesure où vous ne vous *identifiez* pas aux distractions, ce qui est vrai également des pensées et des émotions. Observez-les mais gardez votre esprit à bonne distance. Elles incarnent les contenus temporaires de l'esprit et non l'esprit soi-même. Moins vous vous identifierez à elles, plus vous prendrez conscience de cette notion et moins vous les laisserez prendre d'ascendant sur votre état de conscience.

La méditation n'est pas anti-intellectuelle

Rien de ce que je viens de dire ne signifie que la méditation est anti-intellectuelle et qu'elle ne convient qu'à ceux dont l'esprit n'a pas de prétention. Bien au contraire, la méditation engage la globalité de ce que nous sommes, y compris bien sûr notre intellect. Il ne s'agit pas de le laisser à la porte à chaque fois que vous entrez dans votre pièce de méditation. L'intellect est un instrument très puissant et, s'il nous est donné, c'est pour que l'on s'en serve. Mais on ne l'utilise pas du tout de la même façon que lorsqu'on règle un problème intellectuel et que l'on s'apprête à opérer avec un esprit rationnel, logique et analytique. L'intellect est bien présent durant la méditation. Où pourrait-il bien être sinon ? Si vous en doutez, réfléchissez aux changements subtils qui sont la résultante de la méditation, en particulier à la façon dont l'intellect s'ouvre aux idées nouvelles, se fait plus fécond, plus créatif, plus diplomate, moins rigide enfin dans son point de vue.

Par ailleurs, vous pouvez sans problème utiliser l'intellect pour réfléchir à la nature et au sens de la méditation pendant les moments où vous ne méditez pas. Mais au sein même de cette pratique, la tâche qui incombe à l'esprit est de se concentrer sur un point et de ne pas se laisser distraire par les pensées qui peuvent survenir, qu'elles soient triviales ou sérieuses. Et si nous avons bien quelque chose à apprendre, c'est que nous sommes tous égaux quand nous nous asseyons pour méditer. Nos diplômes académiques, l'importance de notre compte en banque, notre statut professionnel et social, ne comptent plus. Nous retournons tous d'où nous venons et recommençons tous à zéro.

Concentration plus tranquillité

Revenons maintenant au résumé de la pratique de base inclue dans la méditation. Se recentrer sur sa respiration, seul objet d'attention, sans irritation contre l'esprit qui vagabonde, sans attente particulière ni but trop élevé, permet de développer la concentration. Petit à petit, celle-ci devient plus aisée et l'esprit se fixe moins. Le progrès ne vient pas d'un coup et ne ressemble pas à une ligne droite. Certains jours vous aurez l'impression de cheminer sur la bonne route tandis que, d'autres fois vous serez convaincu que vous progressez à reculons. Certains jours l'esprit reste conscient et centré tandis que, d'autres fois il jacasse comme une meute de singes. Même la pire des séances de méditation peut être une expérience fortifiante si vous la considérez comme un rappel du besoin que vous avez de pratiquer. Par ailleurs si vous cherchez après coup à vous remémorer la séance, vous comprendrez pour quelle raison et de quelle façon votre concentration était si capricieuse. Si vous y parvenez, cette soi-disant « mauvaise » séance se sera révélée finalement bien plus utile qu'une « bonne » séance. Il est clair que le combat mené pour rester concentré pendant ces soi-disant « mauvaises » séances contribue davantage au développement de vos aptitudes qu'une séance où l'esprit obéissant suit tranquillement la respiration. Considéré de ce point de vue, les « mauvaises » séances seront celles qui vous apprendront le plus.

Quand vous parvenez à maintenir la concentration pendant quelques minutes, spontanément, comme en état de grâce, le calme commence de faire son apparition. Votre esprit et votre corps entrent dans un état de paix tranquille et silencieux. Votre respiration, votre rythme cardiaque, votre métabolisme tout entier se stabilisent. C'est le rythme de tout votre être qui se ralentit quand vous vous asseyez pour méditer : il devient plus subtil, plus doux. Telle est la seconde étape de la méditation, celle de la *tranquillité*. Mais il s'agit d'une tranquillité d'une sorte un peu particulière. J'ai dit au chapitre 1 que, si l'on en croit certaines recherches psychologiques, la méditation n'apporte pas plus d'avantages au plan physiologique que ne le fait la pratique de la relaxation. Il se peut que ce soit le cas. Mais dès que vous avez mis le pied dans cet état de tranquillité méditative, vous prenez soudain conscience du fossé qui sépare méditation et simple concentration.

Dans la première, l'esprit est conscient qu'il laisse partir les distractions venant s'interposer entre lui et sa paix, qu'il se cherche au lieu de se laisser submerger par la confusion de ses propres pensées, qu'il devient plus clair, plus aiguisé, tel un rayon de soleil dispersant les nuages. En revanche et par contraste, dans la simple concentration, l'esprit se laisse aller en roue libre à toute proposition mentale, qu'elle soit imaginaire ou qu'elle corresponde à un souvenir, du moment qu'elle lui apporte des sentiments agréables de paix. L'esprit se trouve donc dans un état de rêve proche de la transe, très différent de la sérénité alerte et vigilante de la méditation. Dans la plupart des processus de relaxation, l'esprit est autorisé à flotter, en quelque sorte à couper le courant, tandis que la méditation maintient la lumière allumée dans la conscience d'une perception nouvelle bien plus subtile que celle dont on fait l'expérience au cours de notre vie normale, même dans les instants où l'on est le plus vigilant.

Il est évident que cette tranquillité n'apparaît que rarement dans les toutes premières étapes du processus de méditation de même qu'une relaxation profonde n'est donnée aux novices que très brièvement au début de sa pratique. La tranquillité méditative ne se stabilise qu'au bout d'une longue pratique. Il est assez difficile d'expliquer pourquoi elle peut survenir sans effort au cours de séances apparemment normales tandis qu'elle ne se montrera que de façon très fugace alors que la concentration est, semble-t-il, profonde et soutenue. Il existe d'autres niveaux de tranquillité, y compris ces profonds instants de béatitude dont parlent certains praticiens expérimentés. Il reste que la tranquillité est d'abord l'absence d'émotion bien plus que l'émergence à des niveaux plus profonds d'une joie existentielle. Il se peut que ceux-ci fassent un jour leur apparition mais il se peut aussi qu'ils ne la fassent jamais. Au travers de cette expérience, le méditant prend conscience que la pratique de la méditation est une fin en soi, bien plus qu'un moyen pour y parvenir. Il est possible qu'elle conduise un jour à un but inimaginable et inconnu mais, pour le moment, c'est la pratique elle-même qui compte. Et le simple fait d'imaginer un tel objet au début de la pratique, c'est mettre celui-ci encore plus loin.

Concentration plus tranquillité plus regard pénétrant

Aux yeux de certaines personnes, la tranquillité que l'on obtient par la méditation — à quelque degré que ce soit — est une fin en soi. Il ne fait aucun doute qu'elle apporte bien des avantages et permet une approche de la vie plus sereine, plus productive, plus équilibrée. Il existe un troisième pas vers la méditation : c'est celui qui fait entrer le méditant au cœur même de l'expérience méditative. Il s'agit du stade du regard pénétrant [1], celui pendant lequel il commence à faire les découvertes sur le « Qui suis-je ? ». Cet état particulier est déjà entré de temps en temps spontanément dans sa méditation, un peu comme un état de grâce, mais d'ordinaire il nécessite un engagement clair, un engagement que certains considèrent comme exigeant et dans lequel ils répugnent à s'engager.

Je parle là de l'engagement qui consiste à regarder avec précision ce qui se passe dans notre propre esprit, quoi qu'on puisse y trouver. Il exige une sorte d'*activité* qui s'oppose à l'état plus passif, caractéristique de la tranquillité. Mais il s'agit là d'une forme d'activité dans laquelle on ne peut s'engager *que* lorsqu'on est parvenu à l'état de tranquillité (nous voilà de nouveau confrontés au paradoxe). Tenter de s'y engager prématurément n'aurait d'autre résultat que d'agiter l'esprit comme on peut agiter la boue au fond d'un étang. En revanche, une fois la tranquillité atteinte, cette activité d'un ordre particulier ne perturbe plus l'esprit et n'utilise pas plus d'énergie mentale qu'il n'en faut pour se concentrer sur la respiration. Loin alors de remuer la boue, elle ouvre l'esprit. C'est comme si, après avoir remué une eau claire avec la main, on regardait les cercles de cristal onduler sans fin dans toutes les directions.

Il est en fait possible d'atteindre cette activité spécifique à l'étape de la vision en se focalisant sur la respiration, d'une façon que le Bouddha a défini

1. Voir note 1, p. 70.

dans la *Satipatthanasutta (Sûtra de l'application de l'attention)*. Cela implique d'analyser minutieusement inspirs et expirs afin de repérer s'ils sont longs ou courts, rapides ou lents, grossiers ou subtils ainsi que les sensations qu'ils font naître (sans compter l'étude ultime de ce que *sont* ces sensations). Aussi étrange que cela puisse paraître, cet exercice, d'une simplicité apparente, ouvre les portes tant des mystères de celui qui perçoit que de ce qui est perçu jusqu'à révéler la réalité des choses.

Une autre façon de stimuler cette activité pour atteindre à un regard plus pénétrant, est de porter son attention de la respiration vers les pensées. Dans un premier temps celles-ci sont restées à l'arrière-plan alors que c'était la respiration le point de centrage de la conscience. Ce sont maintenant les pensées qui deviennent le centre. Vous refusez encore de les laisser vous « prendre », vous envahir tant mentalement qu'émotionnellement, ou de vous laisser emporter dans les rêves éveillés. Il vous faut simplement les observer, avec le même détachement vigilant que celui qui se concentrait sur la respiration. De nouveau vous autorisez les pensées à passer tels les nuages au-dessus de l'eau mais vous êtes maintenant concentré sur le point d'où ils s'élèvent et où ils disparaissent et sur l'espace qui les sépare les uns des autres quand l'esprit se vide et qu'il retrouve sa vraie nature dans la vacuité.

On ne peut rien dire de cet état-là qui a autant de valeur que le fait même de le connaître. Mais c'est à partir de cette étape que les pratiques méditatives commencent de diverger les unes des autres — en terme de technique et non de direction — car il est bien d'autres choses sur lesquelles on peut se concentrer à la place de la respiration ou des pensées.

Je vais faire le tour de quelques-unes d'entre elles et des techniques qui leurs correspondent ci-après. J'étendrai la discussion aux chapitres suivants mais, avant de quitter cette synthèse de la pratique de la méditation, laissez-moi mettre à nouveau l'accent sur les trois états qui sont le fondement de toutes autant qu'elles sont, à savoir :

— la concentration,
— la tranquillité,
— la pénétration de l'esprit.

Ou pour le dire en d'autres termes :

— faites converger votre esprit,
— laissez-le se tranquilliser,
— regardez ce qu'il y a là.

Les différentes sortes de méditation

Il serait erroné d'insister sur les divergences qui existent entre les différents types de techniques méditatives, mais tenter de les classifier est nécessaire pour parvenir à une vision globale de ce sujet aussi vaste qu'incroyablement riche. Un psychiatre chilien qui a travaillé plus particulièrement sur ce sujet, Claudio Naranjo, suggère dans son ouvrage *How to be* une méthode pratique de classification qui tient compte de deux dimensions bipolaires, deux dimensions dont chacune a deux pôles ou deux extrêmes. L'une d'elles s'appelle la dimension *arrêt-départ* et l'autre la dimension *attention-attention à Dieu*. Étudions-les chacune à son tour.

La dimension arrêt-départ. Au point d'arrêt elle implique ce que Patanjali explique dans ses *Yoga sûtra* (voir chapitre 4) comme « l'extinction du mouvement de l'esprit ». L'esprit reste centré sur le stimulus initial et se maintient fermement dans cette position tandis que le regard pénétrant se développe à son propre rythme. Dans la partie « départ » de cette dimension, le méditant observe les pensées au fur et à mesure qu'elles apparaissent et s'autorise à suivre les révélations et les visions offertes par les voies intérieures, les sentiments ou les intuitions qui peuvent survenir ; c'est ainsi par exemple que les chrétiens ou les musulmans écoutent la voix de Dieu ou que les chamanes se mettent à l'écoute des voix de l'esprit.

La dimension attention-attention à Dieu. L'extrémité de cet axe, celle de « l'attention », fait référence au regard pénétrant qui vient de la conscience d'une expérience immédiate, sensations du corps, émotions que l'on peut ressentir, pensées qui surviennent et passent leur chemin. Quant au pôle concernant « l'attention à Dieu », le méditant atteint la vision profonde en se concentrant sur un symbole extérieur tel qu'un *mandala* ou un *mantra*, les attributs de Dieu ou encore la flamme d'une bougie ; il laisse alors le symbole agir comme une clé ouvrant une partie du monde intérieur situé au-delà de l'expérience immédiate. Grâce à cette clé, le méditant a accès à de nouvelles dimensions et suit des chemins jusqu'alors inexplorés (lorsque Naranjo utilise le terme « Dieu », il n'induit pas que l'on doive avoir une croyance théiste pour accéder à ce mode opératif ; « Dieu » désigne tout ce qui n'est pas soi-même, tout ce qui est extérieur à soi).

Les deux dimensions dont parle Naranjo conviennent bien à ma façon de cartographier les styles méditatifs, bien que je préfère les termes suivants : *ceux qui apaisent et immobilisent, ceux qui lâchent le flux* et *subjectif-objectif.* Ces deux dimensions bipolaires ne sont pas mutuellement exclusives pour être plus précis. On peut commencer à méditer dans l'apaisement avant de passer au mode objectif du deuxième style. On peut aussi commencer à l'extrémité subjective et passer au mode écoulement de la première catégorie. On peut enfin combiner ces deux dimensions : être ensemble dans le mode objectif et le mode écoulement (ce qui veut dire que l'on peut méditer sur un symbole de Dieu, entendre la voix de Dieu, ce qui arrive aux dévots hindous). Mais on ne peut en aucun cas — au moins jusqu'à ce que l'on atteigne la vérité ultime, ce point où tous les contraires disparaissent ! — être de fait en même temps aux deux extrémités opposées de la même dimension (ce qui veut dire être en même temps au stade de tranquillisation et à celui d'écoulement ou encore méditer ensemble sur les modes subjectif et objectif). En effet, ce faire fragmenterait la concentration sur un seul point d'attention, sans laquelle aucun projet n'est possible.

En dépit du fait que l'on puisse passer d'une dimension à une autre au cours de la méditation, il n'est pas souhaitable de le faire intentionnellement. Dans toutes les pratiques méditatives, avant même le démarrage d'une séance, il est vital d'être conscient de deux choses : la première est le mode particulier que l'on va employer, la seconde est l'intention que l'on a d'y rester. Bien des gens s'attachent à un seul mode tout au long de leur vie. D'autres n'en utilisent qu'un seul jusqu'à ce qu'ils se familiarisent avec un autre qui semble mieux leur convenir. Dans tous les cas aucun méditant relativement expérimenté ne décidera de changer de mode *au cours d'une même* séance, que la tentation soit grande quand on débute. S'il trouve qu'il progresse trop lentement, le novice peut démarrer une séance à moitié découragé et trouver que d'autres techniques seraient bien « meilleures » que celle qu'il emploie. Dans une telle disposition d'esprit, il ne sera pas surpris de ressentir le découragement le gagner en quelques minutes à peine, portera son attention sur un autre point — il passera par exemple de la respiration à ses pensées, puis des pensées à un *mantra* ou d'un *mantra* à un *mandala*.

Ce qui a pour effet de faire faire encore moins de progrès. Le méditant fini par être totalement désemparé et abandonne par dégoût. Car il n'existe aucun raccourci en méditation. Certes, quand après avoir maîtrisé les stades de la concentration et du calme, vous parvenez au stade de la vision profonde, il se peut qu'une forme de méditation soit plus adaptée parce qu'elle correspond mieux à vos croyances, à votre tempérament ou à vos centres d'intérêt. Cependant, toutes les méditations sont construites sur les mêmes fondations : la concentration et le calme, et ces qualités ne se développent que par une autodiscipline qui nécessite de travailler avec la même « mise au point » de la conscience.

Insistons encore en écoutant ce que Conze nous dit de la concentration :

> « [...] La concentration est le fait de rétrécir le champ de l'attention d'une façon et pour un temps que la volonté détermine. L'esprit est alors focalisé sur un point. Il ne vacille pas, il ne s'éparpille pas, il ne se disperse pas, et il devient aussi assuré que la flamme de la lampe en l'absence de vent... C'est la concentration qui donne une certaine stabilité au flux perpétuel (de l'esprit) parce qu'elle lui permet de se fixer dans ou sur le même objet sans être distrait... »
>
> *Buddhist Meditation* (page 19).

C'est cette capacité, la conscience à se maintenir dans ou sur un même objet sans se laisser distraire, qui est essentielle, quelle que soit la forme de méditation choisie, et quelle que soit l'extrémité des deux dimensions axiales retenues.

Une classification des chemins méditatifs

Voici maintenant un essai de classification de quelques-unes des traditions les plus importantes au plan méditatif sous les deux dimensions dont nous avons parlé.

Méditation du calme	⟷	*Méditation du flux**
(ou de l'apaisement)		(ou de l'épanchement)
Vipassana		Prière extatique**
Hatha-yoga		Le « quiétisme »
Tai Ji		des quakers
		chamanisme
		mysticisme chrétien
Méditation subjective	⟷	*Méditation objective*
Zazen		Religions du mystère
méditation sur un koan		la Kabbale
Shikantaza***		Bhakti-yoga
		Jnâna-yoga

* *Stilling Meditation* et *Flowing Meditation* ont été systématiquement traduites ainsi dans le corps du texte avec l'approbation de l'auteur *(N.d.T.)*.

** La secte des Quakers fut fondée en 1647 par des disciples de George Fox, convaincu d'être appelé par le Saint-Esprit. « Quakers » signifie « trembleurs » car il faut « trembler devant la parole de Dieu ». Refusant toute liturgie et tout clergé, ils s'attachent à la présence de l'Esprit saint dans la conscience individuelle. Souvent persécutés, ils quittèrent à partir de 1684 l'Angleterre pour l'Amérique où leur influence fut très importante jusqu'au début du XIXe siècle. *(N.d.T.)*.

*** Terme du bouddhisme zen de la tradition soto signifiant « s'asseoir paisiblement dans un engagement total » généralement traduit par « seulement s'asseoir ». Équivalent de « zazen » : « méditation assise ».

Quant à cette classification, il faut insister sur trois points :

1. Elle ne doit pas être prise de façon trop littérale. Si l'on excepte le fait qu'au *sein* d'une technique le méditant ne peut en réalité se trouver simultanément aux deux extrémités d'une même dimension axiale, on ne peut séparer par des lignes vraiment nettes les différentes techniques comme on ne peut définir de façon trop systématique à quelle dimension appartient chaque technique. En effet, celles-ci s'interpénètrent en différents endroits et des arguments aussi sensés les uns que les autres peuvent être avancés pour proposer une autre classification que la mienne. En fait je cherche simplement à clarifier votre pensée. Plus on tente de simplifier les choses, plus on s'aperçoit qu'un même schéma est le fondement de toutes ces techniques, et que la façon dont il les réunit est bien plus importante que celle dont il les divise.

Je reviendrai bien des fois sur cette question de l'unité, sur ce fil rouge qui relie les traditions ensemble, tant au niveau de la pratique qu'à celui de la théorie. C'est du reste la reconnaissance de cette unité qui rend l'étude de différentes traditions si essentielle. Tout cet ouvrage est en fait tourné vers l'espoir de répondre à une question : pourquoi un méditant peut-il désirer étudier des traditions autres que la sienne ? Je souhaite que cette réponse montre que, de la même façon que les voyages à l'étranger élargissent la compréhension que l'on a des autres cultures comme de la nôtre, ainsi l'étude des autres traditions méditatives nous aidera à comprendre bien mieux celle qui est la plus près de nos cœurs.

2. Aucune des pratiques qui figure dans les deux dimensions axiales ne sont moins « efficaces » ou moins « évoluées » qu'une autre. Car c'est bien la façon dont on les étudie et on les pratique qui est la clé de leur efficacité comme de leur degré d'évolution. Voilà encore une bonne raison pour apprendre tant la théorie que la pratique si l'on veut faire l'expérience de tout ce que peut nous apporter la méditation. Parmi les huit qualités nécessaires au progrès tant spirituel que psychologique (décrites dans *Le Noble Chemin Octuple*, ou *Octuple Sentier*), le Bouddha a retenu ensemble *une vue juste* et *une méditation juste*[1]. L'une sans l'autre, elles sont comme handicapées. Entrer en méditation avec une vue erronée des choses, c'est en limiter considérablement la valeur ; par vue erronée je pense tout autant à un simple malentendu comme au désir d'acquérir un pouvoir sur les autres grâce au développement des *siddhis* (voir chapitre 9). De la même façon, entrer en méditation avec la vue juste, si l'on ne fait pas l'expérience directe de la méditation juste qui est son corollaire, n'est que vanité.

« Une vue juste » est essentiellement une compréhension juste, une philosophie de la vie qui s'efforce de voir les choses telles qu'elles sont plutôt que de les cacher derrière le voile de la mystification de soi-même. Son apprentissage peut se faire par n'importe lequel des grands enseignements spirituels (dans sa forme la plus pure) selon qu'il convient mieux à un tempérament et à un environnement culturel. Elle possède deux caractéristiques prouvant

1. Les mots employés par l'auteur sont *right view* et *right meditation*. Dans *Le Bouddhisme du Bouddha* (Pocket, n° 2927), Alexandra David-Néel traduit ces mots par « vue droite » et « méditation droite ». Nous avons préféré l'interprétation de Pierre Crépon « compréhension juste » et « concentration juste » *(N.d.T.)*.

que ces enseignements fondamentaux sont issus de la même : on ne doit pas exalter l'ego ni le regarder comme une entité séparée distincte du reste de la création.

Dans tous les cas, aussi ferme que soit la main qui contraint à la vue juste, quelque puissante que soit la force des arguments, de la foi ou des bonnes actions qui nous fait épaule, elle n'opère qu'au niveau théorique jusqu'à ce que l'on ait fait l'expérience directe de sa réalité, l'expérience directe que procure la méditation, désignant du doigt la réalité ou s'inscrit cette énigme « Qui suis-je ? ».

3. À l'image de tout système qui cherche à tracer une ligne entre deux niveaux d'expérience intérieure, la classification que j'ai donnée reflète une démarche de dualité. Ce point est si fondamental que j'en parle plus longuement au début du chapitre 8. Mais je veux ici insister sur le fait que même les dimensions axiales proposent une distinction fondamentale entre ce qui est « moi » et ce qui n'est « pas moi » (que ce « pas moi » soit Dieu ou le reste du monde). Ceci est en grande partie dû au fait que nous grandissons dans un monde qui propose sans cesse cette distinction, ce qui nous conditionne à accepter comme vérité qu'il s'agit-là de la distinction fondamentale surpassant toutes les autres. Cependant, comme il est clairement dit dans le bouddhisme, le christianisme et le mysticisme hindou, il existe bien un niveau d'expérience intérieure où cette distinction disparaît. Le mystique chrétien maître Eckhart nous dit :

> « Dieu doit être moi, je dois être Dieu, si parfaitement un que lui et moi ne sont qu'un seul dans cette ipséité qui œuvre à une seule tâche éternellement… L'être de Dieu est ma vie, mais si c'est ainsi, est-ce que celle de Dieu doit être la mienne et qu'est-

ce qu'est la mienne en tant que Dieu ? L'ipséité de Dieu est mon ipséité, rien de plus ni de moins. Le juste vit éternellement avec Dieu, au niveau de Dieu, ni plus bas ni plus haut. Toute leur œuvre est faite par Dieu et celle de Dieu est faite par eux. »

The Works of Meister Eckhart,
trad. de Evans (page 247).

Ce que veux dire ici maître Eckhart, il est possible que nous ne le ressentions pas pleinement. Il tente de nous transmettre l'expérience mystique directe de l'unicité de toutes choses. Peu importe que l'on perçoive ou non ce que veut dire Eckhart (1260-1326), il y a là une notion que l'on a du mal à intégrer : nous avons du mal à concevoir que, si nous utilisons la forme objective de méditation, avec pour support la personne du *Bouddha*, du *Christ* ou de *Krishna* l'objectif sur lequel nous méditons est extérieur à soi et non intérieur. C'est un objet distinct et personnalisé qui possède un ego séparé et une existence distincte de la nôtre.

Si nous parvenons à abandonner cette idée, il est possible que s'impose alors à nous la notion opposée : *Bouddha*, le *Christ* ou *Krishna* se trouvent « dans cet endroit-ci » plutôt que « hors de cet endroit-là » ; en d'autres termes, ils sont une émanation de l'esprit sans être dotés d'une réalité objective. Nous revoilà piégés dans cette distinction bien caractéristique de notre mode de penser occidental ; l'objet de la méditation est, soit « hors de là » ou « ici à l'intérieur », il ne peut être les deux ensemble. Ce qu'impliquent réellement les paroles d'Eckhart et d'autres maîtres évolués, c'est que notre mode de penser devrait réfléchir en terme de « l'un et l'autre ensemble ». L'objet de la méditation est *ensemble* ceci *et* cela, ensemble « à l'intérieur et à l'extérieur », d'une façon qui dissout la distinction.

Lors de mes débuts dans l'étude du bouddhisme tibétain, je me rappelle que quelqu'un avait posé la question suivante au lama dont nous recevions l'enseignement : « Est-ce que ce que les bouddhas et les *bodhisattva* (les maîtres ayant reçu l'illumination) utilisaient pour centrer leur méditation se trouvaient dans l'esprit ou dans la réalité ? » Sur le coup il nous assura : « Oui, oui c'est dans l'esprit ». Puis quelques temps après, il réalisa que les Occidentaux ne comprennent pas le monde à la manière des Tibétains et comme il ne voulait pas que nous nous fourvoyions, il ajouta avec une malice dans les yeux « et dans la réalité aussi, et dans la réalité ».

Si cela peut vous aider, songez au monde intérieur comme à un monde que vous devez partager. Ce n'est pas simplement votre monde, ce n'est pas non plus le monde intérieur de votre voisin. Jung donne à ce concept le nom d'inconscient collectif tout en l'expliquant au plan biologique et psychologique comme un héritage commun intérieur, la facette de l'esprit qui nous vient — avec les gènes — des ancêtres de notre race. Cet inconscient collectif établit le schéma, en quelque sorte le négatif de notre pensée (si l'on considère celle-ci comme le positif d'une photo). Cette partie-là de l'esprit nous apporte les concepts fondamentaux sur lesquels la race humaine a construit sa destinée. Elle nous a transmis, par exemple, les notions de courage, d'honnêteté, de sacrifice de soi, d'amour vrai et de chevalerie. Si l'on va plus loin, elle nous a transmis les images archétypiques, les modèles, les Dieux, les héros et les héroïnes, les sages — hommes et femmes — dont nous avons peuplé nos panthéons et notre littérature.

C'est ainsi que Joseph Campbell résume cette idée :

> « Vous devenez le porteur de quelque chose qui vous est donné par ce que nous avons appelé les muses — ou encore, en langage biblique "Dieu". Ceci n'est pas le fruit de l'imagination mais bien un fait réel. Puisque l'inspiration vient de l'inconscient et que les esprits inconscients des membres d'une toute petite société ont bien des choses en commun, ce que le chamane ou le sorcier mettent au monde est une chose qui attend d'être mise au jour au sein de chacun d'entre nous. Ainsi quand on entend l'histoire du sorcier, on répond "Ah ! c'est mon histoire". C'est quelque chose que j'ai toujours voulu dire mais que je n'ai pas été capable d'exprimer. »
>
> *The Power of Myth* (Le pouvoir du mythe), de Joseph Campbell (p. 71).

Je voudrais fausser compagnie à Campbell sur un point : c'est l'humanité soi-même, et non seulement les membres des petites sociétés, qui partagent cet héritage intérieur commun. Bien que certains aspects de l'inconscient collectif diffèrent selon les cultures, la permanence des mêmes thèmes prouve bien qu'à un niveau plus profond, le contenu de l'inconscient collectif est commun à nous tous.

Ainsi, lorsque je parle du dualisme inhérent aux classifications — tout en en proposant moi-même — je veux dire que le fait même que nous hésitions entre tranquillisation et écoulement, entre subjectif et objectif, a un sens à savoir que nous concentrons en fait sur la même chose. L'esprit et le contenu de l'esprit sont une seule et même chose. Ceci ne veut pas dire que le contenu direct, l'objet ou le symbole — ou encore le Bouddha sur lequel nous centrons notre concentration — est soumis à l'esprit ou qu'il s'agit d'une invention de son imagination. Cela ne veut pas dire non plus que l'esprit est soumis à ce qu'il contient. Cela veut simplement dire que tous deux participent d'une seule réalité.

Lorsque je travaille avec des étudiants, je constate qu'ils ont de grandes difficultés à comprendre ce concept, ce qui n'est pas surprenant. Il est vrai que j'éprouve moi-même quelques difficultés parfois à bien le cerner, d'autant plus que nous sommes vraiment piégés par nos habitudes qui posent des bornes partout et qui sont engluées dans la dualité « moi — pas moi ». Pour simplifier les choses, voici l'analogie que je propose. Je demande aux étudiants à quel endroit ils finissent et où commence le reste du monde. À tout moment nous prenons part à ce reste du monde qui se trouve à l'intérieur de nous, par le simple fait de respirer. De même, lorsque nous mangeons. De même, à chaque moment nous donnons un peu de nous-mêmes au reste du monde lorsque nous transpirons, lorsque notre peau pèle, lorsque nous expirons, lorsque nous allons à la selle. Une fois qu'ils ont bien pris conscience de cela je poursuis en leur rappelant les points que j'ai développés au chapitre 2 concernant le fait que nos corps sont « faits » des éléments et en leur rappelant qu'il n'y a pas de différence entre l'eau, l'air, la terre et le feu contenus dans notre corps, et ceux qui composent le monde extérieur. Je poursuis en leur rappelant que nous allons chercher quelque chose dans le reste du monde à chaque fois que nous utilisons nos yeux ou nos oreilles et que nous donnons un peu de nous-mêmes au reste du monde à chaque fois que nous recréons notre environnement ou lui donnons une autre forme.

C'est ainsi que l'on commence d'entrevoir et d'atteindre la vue juste. La frontière subtile existant entre « moi » et « le reste du monde » se fait plus ténébreuse. Puis il existe des méditations, comme celles que je décris au chapitre 10, qui vont plus loin. Elles permettent d'expérimenter — et de reconnaître mentalement — que le monde n'est pas fait de la façon que nous pensons ordinairement.

Et c'est ainsi que, bien qu'on ne pense pas se trouver en même temps aux deux extrémités de la dimension axiale en même temps du fait de nos capacités limités de concentration, nous sommes tout de même dans un sens aux deux extrémités tout le temps. Voilà bien un autre des paradoxes avec lequel le méditant doit apprendre à vivre. Il finira par s'occuper du cœur même de ce paradoxe. Fort des limites que je viens de poser, je vais utiliser la classification que j'ai proposée dans le tour d'horizon détaillé que nous allons maintenant faire de certaines traditions méditatives.

4

La méditation du calme : arrêter l'agitation de l'esprit

Alors que nous travaillions ensemble sur l'exercice que j'appelle « dis-moi qui tu es ? » (décrit dans le chapitre 8), un maître de méditation Ch'an (la forme chinoise du zen) me dit : « Je veux que toute chose simplement s'arrête. » En prononçant ces mots, il m'apparut dans un état de concentration intérieure profond, les yeux tournés vers le sol, mi-clos. Les mots lui venaient très lentement après une grande réflexion, comme s'ils n'étaient pas de son fait mais bien qu'ils « étaient parlés à travers lui ». Nous étions assis ensemble côte à côte sur le sol dans la tranquillité et le calme de la pièce de méditation. Seule la lumière provenant de l'unique fenêtre enveloppait l'image dorée du Bouddha couronné assis avec nous. Derrière le Bouddha, dans l'encadrement de la fenêtre, se détachaient les grands rouleaux de collines couronnées à leur tour de nuages bleu-gris.

L'assise se poursuivait, le silence se prolongeait, gagnait en profondeur, décuplant la sérénité et la dimension d'éternité du moment. Je me souviens avoir ressenti une bouffée d'amour immense pour mon professeur, un peu comme si lui et moi ne faisions qu'un. Je ne suis pas bien sûr de pouvoir dire d'où ni de qui émanait la tristesse également inhérente à cet instant, de lui ou de moi. Une tristesse née de notre sentiment de vulnérabilité, à nous mortels vivant sur cette planète changeante dans l'éternité spatiale infinie. « Je veux que toute chose simplement... s'arrête. » Simplement s'arrête.

Mon esprit s'interrogeait. Quel était donc cet « arrêt » dont il parlait ? S'agissait-il d'anéantissement ? D'oubli ? S'agissait-il encore de la fin de toute chose, de notre expérience de toute chose, ce qui revenait au même ? S'agissait-il du temps, de l'espace, de la vie que nous connaissons sans la comprendre, des collines au loin, du Bouddha couronné au visage impénétrable et au sourire mystérieux ? Qu'adviendrait-il si tout s'arrêtait ? Que pourrait-il bien arriver puisqu'il n'y aurait plus rien à attendre ni personne pour attendre quoi que ce soit ? Ce maître Ch'an de noble famille et de grande sagesse était-il en train de souhaiter la fin de sa propre existence, de son voyage et de la recherche qu'il menait depuis de longues années ? Quelle souffrance ou quelle tranquillité intérieures pouvaient lui faire émettre un souhait de ce genre ?

C'est alors que j'entrevis à quel point la vision que j'avais de cette notion était limitée. J'étais tombé bien facilement dans le piège tendu par mon maître. Comme si cette notion d'arrêt avait quelque rapport avec l'existence ou la non-existence, avec la vie ou l'annihilation de la vie. La voie bouddhiste appelle « l'adhésion aux extrêmes », le second des cinq types d'affliction de la vision, laquelle croit soit dans la permanence de l'être, soit dans son anéantissement. En fait, il n'en était rien. Mon maître entendait par là qu'il désirait parvenir à la sérénité, non simplement pour lui-même mais pour tous les êtres, pour le fait d'être dans sa plénitude et son incommensurabilité. Une sérénité transcendant la permanence ou l'anéantissement, l'être et le non-être, le devenir et l'absence de devenir, la survenue des choses et leur disparition. Une sérénité qui n'est ni stagnation ni activité, ni ennui ni excitation, ni arrivée ni départ, ni vie ni mort. Une sérénité qui dépasse toutes les définitions et l'absence de définition, qui défie le paradoxe et l'orthodoxe.

Est-il possible qu'un tel état existe ? S'il est vrai qu'il est difficile de l'imaginer, décrivons au moins ce qu'il pourrait être : c'est l'une des raisons pour laquelle les hindous ont toujours parlé de cette condition de l'être en employant les termes suivants : « *netti, netti* — pas ceci, pas cela », précisant bien les choses par une définition à forme négative. Dans le bouddhisme, cet état porte le nom de *nirvâna*, et on souligne le fait que *nirvâna* est « quelque chose » dont on ne peut « rien » dire. De même, les hindous prétendent ne rien pouvoir dire de *Brahman*, l'ultime profondeur de l'être, de même les mystiques chrétiens qui ne peuvent rien dire de Dieu. « Tout en Dieu est un, disait maître Eckhart, et de cette unité on ne peut rien dire. » De même les taoïstes qui prétendent ne rien pouvoir dire du *Tao* : « La voie (tao) qui peut s'énoncer n'est pas la Voie pour toujours, le nom qui peut la nommer n'est pas le Nom pour toujours », dit le Tao-tê-king. De même les mystiques juifs de la *Kabbale* disent que Ain Soph est « rien... au-delà de la compréhension, au-delà de la classification... il existe dans sa non-existence, et dans son existence il existe ». (Poncé C., *Kabbalah : an introduction and illumination for the world today*[1].)

Depuis le début de l'histoire, hommes et femmes nous ont parlé de cet état ineffable, la réalisation de ce que nous appelons « l'illumination » et dont ils parlent comme des voyageurs qui le connaissent bien. Loin de le rechercher dans ce qui se trouve au-delà des choses, ils l'habitèrent dans cette vie-ci. C'est lorsqu'on progresse dans la méditation que vient soudainement la réponse à leurs enseignements : « Ah oui, *c'est évident.* » Sans que l'on sache vraiment comment cela arrive, la méditation nous permet de prendre conscience que ce qu'ils disent est vrai ; un peu comme si, sans en avoir vraiment gardé la mémoire, nous avions réellement vu le territoire dont ils parlent, comme si — au moins — nous avions été touchés par ses murmures et ses suggestions au cours de notre cheminement sur la voie mystique des rêves.

« Que toute chose simplement s'arrête » : mon maître ne faisait allusion à rien d'autre qu'à ce territoire, ce lieu vers lequel mènent toutes les techniques de méditation, un espace qui est ensemble le centre de l'être et le centre de la création.

1. Voici un exemple des paradoxes contenus dans le *Tao-tê-king* selon la traduction de François Houang et Pierre Leyris dans la collection Points Sagesse aux éditions du Seuil. « Ce n'est pas ton œil qui pourrait le voir / son nom est Sans-Formes / ce n'est pas ton ouïe qui pourrait l'entendre / son nom est Sans-Bruits / ce n'est pas ta main qui pourrait le prendre / son nom est Sans-Corps / triple qualité insondable / et qui se font dans l'unité / ... il se meut sans cesse, innommé / jusqu'à ce qu'il ait fait retour / dans le royaume de Sans-Choses. » (Aphorisme n° 14). Ce paradoxe se retrouve dans tous les grands textes spirituels. Citons pour finir un texte contemporain, *Dialogues avec l'ange* : « Où est le nirvâna ? Là où les deux sont un. Là où les parallèles se rejoignent. En apparence repos — En vérité acte. En apparence silence — En vérité tous les sons unis. En apparence éloigné — En vérité en toi-même. » (Voir bibliographie.)

La sérénité

Qu'est-ce que le mot « sérénité » vous suggère ? Le mot est un symbole puissant, spécialement quand il s'agit de décrire un état intérieur, l'état au-delà de tous les états. Il peut suggérer la *tranquillité* mais il ne faut pas oublier qu'on peut l'atteindre par la méditation et qu'elle précède la vision. La sérénité se situe au-delà de la tranquillité : c'est la vision profonde soi-même. Cependant — et là encore nous nous trouvons face au paradoxe — ce calme fait également partie de la pratique qui nous conduit à la vision, il fait également partie de la concentration et de la tranquillité qui n'en sont que les deux premières étapes. Au bout du compte, il n'existe aucun fossé entre la pratique et l'état vers lequel elle mène. Comment pourrait-il en être autrement, puisque cet état embrasse tout, puisqu'il est l'unité qui contient toutes les unités dont les mystiques des grandes religions ont parlé ?

L'absence de fossé entre la pratique de la méditation et l'état vers lequel elle conduit est l'un des enseignements les plus profonds contenus dans le ch'an et le zen : à partir de maintenant je n'utiliserai que le terme « zen ». Il convient ici d'insister sur le maître japonais du XIIIe siècle Dögen, créateur au sein du zen de l'école Soto. Dans les traductions et les commentaires qu'il a laissé des œuvres les plus importantes de Dögen, Yuhu Yokoi résume ainsi cette caractéristique des enseignements du maître : « ... Il n'y a aucun fossé entre la pratique et l'illumination, et c'est la raison pour laquelle... aucune des deux ne précède l'autre ni ne la suit. En d'autres termes, l'illumination n'est pas quelque chose que l'on atteint et qui est le *résultat* de la pratique ; l'illumination est comprise dans la pratique depuis le tout début. » (Yokoi Y. et Victoria D., *Introduction with Selected Writings.*) De crainte d'une déviation vers la complaisance, Yokoi ajoute un avertissement : « Ce n'est que par la pratique constante et dans l'unité d'intention, cependant, que cette vérité peut être comprise pleinement. »

Par ces mots, Yokoi entend que l'on consacre son esprit pendant la méditation à l'ici et maintenant de chaque instant. Si l'on entre en méditation avec en tête un but à atteindre, nous avons alors en tête une idée *de ce que* sera le calme, *de ce que* sera l'illumination à laquelle nous souhaitons parvenir. Et inévitablement cette idée, puisqu'il s'agit-là simplement d'une autre sorte de construction mentale, s'oriente vers ce but fixé mentalement. Préconcevoir un but, c'est créer la façon dont nous allons penser, alors que l'essence de la méditation, c'est l'abandon des préjugés et des préconcepts, et l'expérience claire et sans tache de ce qui se trouve au-delà des préjugés et des idées qui les composent.

Dans son *Gakudo Yojin-shu*[1] (Les points à observer dans l'entraînement bouddhiste), Dögen explique soi-même que « étudier la Voie c'est essayer de faire un avec elle — d'oublier jusqu'à la trace de l'illumination ». En d'autres termes, nous ne méditons pas pour atteindre l'illumination, nous méditons parce que c'est ce que font ceux qui ont reçu l'illu-

1. D'après *Le Trésor du zen* (Albin Michel, Spiritualité vivante), *Gaku* signifie étudier, *Do* : la Voie, *Yojin* : prendre soin, faire attention à, et *Shu* : recueil. Ce texte est fondamental pour les personnes engagées dans la pratique quotidienne de la Voie. L'ouvrage cité le présente avec le commentaire de Maître Deshimaru *(N.d.T.)*.

mination. La méditation est ensemble le chemin et le fruit du chemin. « La Voie est complètement présente où vous êtes, et si vous l'oubliez et laissez la plus petite différence s'installer au début entre vous et la Voie, ceci aura pour résultat d'installer une bien plus grande séparation entre vous et la Voie que celle qui existe entre le ciel et la terre. » Tel est l'avertissement que donne Dögen dans son *Fukan Sasen-ji* (Pour la diffusion universelle des principes de zazen)[1] tel que nous le transmet Yokoi.

Vipassana

Bien que le calme soit une caractéristique de l'entraînement zen, c'est dans la pratique appelée *vipassana* des bouddhistes théravadins[2] que bien des gens trouvent une plus grande expression de la sérénité.

Dans ce courant, la méditation accentue l'attention pure (ou simple). Lorsqu'on pratique pour la

1. Ce petit traité est présenté dans son intégralité dans *Le Trésor du zen*, page 43. La traduction proposée par Deshimaru est la suivante : « En quoi l'effort concentré de l'homme est-il nécessaire ? En vérité le grand corps est bien au-delà de la poussière du monde. Qui pourrait croire qu'il existe un moyen de l'épousseter ? Il n'est jamais distinct de quiconque, toujours exactement là où l'on est. À quoi bon aller ici ou là pour pratiquer ? Cependant, s'il y a un fossé, si étroit soit-il, la Voie reste aussi éloignée que le ciel de la terre. Si l'on manifeste la moindre préférence ou la moindre antipathie, l'esprit se perd dans la confusion... » *(N.d.T.)*.

2. Le *théravâda*, « doctrine des anciens », est l'une des écoles du bouddhisme qui se considère comme la plus proche du bouddhisme originel. Ses écritures forment le canon pali qui contient les plus anciens textes bouddhiques. Répandu à Ceylan, en Birmanie, en Thaïlande, au Laos et au Cambodge, il désigne maintenant l'ensemble du bouddhisme *hînayâna*. Sa principale caractéristique est une distinction fondamentale entre laïques et moines qui sont les seuls à pouvoir se concentrer entièrement à la recherche de l'illumination. Pour en savoir plus, voir Pierre Crépon, ouvrage cité dans bibliographie *(N.d.T.)*.

première fois *vipassana*, il est utile d'exprimer le calme de façon symbolique par l'observation, par la conscience vigilante et impassible qui observe les mouvements d'arrivée et de départ de l'inspir et de l'expir. Sans qu'on n'y mette aucune étiquette, sans le lourd pouvoir discriminatoire des termes « bon » et « mauvais », l'esprit observe le processus respiratoire et ses moments clés qui se situent entre l'expir et l'inspir. Leur importance est si grande qu'il est fort possible que nous perdions notre concentration à ces moments précis, ceux dont quelques maîtres disent que ce sont les moments au cours desquels la vérité se révèle.

Ceci est également symbolique puisque la vérité se révèle à chaque fois que nous abandonnons l'ignorance qui l'obscurcit, j'entends le bavardage mental au cours de la méditation. Mais le symbolisme n'est jamais inutile, qui nous rappelle ensemble que rester concentré à ces moments précis permet justement d'améliorer grandement notre pouvoir de concentration parce que le calme physique qui emplit alors le corps ouvre une porte au calme de l'esprit. Si je voulais donner une image de ce moment, je choisirais celui où le vent quitte les feuillages arborés et où les feuilles, les branches et tout le paysage environnant restent immobiles dans une absence de mouvement qui semble nous montrer ce qu'est la vacuité. C'est juste de cette façon-là que le calme qui envahit le corps pendant les intervalles entre l'inspir et l'expir permet au calme de l'esprit de se révéler, d'une façon claire et ouverte. Tout comme l'espace qui, ensemble, contient et fait, compose les arbres immobiles.

C'est ainsi qu'à travers le calme extérieur du corps et de l'esprit, le calme intérieur de la vision

La méditation vipassana

La méditation *vipassana* (vision interne de la nature réelle des choses ou vision profonde) est la méthode enseignée par Bouddha et qui concentre l'attention sur la respiration. Selon ses propres termes quand il parlait du méditant : « Attentivement il respire, attentivement il expire. » Dans ces mots extrêmement simples se trouve cependant le noyau de toute la pratique [1]. L'individu est attentif à la respiration à tel point qu'aucun murmure ne peut entrer ou sortir sans qu'il le remarque. Le méditant observe la respiration avec la totale vigilance d'une sentinelle qui surveille les allées et venues à la porte d'entrée de la cité.

En temps normal cette observation porte sur l'activité du canal nasal [2], endroit où l'on est le plus sensible à l'entrée de l'air froid et à la sortie de l'air chaud. Il existe pourtant une alternative, c'est d'observer le gonflement et le dégonflement de l'abdomen. Les deux solutions sont également acceptables. Si la première est de nature plus subtile, la seconde est plus proche du corps. Choisissez celle que vous préférez, mais ne passez pas de l'une à l'autre. Et si vous décidez de concentrer vos efforts sur vos narines, soyez attentif à ne pas suivre le canal de la respiration jusqu'aux poumons. La sentinelle ne peut quitter son poste sans autorisation.

Une fois que l'attention que l'on porte aux allées et venues de la respiration s'est affermie, le méditant

1. Le terme anglais *mindfully* insiste sur l'engagement total de l'esprit dans cette pratique *(N.d.T.)*.

2. La concentration se porte sur l'endroit des narines où l'air sort, afin de sentir petit à petit le contact de la respiration au point situé au-dessus de la lèvre supérieure en dessous des deux narines et au milieu de celles-ci. Cette technique d'*anapana* que Fontana semble inclure à celle de la *vipassana* est caractéristique du bouddhisme théravâda ou hînayâna, appelé depuis 380 après J.-C. « le petit véhicule ».

développe la vision profonde en entrant dans sa respiration. Selon les propres termes du Bouddha : « en expirant sur un temps long, le méditant est conscient de ce qu'il fait "j'expire sur un temps long" en inspirant sur un temps long, il est conscient et sait : "j'inspire sur un temps long". » De même en ce qui concerne l'inspir et l'expri de courte durée. Ce sur quoi le Bouddha met ici l'accent est la perception de la *qualité* de la respiration. Une fois que la concentration est arrivée à ce point d'attention aigu, le méditant peut enfin laisser la sentinelle quitter les portes de la cité. C'est alors qu'il utilise la technique que l'on nomme le *balayage* : elle consiste à laisser la conscience se déplacer en suivant les moindres détails sur tout le corps et en descendant progressivement du visage vers les bras, puis vers le corps et les jambes, avant de remonter jusqu'aux narines. Ce voyage doit se faire avec une infinie lenteur parce qu'il permet de prendre conscience de chaque sensation subtile que l'on rencontre.

Acquérir la vision profonde de cette façon renforce immensément les pouvoirs de concentration et de perception. Le méditant est alors en mesure de porter son attention sur l'esprit et d'examiner ce qui le traverse de la même façon détaillée et objective.

(la vision[1] interne des choses telles qu'elles sont) peut alors émerger.

Ce processus peut trouver une aide supplémentaire dans ce que nous pouvons appeler à défaut d'un terme plus approprié « la vision intérieure brute et globale[2] ».

Ici, le méditant déplace sa vigilance et quitte les narines et la respiration pour focaliser son attention à tour de rôle sur toutes les parties de son corps, de façon lente et progressive, en douceur. Dans la vie quotidienne, nous sommes conscients de l'existence de notre corps sans l'être vraiment. Nous savons qu'il est là mais, à moins que quelque inconfort ou, au contraire, quelque sensation agréable attire notre attention, nous laissons notre corps vaquer à ses occupations sans que notre esprit y prenne garde.

Il n'y a rien de mal à cela. L'esprit a d'autres choses vers quoi tourner son attention. Cependant, le corps nous envoie des signaux subtils à tout moment. En les ignorant, nous émoussons la perception que nous en avons et, par conséquent, la perception de ce que nous sommes au plan physique. Grâce à *vipassana*, il est possible de ranimer cette perception dans ses moindres détails, petit à petit, en portant d'abord son attention sur le visage et la tête, puis sur chaque bras, avant de passer au corps et aux jambes et de finir par les pieds. On ramène ensuite l'attention sur les narines et la respiration. À chaque

1. Le terme anglais est *insight* qui exprime mieux l'idée de pénétration vers l'intérieur des choses. C'est sur cet aspect qu'insiste ici l'auteur dont le texte anglais est *insight, seeing* into *the real nature of things*, c'est-à-dire qui pénètre par le regard *dans* la nature réelle des choses. Nous avons, la plupart du temps, traduit ce terme par « vision profonde », suivant en cela nombre de traducteurs de textes bouddhistes. *(N.d.T.)*

2. Le terme exact employé par l'auteur est *gross insight* qui signifie à la fois grossier et brut, au sens de brut de décoffrage *(N.d.T.)*.

étape, le méditant prend conscience de la sensation propre au point considéré, il prend conscience de la chaleur et du froid, du fourmillement de la peau, du port des vêtements. Et par l'intermédiaire de cette plongée vers l'intérieur de son être physique et de cette vision naissante, le méditant passe d'une vision brute à une vision subtile. Il entre dans cet état de calme, de vacuité, d'où sourd chaque sensation physique — et en fin de compte le corps et le jeu des pensées de l'esprit — et dans lequel elles disparaissent.

Vipassana et tai ji

Vipassana est donc une pratique du calme. Mais tandis que l'individu reste calme alors que sa vigilance est en train de balayer son corps, on peut dire qu'il s'agit également d'une pratique du calme en mouvement. Le calme en mouvement. Voilà bien un autre paradoxe. Un paradoxe qui se résout pour moi non seulement par le biais de *vipassana* mais également par celui de *tai ji*[1], cet ensemble de mouvements effectués avec une lenteur et une concentration voulues que certains décrivent comme une sorte de yoga en mouvement. Au temps de mes toutes premières années d'entraînement *tai ji*, mon maître me demanda de filmer toute la séquence des mouvements du *tai ji*. Nous étions seuls dans une pièce tranquille et nue et, dans mon angoisse de réussir le film, je me concentrai totalement sur chaque facette de ce mouvement, sur la plus petite de ses nuances. Avec une intensité tout à fait particulière, j'observai cette forme vêtue de noir qui se mouvait sur le fond lumineux des murs. J'observai ses pantoufles feutrées

1. Nous choisissons d'utiliser l'orthographe la plus proche du chinois, l'orthographe pinyin.

progresser et tourner sans bruit sur le sol carrelé, j'observai encore ses bras et ses mains se déployer puis se replier. J'observai enfin la chorégraphie selon laquelle il remplissait l'espace puis se ramassait sur lui-même, construisant des figures dans le calme au point de ne plus être sûr si c'était les figures qui étaient le calme, ou le calme qui était les figures.

Et dans ce moment d'incertitude, le mouvement et le calme ne faisaient plus qu'un. La distinction qui les séparait n'avait plus cours, comme il en va d'un caillou qui tombe dans l'eau. Il n'y avait plus aucune limite entre les deux, on ne pouvait plus parler de « l'un et l'autre », il n'y avait plus que la sensation d'une présence unique, des choses à leur place. En d'autres termes, il n'y avait plus d'absence, il n'y avait plus de choses ni même d'endroit où elles pouvaient être.

Il n'y a là rien d'unique, ni même qui participe d'une mystique inaccessible. Cette expérience peut nous arriver à tous, et même assez facilement, lorsqu'il se trouve que nous concentrons notre attention de façon ferme et stable sur un point particulier pendant un certain temps. Certaines personnes atteignent cet état à l'écoute attentive de la musique, d'autres à l'observation un peu longue d'une œuvre d'art. Elle est caractéristique par le fait qu'il n'existe plus de frontière, par exemple entre la musique et le silence dans laquelle elle évolue, ou entre l'œuvre d'art et l'espace au sein duquel elle est composée. Bien plus il n'existe en fin de compte aucune frontière entre l'être qui prête attention et l'objet auquel on prête attention.

Il arrive alors que l'on prenne conscience — comme si on *savait* — que la musique ou l'œuvre d'art n'est pas « hors d'ici », située dans un espace différent, mais bien qu'elle existe au sein même de l'esprit qui est en train de l'enregistrer. Sa réalité n'est pas étrangère à l'esprit mais elle en fait partie intégrante. Et les choses ne peuvent pas en être autrement.

Dans *vipassana* — et pendant l'exécution des mouvements du *tai ji* — les frontières qui se dissolvent sont celles qui séparent l'esprit de la respiration ou des mouvements du corps. C'est véritablement là le point où disparaît le dualisme qui existe entre l'esprit et ce que l'esprit contient. Dans un premier temps, l'esprit observe la respiration. On peut dire aussi qu'il ressent le mouvement du corps. Puis esprit et respiration ou esprit et mouvement du corps ne font plus qu'un. Pour revenir à une métaphore que j'ai déjà utilisée, nous réalisons là la vérité : tout ce que nous expérimentons, le monde extérieur, nos sensations physiques, ne prennent véritablement corps à nos yeux que lorsque le monde intérieur de l'esprit les enregistre. Et c'est bien la raison pour laquelle il ne peut y avoir de distinction dans l'expérience directe que nous faisons des choses entre les objets que notre esprit enregistre et l'esprit qui enregistre les objets.

Si l'on voulait trouver une analogie, on pourrait parler de l'absence de séparation existant entre un miroir et l'image qu'il reflète. S'il y avait distinction, l'image aurait une existence indépendante du miroir et réciproquement. Si tel était le cas, où seraient donc ces deux existences séparées ? Est-il possible de montrer le miroir sans vous montrer l'image ? Aussi longtemps que le miroir reflétera l'image, il n'y aura pas deux réalités distinctes mais bien deux parties de la même réalité sans qu'aucune frontière ne les distingue.

Dans la méditation, cette connaissance que nous pouvons atteindre de l'absence de distinction entre l'esprit et les objets qu'il enregistre est le fait de l'expérience directe que l'on éprouve de l'intérieur. Elle devient donc une vérité acquise de notre propre expérience et ne reste pas cette croyance que nous a transmis quelqu'un d'autre. Une fois que nous avons atteint ce point de vérité, nous voyons alors que, comme un diamant, il possède mille facettes, et que ses ramifications atteignent chaque coin de ce que nous comprenons alors comme étant la réalité.

Le *tai ji*, une autre méditation de la sérénité

Le *tai ji* (ou encore *tai ji quan* pour ne pas tronquer sa véritable appellation) comprend une séquence d'enchaînements de mouvements ou de postures que l'on peut effectuer dans un temps qui va de dix à vingt minutes en fonction de l'école que l'on pratique. Généralement ses figures sont effectuées très lentement un peu comme dans un ballet dansé au ralenti et dans lequel le pratiquant ne doit pas sortir d'un espace estimé à trente centimètres carrés. L'observateur extérieur sera captivé par la beauté délibérée et presque hypnotique de la performance, mais pourra se demander à quoi cela peut bien servir sur terre. Le *tai ji* est-il un exercice, une danse, un art martial ? Le pratiquant de *tai ji* est-il simplement quelqu'un qui a perdu l'esprit ?

Il y a un peu de vrai dans ces trois éventualités. Le *tai ji* est bien un exercice. C'est une sorte de danse et l'un des arts martiaux. C'est également une façon de perdre connaissance. Mais si c'est le cas il faut le comprendre dans un sens bien particulier : il s'agit même d'une façon très spéciale de perdre connaissance puisqu'on perd les sens, fatigués et émoussés, de la vie quotidienne. Car le *tai ji* est au fond une méditation en mouvement, une méditation pendant laquelle l'esprit retient comme point de concentration le mouvement du corps synchronisé avec celui de la respiration et/ou le centre énergétique de celui-ci ; le point qui s'appelle *tan tien*. Situé environ sept centimètres sous le nombril, ce centre énergétique est le point vers lequel se concentrent les mouvements circulaires, dont ils sont le point d'arrivée et de départ.

Le *tai ji quan* aurait été inventé par Chang Sanfeng, un prêtre taoïste chinois vivant pendant le XIIIe siècle sous la dynastie Yuan mais il existe quelques versions qui le disent bien plus âgé et issu de la dynastie T'ang au VIIe siècle. Quelle que soit la date de sa véritable apparition, le *tai ji* que nous connaissons est apparu au VIIIe siècle sous la dynastie Ch'ing. Art martial à l'origine — que l'on appelait encore « le poing long[1] » à cause du fait que l'adversaire n'était jamais autorisé à entrer en contact physique avec son partenaire — il différait cependant des autres arts de cette sorte par le fait qu'il était « doux » et non « dur ». Ce qui veut dire qu'il reposait sur le développement et l'utilisation de l'énergie « interne » et non sur l'énergie externe de muscles et de nerfs durs comme de la pierre.

Cette énergie « interne » que les Chinois appellent le *qi*, est la force de vie primordiale, une substance sans matérialité qui remplit l'univers et anime toutes les forces vivantes. Analogue au *prana* des yogis, elle circule dans tout le corps par le canal de méridiens non matérialisés. C'est l'énergie dont l'acupuncture

1. Fontana emploie le terme *long boxing* (poing long ou boxe longue). On dit également *shadow boxing* (la boxe de l'ombre) : ce terme fait de l'adversaire une ombre intangible qui ne peut donc être touchée physiquement *(N.d.T.)*.

peut recentrer et rééquilibrer le flux. Les mouvements du *tai ji*, dit-on, sont une sorte d'acupuncture interne, un déroulement de postures qui suit le flux du *qi*. Ils ne se contentent pas d'équilibrer celui-ci, ils le placent également sous le contrôle de la conscience de celui qui pratique de façon que celui-ci puisse diriger sa puissance vers toutes les parties du corps ce qui lui permet de faire chanceler un adversaire dans ce qui apparaît aux yeux de l'observateur extérieur comme une touche douce bien que rapide comme l'éclair. Cette pratique renforce la résistance des différentes parties du corps qui deviennent quasiment insensibles à toute pression physique, à tous les coups de lance, à toutes les lames de rasoir.

Voilà bien des affirmations extravagantes. J'ai, pour ma part, vu des maîtres de *tai ji* chinois effectuer devant moi les prouesses les plus extraordinaires, lesquelles seraient tout à fait impossibles à reproduire par des moyens normaux, même si on sait très très bien tricher. Pour citer un exemple, j'ai vu un maître placer en équilibre sur sa gorge une lance pointue comme une aiguille, tandis qu'au bout de la lance se tenait en équilibre une jeune femme assise sur une chaise. Il n'y avait là aucune tricherie susceptible d'encourager le naïf à jeter des pièces, mais bien la démonstration faite avec sérieux d'une technique connue sous le nom de « enfoncer une lance dans la gorge » et qui ne peut être effectuée que par un praticien très avancé.

Le contrôle du *qi* dans le but d'améliorer la force et la santé constitue le fondement de la médecine chinoise traditionnelle. Il est répertorié dans le manuel de médecine chinoise le plus ancien qui existe, *Le Nei Jing (Le livre décrivant l'intérieur de l'homme)*, qui date de 300 avant J.-C. Les arts martiaux vont aussi loin dans la maîtrise du *qi*. Le contrôle est appelé *yinqigong*, alors que le fait que l'on dirige consciemment le *qi* vers la partie du corps qui convient est appelé *qigong*. Celle-ci dépend également du pouvoir de la volonté et de la maîtrise de la respiration. Les deux ensembles sont développés par la pratique des postures du *tai ji* complétées par quelques exercices plus statiques.

Il faut apprendre le *tai ji quan* avec un maître dans la mesure où les mouvements ne peuvent être totalement maîtrisés à partir de descriptions écrites ou de photographies. Il en va de même des exercices statiques. Il reste que la philosophie méditative issue du *tai ji* repose sur l'enseignement taoïste qui dit que la vie est mouvement. Toutes les choses vivantes sont en mouvement, d'une façon ou d'une autre, que celui-ci s'exprime par la mobilité, par la respiration ou par le processus de la croissance physique. C'est pourquoi, si l'on veut faire l'expérience du calme vrai, de la sérénité, on peut également l'expérimenter dans un mouvement. Du reste lors d'une méditation assise, si le corps reste immobile, il subsiste le très léger souffle de la respiration. Ainsi, bien que cette immobilité nous aide à atteindre la concentration, la tranquillité et la vision profonde, qu'arrive-t-il si on se lève et qu'on s'agite ? On court le risque de perdre ce à quoi nous sommes parvenus dès que l'esprit se trouve distrait par une quelconque activité physique.

Le *tai ji quan* est, pour cette raison, une façon de pratiquer une action physique tout en restant centré dans un état méditatif. Il aide à rester conscient du calme même au plus fort de la confusion quotidienne. En enseignant comment concentrer l'attention sur l'action, il permet de rester *vigilant* dans la vie quotidienne : c'est-à-dire de rester concentré sur ce qu'on fait ici et maintenant au lieu de se laisser distraire par la myriade de stimuli tant extérieurs qu'intérieurs, qui nous assaillent chaque jour. Au plan de la vision profonde, il permet de rester conscient ensemble du calme d'où naît tout mouvement et de la façon dont ce mouvement s'exprime dans les rapports que nous entretenons avec le monde extérieur.

Il nous permet enfin de prendre conscience des flux subtils de l'énergie interne qui sont associés à chaque mouvement mais que la moindre tension physique bloque si facilement. Il suffit d'observer un praticien expérimenté du *tai ji quan* lorsqu'il évolue dans une pièce, qu'il s'assoie ou qu'il se lève. On notera les postures et l'économie d'effort avec laquelle il se meut ainsi que la calme vivacité avec laquelle il est à l'écoute de la vie. Si l'on se tourne vers l'observateur *lambda*, on note de suite la différence. La pratique de *tai ji quan* a pour résultat de donner une approche de l'existence équilibrée dans laquelle il n'y a ni hâte ni tension. Pourtant, on utilise de façon extrêmement efficace l'être ainsi que l'espace temps au sein duquel celui-ci existe. Si on en croit le classique, un très mince ouvrage provenant des premiers maîtres du *tai ji quan*, dans chaque action de celui qui pratique « tout le corps devrait être léger et agile, et toutes ses parties reliées entre elles, comme des perles sur un fil... pieds, jambes et buste doivent agir comme un seul ensemble[1] ».

Et c'est bien le mouvement du corps qui agite comme une seule et même chose, non comme une série d'événements physiques juxtaposés qui ne tiennent ensemble que par la peau et les os. C'est bien le mouvement du corps qui donne à l'observateur

1. L'auteur tire cet extrait du livre de Cheng et Smith, *Tai Chi*. *(N.d.T.)*

extérieur cette impression de calme, d'éveil propre à l'état méditatif très caractéristique du praticien avancé. Aucune des parties du corps n'est séparée des autres, aucune d'elles ne fait la guerre à sa voisine. Bien au contraire, le corps est une unité. Au cœur même de la pratique des postures, on voit bien qu'il n'y a entre elles aucune frontière, aucune séparation. Selon les propres termes du grand maître moderne, le regretté Cheng Man-ch'ing, rapportés par Cheng et Smith : « les postures coulent avec régularité du début à la fin. Le *qi* est bloqué lorsque ce flux est entravé... pratiquez les exercices comme si vous "tiriez la soie du cocon"... ».

Dans le *tai ji* il existe un niveau bien plus profond, un niveau qui conduit le pratiquant à une vision plus profonde et à une compréhension plus grande de cet état de calme. En effet, au centre de *tai ji*, il y a l'abandon de l'ego, de ce qui fait que l'on se sent séparé du reste de l'existence. Cette méditation-là donne une vision directe de l'aspect artificiel de l'ego, du côté prétentieux et orgueilleux qui gouverne nos vies et qui, de plus, a besoin d'être protégé et d'être constamment nourri de sa propre importance. On peut interpréter la chose de cette façon : les postures en elles-mêmes, parce qu'elles suivent le flux de la force vitale tant dans le monde que dans le corps, chassent progressivement l'aspect faux et la vanité sur laquelle nous construisons cet ego au point de croire qu'il représente ce que nous sommes en réalité. Les postures suivent le gabarit sur lequel notre être est réellement construit et, au fur et à mesure que nous les exécutons, ce gabarit, un peu comme le négatif d'une photo, est réveillé et apparaît sous les faux gribouillages que nous lui avons imposés ; les postures nous rééduquent ainsi d'abord au plan inconscient puis au plan conscient.

Une autre explication possible (et sans doute complémentaire) est la suivante : au fur et à mesure de la pratique, on prend conscience des tensions situées dans le corps, des artifices des mouvements purement physiques. On prend conscience du mode de pensée restreint et rébarbatif qui en imprimant sa marque sur nos corps, a conduit à cet état artificiel, selon le processus inexorable par lequel le psychisme marque de son empreinte le physique. Dans la mesure où le *tai ji* rééduque le corps à un mouvement bien plus naturel, il inverse le processus à tel point que le corps commence de rééduquer l'esprit, de changer la façon dont nous nous considérons et dont nous envisageons nos relations avec autrui, ainsi que notre propre fonction. Par l'apprentissage d'un mouvement naturel au plan physique, on initie un mode de fonctionnement plus naturel au plan mental. Nous sommes un peu comme certains enfants qui ont subi des dommages au cerveau mais qui peuvent récupérer progressivement leur fonction cérébrale si les thérapeutes adultes leur font effectuer des mouvements adaptés à leurs besoins.

Voilà une *autre* explication qui peut se révéler satisfaisante pour certains : au vu de notre maladresse initiale dans la pratique des postures — tout spécialement quand on s'exerce devant des tiers et que l'on pratique l'exercice appelé « pousser les mains » — qui oppose deux adversaires, chacun essayant de trouver le moment où l'autre perdra son équilibre — nous sommes confrontés à l'enfant gâté qui est en nous. Cet enfant gâté qui veut faire mieux que quiconque de peur de passer pour « bête » ou de ne pas être « à la hauteur ». Cet enfant gâté qui nous suit dans la vie d'adulte et qui constitue la plus grande partie de notre ego. Il nous faut aussi prendre en compte, ne l'oublions pas, tantôt l'enfant apeuré et vulnérable, tantôt l'enfant rebelle, coléreux et irritable, que nous sommes aussi.

Ainsi, pour prendre l'exemple de l'exercice « pousser les mains », il est presque inévitable que le maître, dans sa plus grande expérience, sonde votre équilibre physique et trouve le moment exact où vous perdez celui-ci. Vous vous tenez debout face à lui et n'êtes en contact que par les mains. Le maître porte ses mains, les paumes vers l'intérieur, à quelque soixante centimètres du torse tandis que vous poussez doucement contre ses mains jusqu'à atteindre le point où — puisque les pieds ne doivent pas bouger durant cet exercice — le maître ne puisse que perdre l'équilibre et tomber à la renverse.

Dès que vous avez fini de pousser, c'est-à-dire quand vous risquez de perdre l'équilibre, vous inversez alors la position des mains et c'est au maître de pousser vers vous. C'est à ce moment-là qu'il éprouve votre faiblesse : car vous essayez de tourner le corps comme il l'a fait lui-même, et il saura bien doucement mais sans faille trouver l'endroit de votre torse incapable de s'assouplir, de se relaxer et de se rendre, le point qui emprisonne la colère, le point où vous vous sentez piégé et qui incarne au plan physique ce qui se passe dans votre tête.

Alors, quand ce point-là est détendu, quand vous avez appris à abandonner toute pensée individuelle pour concentrer votre attention sur la main du maître, vous verrez que votre corps se rendra volontiers : il tournera et bougera de telle façon qu'on ne puisse plus facilement le faire chanceler. Alors seulement vous saurez ce que c'est que d'abandonner les doutes et ce qu'ils représentent, que de les remplacer par une présence totale au moment vécu ici et maintenant.

C'est bien par cette présence pleine et entière, ici et maintenant, expérimentée au cours de l'exercice

« pousser les mains » que vous trouvez calme et sérénité. Le recueil des *koans* zen qui s'appelle le *Mumonkan* (« La porte sans porte ») rapporte le récit de deux moines qui regardent un drapeau flotter au vent. Le premier dit que c'est le drapeau qui bouge mais le second dit que c'est le vent. Éno, le sixième patriarche zen, vient à passer par-là et entend la discussion. Il dit alors : « Ce n'est ni le drapeau, ni le vent qui bougent. C'est l'esprit qui est en mouvement. » De tous les *koans* zen, celui-ci est le plus accessible. C'est bien l'esprit qui est en mouvement constant. Ce n'est que lorsque l'esprit est calme qu'une vision profonde authentique de la réalité peut apparaître. Le Bouddha a enseigné :

Fais le bien,
Garde toi du mal,
Pacifie l'esprit,
Telle est la voie des bouddhas

La sérénité dans le yoga

C'est maintenant vers une pratique méditative similiaire que je me tourne. Elle est fondée sur le corps : c'est le *hatha-yoga*. J'ai déjà cité les mots à propos de la tranquillisation de l'esprit comme de « l'arrêt du mouvement de l'esprit ». En effet, les sûtras du yoga de *Patanjali* — énoncés à une époque floue que l'on peut situer entre 400 avant J.-C. et 400 après J.-C. tant les opinions des érudits diffèrent — nous offrent le meilleur manuel qui ait jamais été écrit sur la méditation. Le terme « yoga » vient de la même racine sanskrite que le terme anglais « yoke » : il implique l'union avec le divin [1] et ne

1. La racine sanskrite « yug » signifie « atteler », « mettre sous le joug », « unir ». Le yoga désigne donc une discipline destinée à maîtriser les sens et l'activité du mental afin de parvenir à l'union avec l'absolu *(N.d.T.)*.

désigne pas simplement le *hatha-yoga* mais différentes voies spirituelles intimement reliées entre elles. Voici les plus connues d'entre elles :

— le *hatha-yoga*[1], le yoga du corps où l'on pratique les postures familières du yoga afin de maîtriser l'énergie vitale qui coule dans le corps et de trouver un point d'attention sur lequel l'esprit peut se concentrer,

— le *karma-yoga*[2], le yoga des bonnes actions, dans lequel on se dévoue au service d'autrui sans en attendre de récompense,

— le *bhakti-yoga*[3], le yoga de la dévotion dans lequel on se voue au seul culte de Dieu,

— le *jnâna-yoga*[4], le yoga de la connaissance dans lequel on travaille d'abord à apprendre et à comprendre les vérités spirituelles plus profondes avant de connaître sa propre sagesse intuitive, la connaissance suprême.

1. *Atha* signifie en sanskrit : force, violence. *Atha-yoga* est souvent traduit par yoga de l'effort car il s'agit, selon les propres termes de Tara Michael, d'une « voie raccourcie mais nécessitant un effort extraordinaire pour déboucher comme par effraction sur la réalité absolue. Selon une étymologie symbolique donnée du mot *hatha*, le *hatha-yoga* est l'unification du soleil (Ha) et de la lune (Tha) c'est-à-dire de toutes les dualités ; Ida et Pingala, souffle inspiré et souffle expiré, masculin et féminin », Tara Michael, *Introduction aux voies du yoga*, Le Rocher *(N.d.T.)*.

2. *Karma* ou *Karman* signifie en sanskrit « action ». À l'époque védique il s'agit de l'acte rituel et des conséquences bénéfiques qui en résultent après la mort pour celui qui l'accomplit. Par la suite la signification du terme s'élargit à tout acte, quel qu'il soit, qui doit, lui aussi, engendrer une conséquence qui se réalise soit du vivant de l'individu, soit après sa mort. Il s'agit là de la loi du Karma. Pour en savoir plus, se reporter à Pierre Crépon, *Le Bouddhisme et la spiritualité orientale*, Pocket ou Sogyal Rinpoché, *Le Livre tibétain de la vie et de la mort*, La Table Ronde, chapitre 6, page 122 *(N.d.T.)*.

3. *Bakhti* en sanskrit signifie dévotion à une divinité personnelle. D'après Pierre Crépon, « la bakhti désigne la participation affective de l'homme au divin, la dévotion émotionnelle rendue à l'absolu manifesté par une divinité », *ibid. (N.d.T.)*.

4. *Jnâna* en sanskrit signifie sagesse, connaissance. Il s'agit de la plus haute réalisation et de la connaissance suprême.

Ces yogas, s'il sont pratiqués avec diligence tendent vers le même objectif : la perte de l'ego et la réalisation de l'être, partie de cette unité immense qu'est la Création. Chacun de ces yogas comprend son *rajah-yoga*, yoga de la méditation. Que l'on travaille sur la conscience de son corps, au service d'autrui, à la dévotion divine ou à la sagesse intuitive, l'esprit est concentré et focalisé sur un seul objet dont il ne saurait déroger et qui prime sur tous les autres, tranquillisant ainsi la préoccupation incessante de l'ego.

Yogacarya Krpälvanand, dans son ouvrage *Science of Meditation* insiste sur le fait que, parce qu'ils contrôlent les organes physiques du sens, le *hatha-yoga* et le *karma-yoga* agissent comme un préliminaire nécessaire au développement du niveau plus élevé qu'est le *jnâna-yoga*. Cela signifie en fait dans l'esprit de Krpälvanand que l'on ne peut développer l'être mental ou spirituel tant qu'on n'a pas acquis le contrôle de l'être physique. Car l'être physique — avec les sens et les désirs sensuels qui l'accompagnent — distraira inévitablement celui qui cherche et consumera l'énergie vitale qu'il devrait consacrer à la quête du développement spirituel.

En langage psychologique, nous autres Occidentaux dirions que le désir ardent de satisfaction des sens détourne notre capacité de motivation et d'attention de l'aspect mental et spirituel de la vie. Il n'en reste pas moins que, quels que soient les termes employés, le message est clair : la pratique du *karma* et/ou de *l'hatha-yoga* développe la concentration, la tranquillité et la vision profonde qui permet le progrès spirituel et la sagesse qui en est le corollaire. Que l'on assujettisse nos désirs sensuels au service d'autrui (comme dans le *karma-yoga*), ou que l'on travaille directement à transformer l'énergie sensuelle en énergie spirituelle (comme dans le *hatha-yoga*), il nous faut reconnaître que nous sommes partie du monde physique et qu'il nous faut faire des efforts pour ordonner notre existence au sein de celui-ci si nous voulons être prêts à progresser vers des niveaux supérieurs de la vérité mentale et spirituelle.

On peut établir un parallèle direct entre cet enseignement et le précepte bouddhiste que j'ai déjà cité. Dans celui-ci, « fais le bien » et « garde-toi du mal » précède « pacifie ton esprit ». Travailler et purifier l'être physique afin de se mettre en situation de purifier l'être mental. Faillir à cela n'empêchera pas seulement le progrès mais risque de conduire à une forme erronée de celui-ci. Nombre de pèlerins de l'esprit bien inattentionnés se sont éloignés de la grâce parce qu'ils recherchaient certains des pouvoirs issus des pratiques spirituelles sans s'assurer d'avoir suffisamment progressé au plan moral pour les utiliser de façon juste.

Le précepte bouddhiste est particulièrement utile parce que « fais le bien » est le premier pas nécessaire. Même si vous ne pouvez pas vraiment vous garder du mal (en ayant un comportement centré et sans pensées qui viennent le perturber), vous pouvez au moins l'aborder en faisant le bien. Par paliers successifs les bonnes actions rééduqueront l'esprit qui prendra conscience petit à petit de la futilité et de l'ignorance contenues dans les actions mauvaises, ces dernières perdant alors leur influence sur vous. Les Hindous du *Veda* tels que Krpälvanand nous donnent la même leçon à cette seule différence que le *hatha-yoga* nous propose comme le *tai ji* des séquences de postures physiques destinées à accélérer le processus de transformation.

Le hatha-yoga

J'ai déjà dit que l'ouvrage de Desmond Dunne sur le *hatha-yoga, Yoga made easy* fut la première étincelle qui mit le feu à mon intérêt pour la méditation. Et comme les choses arrivent parfois de façon étrange dans la vie, c'est un maître *tai ji* et non un maître yogi qui m'initia au calme de la méditation issu des mouvements du corps. Cependant j'ai entretenu des liens étroits avec le *hatha-yoga* ainsi qu'avec ses maîtres et ses pratiquants, assez pour me rendre compte que malgré des différences de langage et de symbolisme, il existe de grandes similitudes entre le *tai ji* et le *hatha-yoga* dans le but qu'ils poursuivent tous deux. Il existe même une séquence de postures du *hatha-yoga* qui s'appelle « salutation au soleil » et qui est comparable au *tai ji* dans le plus subtil de ses aspects.

Le *hatha-yoga* insiste de façon très accentuée sur la circulation de l'énergie vitale — le *qi* ou le *prâna* — dans le corps. Il la représente sous la forme de sept centres d'énergie non physique, c'est-à-dire non tangible, et que l'on nomme les *chakra* (ce qui signifie « roue » en sanskrit). Ceux-ci sont répartis sur une ligne ascendante et située à la base de la colonne vertébrale, sur la rate, sur le plexus solaire, sur le cœur, à l'avant de la gorge, entre les deux yeux et au sommet de la tête. Ces centres sont bien plus que les points de focalisation du *prâna* : ils sont également les points de rencontre entre le corps physique et le corps éthérique, plus subtil, et dont la philosophie yogi dit qu'il s'insinue dans le corps physique et qu'il est le vecteur par lequel coule en fait la force vitale. Bien plus, le corps éthérique a la réputation de construire le pont entre le corps physique et le corps spirituel. Son existence a été reconnue par des cultures depuis des temps immémoriaux : les anciens égyptiens en particulier l'appelaient le *ka*[1] et le symbolisaient par le dessin d'un oiseau à tête humaine.

D'un plus grand intérêt au plan de la méditation, il est dit qu'une grande partie de la force vitale entre dans le corps par le *chakra mûlâdhâra* : situé à la base de la colonne vertébrale, il contrôle nos énergies physiques et sexuelles à l'état brut. Afin de sustenter le corps physique, il circule vers les autres *chakra* par deux canaux qui partent du centre du corps et que l'on appelle *idâ* et *pingalâ*. Pourvu que le flux de l'énergie soit équilibré entre ces deux canaux, le corps se maintiendra en bonne santé au plan physique : les postures du yoga *(âsanas)* sont conçues comme des moyens de maintenir cet équilibre. Mais il existe un troisième canal assoupi, le *sushumnâ* qui s'élève entre *idâ* et *pingalâ* et autour duquel ils s'entrelacent exactement comme les serpents s'entrelacent autour du bâton du caducée (le symbole porté par le dieu Mercure et adopté par l'Occident comme le signe de reconnaissance des médecins).

La force vitale qui pénètre le corps par le *chakra mûlâdhâra* contient plus d'énergie que n'en a réellement besoin celui-ci. Elle est donc stockée à la base de la colonne vertébrale, à l'endroit où les yogis la symbolisent par un serpent enroulé et endormi. C'est grâce à la pratique intensive des *âsanas* couplée avec la maîtrise du souffle *(prânâyâma)* et certaines pratiques de visualisation (de la sorte de celles que je propose au chapitre 7), que cette réserve en sommeil que l'on appelle la *kundalinî* peut s'éveiller et monter

1. Pour en savoir plus, se reporter aux sept jours de *ba* et *ka* décrits par Schwaller de Lubicz, *Her-bak Disciple*, Flammarion *(N.d.T.)*.

le long de *sushumnâ*, nourrissant à son tour chaque *chakra* jusqu'à ce qu'elle explose dans le *chakra* couronne en un feu d'artifice aux mille pétales.

Ces termes sont bien sûr chargés de symbolisme. Dans le langage occidental, nous dirions que l'énergie normalement destinée à l'utilisation physique se transforme en énergie spirituelle et permet à l'individu de s'élever de sa nature animale vers sa nature spirituelle.

Le yoga nous apprend cependant que cette transformation n'est pas exempte de danger. S'il se trouve que cette énergie stockée s'élève, non pas par le canal *sushumnâ* mais par *idâ* ou *pingalâ*, aucun des deux derniers n'est assez fort pour l'assimiler et l'ajuster. Il peut en résulter la folie, voire la mort. Il s'agit là en soi d'un curieux aspect de l'enseignement du yoga, mais il est fondé sur des centaines d'années d'observation de la condition humaine. Il nous est possible de le rejeter si cela nous fait plaisir, mais pour le moins c'est là une façon utile et symbolique de se rappeler une fois de plus qu'il faut en fait préparer les aspects physiques inférieurs avant d'être prêts à escalader les paliers spirituels supérieurs. Il nous faut bien faire le bien et nous garder du mal, il nous faut pratiquer *hatha* et *karma-yoga*, sous quelque forme qu'il nous convient d'interpréter ces deux yogas qui sont liés à l'activité du corps nécessaire pour que celui-ci devienne un réceptacle préparé à recevoir justement la pleine force du pouvoir spirituel.

La méditation de la *kundalinî*[1]

Étant donné les dangers déjà signalés que peut entraîner l'éveil de l'énergie de la *kundalinî* s'il est mené de façon incorrecte et abrupte, il convient de pratiquer tout travail intensif sur celle-ci sous l'autorité d'un maître expérimenté. Il existe cependant un exercice sans risque que je vous indique ci-dessous. Afin de le pratiquer, il est souhaitable de maîtriser suffisamment le processus de la visualisation (voir chapitre 7).

Asseyez-vous et mettez-vous dans votre position habituelle de méditation. Pratiquez le second des exercices de *prânâyâma que j'ai indiqué dans l'encadré réservé à cet effet. Une fois que vous êtes concentré et centré, continuez à effectuer le prânâyâma* tout en visualisant un canal lumineux *(le sushumnâ)* qui part de la base de votre colonne vertébrale — visualisé comme un point situé à l'intérieur de l'abdomen à quatre largeurs de doigts sous le nombril — et qui suit un chemin le long de la colonne jusqu'au sommet de la tête. Ajoutez-y à la base de la colonne un poing de conjonction en forme de W où *idâ* et *pingalâ* forment les deux colonnes extérieures et *sushumnâ* la colonne centrale. *Idâ* et *pingalâ* partent respectivement des narines gauche et droite jusqu'au sommet de la tête et redescendent pour s'unir avec *sushumnâ* comme le montre la figure

1. Nous reprenons ici le terme hindou dont Tara Michael explique qu'il est la correspondance à l'échelle microcosmique de la *mahâkundalinî* (la Grande Puissance lovée). Kundalinî, la Lovée, est l'énergie qui demeure comme support de la manifestation individuelle. Représentée comme un serpent femelle endormi, elle est enroulée trois fois et demie autour de « l'axe de l'existant par soi-même », le Réel statique. Elle est le support immobile et la racine de tous les pouvoirs de l'être individuel. Tara Michael traduit par ailleurs *kundalinî-yoga* par « yoga de l'éveil de l'énergie enroulée ». Ouvrage cité dans la bibliographie *(N.d.T.)*.

page 131. Ressentez à chacun de vos inspirs et de vos xpirs le flux de l'énergie s'échapper des deux canaux extérieurs et débloquer le point de jonction avec *sushumnâ* et éveiller la *kundalinî* qui sommeille et qui se transforme en une braise rouge et chaude de la taille d'une graine.

Une fois ces visualisations bien en place, contractez doucement en les maintenant ainsi les muscles de l'anus et du bas de l'abdomen. Ceci fait, dès que s'achève le prochain inspir, avalez et poussez doucement vers le bas les muscles du diaphragme en retenant l'inspir aussi longtemps que vous n'en ressentez pas d'inconfort. Visualisez la flamme de la *kundalinî* qui se réchauffe, effet résultant de l'énergie que l'on a comprimée.

Lors de l'expir suivant, relâchez tous les muscles et, tout en maintenant les points de votre concentration sur la braise chaude qui se trouve à la base de votre colonne, visualisez l'énergie de l'air chaud s'élever le long de *sushumnâ* jusqu'au *chakra* couronne, et supprimer les obstacles sur son passage. Recommencez pendant les six inspirs et expirs suivants en prenant conscience de la braise qui resplendit à la base de votre colonne et qui se réchauffe à chaque fois.

Lors du septième expir, visualisez la braise en train de se transformer en une langue de feu qui remonte lentement le long de *sushumnâ* et passe par tous les *chakra*, que vous vous représenterez comme des fleurs de lotus affaissées aux pétales fermés. À chaque fois que la *kundalinî* atteint l'un d'eux, le lotus reprend de la vigueur et s'ouvre dans l'ordre suivant [1] :

1. Les couleurs que nous indiquons ici varient légèrement selon les différentes écoles.

— ***Mûlâdhâra chakra*** localisé légèrement au-dessus de la base de la colonne vertébrale (dans la région coccygienne), où la fleur de lotus s'ouvre pour montrer un cercle central entouré de quatre pétales d'un rouge brillant ;
— ***Svâdhihsthâna chakra*** situé dans la région sacrée de la colonne vertébrale au niveau des organes génitaux, où la fleur de lotus possède six pétales de couleur vermillon ;
— ***Manipûra chakra*** situé dans la région lombaire au niveau du nombril avec son lotus aux dix pétales écarlates et verts ;
— ***Anâhata chakra*** situé dans la région dorsale au niveau du cœur, composé de douze pétales d'une couleur or très brillant, qui éveille les pouvoirs spirituels ;
— ***Vishuddha chakra*** situé dans la région cervicale au niveau de la gorge composé d'une fleur de lotus à seize pétales d'un bleu argenté et qui éveille les pouvoirs mystiques ;
— ***Ajnâ chakra*** situé dans la région entre les deux sourcils, représenté par un lotus à deux pétales d'un blanc éclatant qui irradie la lumière en une aura qui entoure la tête et qui éveille la compréhension du divin ;
— ***Sahasrara chakra*** situé à la couronne de la tête où se termine *sushumnâ* : la *kunkalinî* y explose en un lotus aux mille pétales, représentés comme un océan de lumière dans lequel le méditant abandonne son petit soi et ne fait plus qu'un avec la vérité universelle.

Cette expérience de l'ouverture des fleurs de *chakra*, lorsqu'elle est menée avec succès, peut durer aussi bien quelques secondes, plusieurs minutes ou le temps restant à la méditation. Quand elle se flétrit, la lumière argentée descend une fois encore le long de *sushumnâ* jusqu'à ce qu'elle rencontre la braise incandescente située dans l'abdomen ; c'est alors qu'il se produit une seconde explosion de félicité, qui soutient et redonne une énergie énorme au méditant, l'apprêtant au retour à la vie normale[1].

En temps normal il est souhaitable de renouveler régulièrement cette pratique pendant de nombreux mois avant que le méditant ressente vraiment l'énergie comme la colonne ascendante que j'ai décrite. Ne brusquez pas les choses, n'anticipez pas, concentrez-vous d'abord pour ressentir la braise incandescente dans l'abdomen et la chaleur qui s'en élève et qui débloque *sushumnâ*. Ce n'est que lorsque cette visualisation-là est bien en place et que vous ressentez réellement une chaleur physique qu'il vous est possible de passer à l'élévation de l'énergie soi-même.

Il n'est pas inintéressant de noter la fréquence parmi les principales traditions de cette idée : l'énergie physique s'élève jusqu'à ce qu'elle s'unisse à l'énergie spirituelle et produise une illumination. J'en donnerai des exemples lorsque je ferai allusion aux traditions alchimiques occidentales et à la *Kabbale*. Il reste que la pratique ne peut connaître un plein succès que dans la mesure où le méditant purifie d'abord son esprit et son corps par le développement de la

1. Tara Michael nous apporte une précision : « Les *chakra* sont mentionnés expressément comme situés à l'intérieur du conduit d'énergie subtile *(nâdî)* nommé *sushumnâ* qui passe au centre de la colonne vertébrale (excepté pour l'*âjnâ*, qui est dans la tête, et le *sahasrara*, qui n'est pas compté au nombre des *chakra*, étant au-delà du domaine de la manifestation). De l'intérieur de la *sushumnâ* les *chakra* commandent toute la portion du corps circonvoisine ; mais ils sont décrits aussi comme des fleurs de lotus *(padma)* qui en jaillissent comme de leur tige. Ces lotus sont représentés comme en bouton chez l'homme ordinaire, la tête penchée vers le bas ; c'est-à-dire que les possibilités appartenant au niveau d'existence représenté par chaque *chakra* ne sont pas chez lui pleinement développées. » *Ibid.*, page 189. *(N.d.T.)*

concentration, l'expérience de la tranquillité et par Le respect du conseil du Bouddha de faire le bien et de se garder du mal.

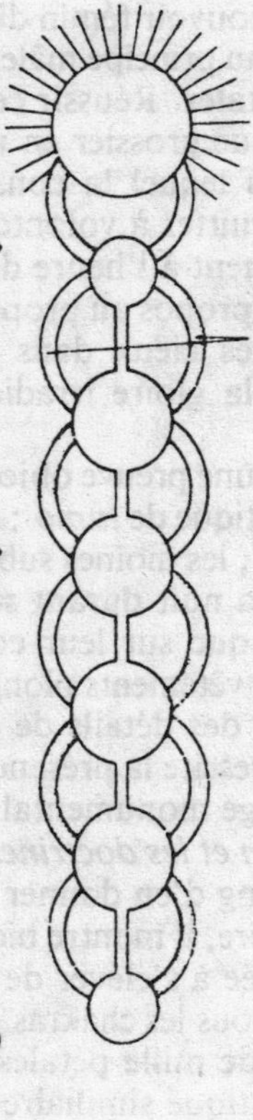

Représentation de sushumnâ, idâ *et* ingalâ *ainsi que des sept* chakra. *(Pour rendre plus facile la visualisation, il est possible de représenter mentalement les deux canaux extérieurs s'élevant de chaque côté de la colonne plutôt que s'enroulant autour d'elle.)*

Élever la chaleur psychique

La pratique tibétaine de *tumo*, « élever la chaleur psychique », présente de nombreuses similitudes avec la méditation de la *kundalinî* : on y fait du reste référence en l'assimilant à la « *kunkalinî* de la déesse », le pouvoir fémin divin assoupi dans le corps et qui s'unit au principe mâle *devata* situé dans le lotus aux mille pétales. Réussir cet exercice transforme le corps physique grossier en un « corps arc-en-ciel », un état dans lequel la conscience est — dit-on — capable de quitter à volonté l'enveloppe corporelle, particulièrement à l'heure de la mort. On peut faire allusion à ce propos au prophète biblique Élie qui fut élevé dans les cieux dans un « chariot de feu », symbole de la gloire irradiante de la forme transmutée.

Il existe une preuve objective de l'efficacité physique de la pratique de *tumo* ; lorsqu'ils ont achevé leur entraînement, les moines subissaient un test où ils restaient assis la nuit durant sur la glace d'une rivière gelée tandis que sur leur corps nu on plaçait neuf épaisseurs de vêtements plongés dans l'eau glacée. On peut trouver des détails de cette pratique très complexe qui nécessite la présence d'un maître approprié dans l'ouvrage monumental de W. Evans Wentz, *Le Yoga tibétain et les doctrines secrètes*. Il serait beaucoup trop long d'en donner ici tous les détails mais, une fois encore, il montre bien de quelle façon l'énergie est appelée à s'élever de la base de la colonne et à passer par tous les chakras jusqu'à ce qu'elle explose en un lotus de mille pétales au sommet de la tête.

Une pratique similiaire est décrite dans le texte taoïste, *Le Secret de la fleur d'or*. Son langage en est particulièrement poétique. Citons par exemple :

« ... Lorsque le feu ardent cause l'évaporation de l'eau de l'insondable, la vapeur d'eau s'échauffe et, lorsque le point d'ébullition est franchi, elle monte dans l'air comme la neige qui vole... La voie conduit au sacrum... jusqu'au sommet du créateur et à travers la maison du créateur ; puis elle descend à travers les deux étages, en un mouvement dirigé vers l'avant, dans le plexus solaire qu'elle réchauffe... C'est pourquoi il est dit : ''Voyageant dans le ciel, on mange l'énergie spirituelle du réceptif''... De quelle autre manière parviendra-t-on à entamer ce grand voyage ?... Et c'est pourquoi il est dit : ''Et le secret plus profond du secret : le pays qui n'est nulle part est la véritable demeure.'' »

Le Secret de la fleur d'or, *op. cit.*
page 114 et suivantes.

Dans son introduction à la traduction qu'en a faite Richard Wilhelm, Carl Jung écrit qu'avant la mise à disposition par le traducteur de cet ouvrage au public occidental, il n'avait pu trouver « aucune comparaison possible » avec sa propre théorie de l'inconscient collectif (voir chapitre 2), si ce n'est dans quelques références éparpillées de la littérature traitant de gnosticisme.

De toute façon, le texte de Wilhelm « contient exactement les pièces que j'ai cherchées en vain ». Selon ses dires, *Le Secret de la fleur d'or* — et de la vérité symbolique contenue dans le yoga de la *kundalinî* — est l'union de l'esprit conscient individuel à l'inconscient collectif. Il s'agit là de l'ébranlement de la barrière qui éloigne les hommes et les femmes de leurs droits innés à une vie spirituelle, la barrière qui maintient l'illusion d'une séparation entre les uns et les autres.

Jung voit une autre similitude avec les textes tibétains offerts à l'Occident quelques années après par Evans Wentz. Il ne peut pas y avoir d'adhésion plus retentissante de la part de la psychologie occidentale au besoin de prendre en compte sérieusement ces pratiques méditatives fondamentales de l'Orient.

Autres formes de yoga du corps

Il existe bien d'autres moyens de pratiquer les postures physiques qui reflètent la philosophie d'ordre spirituel du *hatha-yoga*. Sans parler du *tai ji*, d'autres arts martiaux tels que *l'aïki do* servent le même but. Le bouddhisme tibétain enseigne ses propres postures et l'on peut citer parmi les œuvres qui les décrivent celles de Ngakpa Chögyam et Peter Kelder, bien que l'on doive prendre avec une certaine réserve les descriptions dithyrambiques de ce dernier sur les bienfaits physiques des postures[1].

Il existe un autre exemple qui est celui du mouvement tournant qui — en quelque sorte — « file le temps » des derviches issus d'une des écoles de la branche soufie de l'Islam. Les observateurs de ce mouvement qui ressemble à celui d'une araignée ne s'arrêtent pas à sa qualité hypnotique, mais insistent aussi sur l'impression de calme au sein du mouvement qui en ressort. Ma réponse personnelle à ce phénomène est qu'il y a bien là une conscience du centre tranquille au cœur de l'activité tourbillonnante de la création, qu'il existe un axe permanent autour duquel s'enroule le monde impermanent du changement, de la croissance et des cycles, de l'Un qui donne naissance au Multiple, de la source d'où émane constamment le mouvement et vers laquelle il retourne sans cesse.

1. David Fontana fait ici référence aux publications en langue anglaise de Peter Payne, de Ngakpa Chögyam et de Peter Kelder. Seul l'ouvrage de Peter Kelder : *Les Cinq Tibétains, secrets de jeunesse et de vitalité*, a été traduit en langue française. Se reporter à la bibliographie *(N.d.T.)*.

Reshad Feild, qui fait partie du petit nombre des Occidentaux ayant expérimenté de première main la tradition derviche, nous explique ici le mouvement de toupie du derviche :

> « Il commença à tourner, lentement d'abord, les bras croisés sur sa poitrine. Petit à petit la toupie devint plus rapide ; lorsque le jeune homme déplia les bras, le rythme augmenta et le roulement de tambour se fit de plus en plus intense... Il s'équilibrait parfaitement en penchant la tête légèrement en arrière et vers la gauche. Ses yeux étaient luisants... Au moment d'apothéose, le derviche s'arrêta de tourner de façon soudaine. Il ne semblait pas du tout étourdi. Il faisait juste une halte, croisa les bras sur la poitrine et s'inclina profondément. »
>
> Rashad Feild, *The Last Barrier*.

Si l'on en croit Feild, pendant le mouvement tournant et au moment où celui-ci devient plus rapide, le derviche ouvre les bras qu'il tenait repliés et les maintient tendus, la paume de la main gauche tournée vers le haut pour recevoir la grâce divine et la paume de la main droite tournée vers le bas pour transmettre cette grâce à la terre. Pendant qu'il tourne, l'esprit du derviche est en état de méditation, toujours concentré sur Dieu et sur la conscience que son mouvement parfaitement calme et ferme reste tourné vers Dieu... vers Dieu sans cesse tourné.

Les approches occidentale et orientale du mouvement

Il est fort intéressant d'étudier la différence fondamentale qui existe entre l'approche méditative du mouvement physique tel que l'incarnent les derviches, les yogis et les écoles de pensée orientale, par rapport à l'approche courante qu'en font les Occidentaux. Pour ces derniers l'exercice physique est avant tout un moyen de développer le corps, d'utiliser les muscles et les articulations. C'est sans doute lorsqu'on parle d'exercices de relaxation et de combat du stress que nous nous approchons le plus d'une reconnaissance de la dimension mentale ou spirituelle. Voilà qui fait réfléchir sur l'approche très matérialiste que nous avons de la vie mais, bien plus encore sur l'essence même de la pensée religieuse occidentale qui considère d'abord le corps comme un obstacle au progrès spirituel. À ses yeux, le corps doit être rigoureusement assujetti par l'ascétisme, le déni et même l'excès de mortification et d'autoflagellation. (Souvenons-nous que la racine de *mortification* est le mot latin « mortis », mort, mort du corps et de ses désirs.)

L'idée de punir le corps par le biais de l'exercice physique est si profondément ancré dans la psyché occidentale que nous pensons encore aujourd'hui que l'exercice doit procurer de la douleur pour être de quelque utilité. Des leçons d'éducation physique à l'école aux performances des athlètes olympiques, le corps est considéré comme une machine faite pour se rebiffer qu'il faut conduire avec dureté, pousser aux limites de ses possibilités, et dont on nous a appris qu'elle était l'esclave de notre volonté. En fait, on reconnaît à peine que le mouvement physique peut être pour le moins léger et joyeux et que pour le mieux il peut être une voie de méditation conduisant à une évolution psychologique et spirituelle. Même là où la beauté du mouvement est exaltée comme c'est le cas dans un ballet, le pratiquant est mis dans une situation où il lui faut pratiquer une activité physique intense afin d'atteindre les « standards » qui sont demandés.

Il est vrai que dans les climats plus froids qui

sont ceux de la civilisation occidentale, l'exercice physique sert à conserver la chaleur du corps alors que la chose n'est pas nécessaire en Inde, patrie du *hatha-yoga*. En revanche, personne ne mettrait en doute le besoin de conserver la chaleur du peuple tibétain qui vit dans la froidure. Or ces derniers n'ont jamais partagé la philosophie occidentale du mouvement dans sa dimension essentiellement autopunitive. Pour ne citer que l'Extrême-Orient où l'entraînement aux arts martiaux nécessite une grande discipline physique et un attachement de chaque instant, on a toujours accepté l'existence d'une dimension spirituelle qui parle d'action dans l'inaction, de calme au sein du mouvement. Même dans les arts martiaux « durs » tels que kendo et karaté, celui qui pratique apprend que la racine de l'action est le calme total de l'esprit. Il se concentre de façon intense mais avec une conscience non perturbée par les pensées constamment en éveil, qui le tient prêt à se mettre en mouvement à la vitesse de l'éclair pour précéder la tentative de son adversaire.

Un Américain qui a passé vingt-cinq ans de sa vie sous la conduite des plus grands spécialistes en arts martiaux, Joe Hyams, cite les mots d'un de ses professeurs qui lui a dit : « Il vous faut apprendre la patience et le calme pour venir à bout de l'anxiété et d'une activité effrénée... entre les pratiquants des arts martiaux de tout premier rang, il n'y a de place que pour une seule erreur. » Devant le spectacle de ces pratiquants qui s'affrontent, Hyams a écrit ces lignes :

> « J'étais allé là-bas en pensant voir la démonstration magnifique d'acrobates rapides aux membres tourbillonnants. En lieu et place, je vis deux hommes qui se placèrent en position de combat et s'étudièrent

mutuellement avec circonspection pendant de longues minutes. À l'encontre des combats de boxe, il n'y avait là aucune feinte, aucune tentative de coups. La plupart du temps, les maîtres étaient aussi tranquilles que des statues. Soudain l'un d'eux bougea avec tant de rapidité que je fus dans l'impossibilité de comprendre ce qui était arrivé malgré le fait que son adversaire plongeait à la renverse. Le combat était terminé et les deux maîtres se saluèrent. »

Joe Hyams, *Zen in the Martial Art.*

Ce sont presque les mêmes termes qu'emploie C.W. Nicol, un Écossais qui passa cinq ans à s'entraîner de façon intensive au judo et au karaté au Japon :

« Alors qu'ils manifestaient un calme parfait, il émanait (des maîtres) la force... Je pensais alors au héron planant au-dessus de l'étang prêt à fondre sur le poisson, au faucon montant haut dans les airs prêt à piquer, au chat patiemment assis près du trou de la souris... Ce dont mes maîtres faisaient la démonstration c'était... la force dans le calme et bien plus. J'essayais d'exprimer ceci avec des mots mais n'y parvins pas. »

Moving zen, p. 111.

Comme un complément à cette concentration intense que l'on ressentait derrière le calme, ils mettaient en évidence tout comme dans le *tai ji* la nécessité de diriger l'énergie interne, le *qi*. Observez bien l'immobilité avec laquelle le karatéka attend avant de se jeter dans l'action et de casser une brique avec le tranchant de la main nue. C'est pendant cet état de calme que l'esprit fait converger toute l'énergie vers ce seul instant de puissance. Le mouvement vient du calme. Un instant après, il est de nouveau absorbé dans le calme une fois l'action accomplie.

Ce serait une erreur de dire que ces démonstrations d'arts martiaux sont la preuve que le pratiquant est parvenu au calme profond de la méditation permettant la vision, ce que mon maître Ch'an appelle « l'arrêt ». Le calme incarne ici le chemin et la méthode bien plus que la conséquence du chemin. Dans tous les cas, si l'on revient à l'enseignement de Dögen précédemment abordé, il convient de se souvenir que la voie et le fruit de la voie ne sont pas dissociables l'un de l'autre. Dans le processus consistant à calmer l'esprit qui est celui des arts martiaux, le pratiquant expérimente une partie du calme qui contient tout le calme, le fruit qui donne naissance au chemin, le but qui est également le chemin vers le but.

Conclusion

Dans la méditation du calme, on met l'accent sur la nécessité de ralentir l'activité frénétique de l'esprit afin d'atteindre la tranquillité suivie par la vision profonde qui pénètre dans la sérénité. Le calme est un tout indifférencié, l'unité dont nous sommes tous une facette ; elle est « calme » car aucun mouvement ne va d'une chose vers une autre. Tous bougent comme un seul homme, tous sont calmes comme un seul homme, peu importe la façon de le dire. Il est clair que le mot « calme » n'est qu'une métaphore pour désigner cet état, mais c'est une façon correcte de se référer à un état où toute chose est déjà présente, complète en soi et parfaite dans sa complétude. Rien — ni agitation, ni confusion, ni incertitude — ne vient le distraire. Comment cela est-il possible ? Parce qu'il n'existe rien qui ne *soit* cet état.

Si cette métaphore ne vous satisfait pas, aucune importance. Ce n'est qu'une métaphore. En fin de compte, à chacun de choisir la sienne. À partir du moment où l'esprit humain représente quelque chose, il lui donne des limites. C'est pour cette raison que la représentation que nous en donnons n'est pas et ne peut en aucun cas être la chose en soi. La métaphore, le mythe, la légende correspondent simplement à ce dont l'Orient parle, comme d'un doigt pointé vers la lune, un doigt qui ne doit jamais être pris pour la lune. Voilà bien une autre métaphore, utile en ce qu'elle nous évite de glisser dans le dogmatisme persuadé de « *savoir* ». Il n'est pas innocent que le Bouddha, le plus grand des maîtres de méditation, ait évité ce genre de dogme et préféré enseigner à sa place une pratique, une voie dans laquelle et à travers laquelle on peut trouver par soi-même la vérité. Essayez, dit-il, et vous verrez ce qui arrivera. Si cela marche, utilisez-le. Si cela ne marche pas, laissez tomber et regardez ailleurs. La méditation est cette pratique. « Restez calme et sachez que je suis Dieu » est encore une autre façon de parler d'elle. Mais dans un monde furieux et destructeur, il nous est difficile d'y revenir trop souvent.

5
Méditation du flux

La voix intérieure et la compassion

La différence qui existe entre la méditation de l'action et la méditation du calme réside dans le fait que le méditant travaille dans la première sur une série de stimuli tandis que dans la seconde il concentre son attention sur un seul point. Ainsi la méditation de l'action comprend par exemple celle dans laquelle le méditant s'ouvre à la « voix intérieure », chaîne de pensée et d'idées qui le conduit, palier par palier, au plus profond du monde intérieur jusqu'à ce qu'il commence d'avoir des visions — et même d'entre la voix — de ce que certaines traditions appellent Dieu, d'autres les guides spirituels, d'autres enfin le Soi supérieur — terme qu'il ne faut pas du reste considérer systématiquement comme faisant référence au même aspect de la réalité intérieure. Elle comprend certaines pratiques telles que les méditations de l'amour (compassion) ainsi que les méditations de la purification des bouddhistes tibétains.

Prenons le premier de ces deux exemples, la pratique dans laquelle le méditant s'ouvre à la voix intérieure. Voilà bien un trait caractéristique de toutes les grandes religions théistes : christianisme, hindouisme et islam qui personnalisent la force de vie par un père ou une mère céleste. On ne peut pas en dire autant du bouddhisme qui — au moins en théorie — utilise plus de symboles abstraits pour désigner la force vitale : je pense à *nirvâna*[1] ou à ce que l'Occident traduit par vacuité ou vide.

Nous trouvons également cette forme de méditation au sein du chamanisme, cet ensemble de pratiques tant spirituelles que mystiques, qui s'est infiltrée en Asie et en Europe et qui perdure encore aujourd'hui sous des formes variées dans les cultures africaines et amérindiennes. De façon plus discutable, on peut même parler de méditation du flux dans le spiritualisme occidental, dans le spiritisme brésilien et même dans la pratique du « channeling » relativement courante, où le pratiquant agit comme un canal qui transmet la sagesse de quelque être supérieur désincarné (se référer par exemple aux ouvrages de Jane Roberts).

Avant d'aller plus avant dans l'étude de ces pratiques, un mot de mise en garde est nécessaire. Quelle qu'en soit la forme, la méditation de l'action ne consiste pas simplement à s'asseoir et à se laisser aller à ses pensées librement et anarchiquement. Cette façon de faire, tout comme la rêverie, peut accélérer

1. *Nirvâna* est un terme sanskrit qui signifie « extinction » et désigne l'extinction des désirs, de l'attachement, de la soif de vivre qui conditionne le cycle des renaissances. Dans le bouddhisme ancien, il désigne l'état de libération vers l'obtention duquel tend la voie bouddhique. Cette conception évolue par la suite, notamment dans le bouddhisme « mahâyâna », avec la notion de « sûnyatâ », la vacuité. Pierre Crépon, *Le Bouddhisme et la spiritualité orientale. (N.d.T.)*

le processus de relaxation et conduire tant à des idées créatives qu'à la solution de certains problèmes. Ce n'est cependant en aucun cas de la méditation de l'action. Afin d'être efficace, celle-ci doit être centrée et disciplinée au même titre que la méditation du calme. Il ne s'agit en aucun cas d'une rêvasserie, d'une sorte de vagabondage spirituel, aussi bien intentionné soit-il. C'est du reste peut-être cette pratique qui, parmi toutes les sortes de méditation, comporte le plus grand risque de se laisser glisser dans ce bavardage spirituel que la méditation veut justement éviter, et de confondre également le produit de notre propre pensée avec les visions profondes émanant d'êtres avancés de toutes sortes.

La pratique de la méditation de la voix intérieure

Si elle est justement pratiquée, la méditation de la voix intérieure entraîne la même concentration, la même discipline, et la même expérimentation de l'état de tranquillité que toutes les autres. La différence fondamentale qui l'en sépare cependant est qu'elle centre son attention sur une idée spécifique (« Dieu est amour », « Allah est grand ») ou sur un symbole spécifique (comme la croix) et qu'elle fait émerger des visions, des états de conscience extatiques, des moments de vision profonde en réponse à ce stimulus. C'est pour cette raison qu'on y fait parfois référence en l'appelant « méditation avec une graine ». Exactement comme dans la méditation du calme, l'attention retourne à son foyer initial à chaque fois qu'elle se perd dans un bavardage mental. Et comme dans la méditation du calme, le méditant doit pratiquer pendant des mois, voire des années, afin de parvenir à cette vision intérieure des choses telles qu'elles sont.

Ce dernier point est d'une importance capitale. Car le risque est bien là que le méditant s'attende à ce que Dieu ou celui qui est sensé lui parler, le fasse dès le commencement de la pratique. Il s'agit là d'une erreur, d'une illusion qui peut le conduire à prendre ses propres pensées pour le verbe divin et qui l'empêchera de progresser réellement. Quel que soit le type de méditation choisi, il est une règle d'or qui prévient des attentes exaltées. On médite, comme le souligne justement Dögen, *parce que l'on est en état de méditation.* Trop attendre de cette méditation n'est que vanité, fruit de concepts mentaux, lesquels ne sont que des bâtons dans les roues du véhicule menant à la vision vraie. En fait il s'agit là de préjugés (de véritables pré-jugements) ni plus ni moins : la plupart d'entre nous savent combien les préjugés nous empêchent de voir les choses telles qu'elles sont réellement dans les allées de la vie.

Ainsi débarrassé de ses préjugés, le méditant qui choisit la technique de la méditation de la voix intérieure, concentre son attention sur l'objet choisi et laisse émerger par soi-même ce qui en fin de compte veut bien émerger. Ce n'est pas au méditant de « faire » que cela arrive. La méditation de la voix intérieure est une forme d'« attente du Seigneur », pour reprendre une terminologie chrétienne, et la vision intérieure des choses, quand elle vient, est un don de la grâce. Vous n'avez pas à intervenir par vous-mêmes. Elle vous est donnée, avec la même générosité que la vie vous est donnée sans que vous ayez rien fait pour cela.

Cette forme de méditation prend dans certaines bouches le nom de *contemplation.* Et bien que pour la plupart des gens la contemplation reste un processus relativement peu structuré, elle représente une voie particulière d'ouverture de soi à la révélation pour le méditant authentique. Prenons un exemple. Contempler l'affirmation « Dieu est amour » peut vous permettre d'obtenir la révélation de la signification réelle de l'amour et de la façon dont cet amour est une expression de Dieu. Quand bien même vous n'entendriez pas de voix ni verriez de vision, cependant vous pouvez atteindre à une compréhension en profondeur, qu'elle émerge par palier ou qu'elle vous soit révélée dans une de ces visions fulgurantes par le biais desquelles la grâce nous est parfois donnée. Cette compréhension en profondeur ne sera pas simplement une formule, une suite de mots textuellement transmissibles à autrui, elle ne sera pas non plus un nouveau dogme que l'on peut imposer au nom de Dieu. Bien au contraire, ce sera, pour reprendre les propres termes des mystiques chrétiens, « un tournant au plus profond du siège de la conscience », un changement fondamental tant dans ce qui est compris par l'amour que dans la manière dont celui-ci est *vécu* dans les faits.

Ce changement de fond signifie en fait que l'individu n'a plus besoin de compter sur ses propres efforts pour suivre la voie spirituelle, semée d'embûches, de difficultés et de récidives induites par ses propres efforts, mais bien que le chemin spirituel est vivant ici et maintenant à travers chacun de nous. L'homme devient alors, au sens réel du terme, une avenue par laquelle la grâce de Dieu s'écoule dans le monde. Plus d'ego étroit qui s'accroche, plus d'intérêt personnel de conquête du pouvoir, ni de statut social. Le petit moi est mort, dissous dans le flot de la grâce auquel le cœur s'est ouvert.

Le moi

Toutes les grandes traditions religieuses parlent du besoin de « perdre » le moi. Cet abandon peut se faire de différentes manières : soit par le truchement d'une dévotion totale à Dieu ou à un principe divin (comme c'est le cas dans les religions théistes), soit par l'introspection et la constatation que le moi n'existe jamais vraiment au premier plan (comme c'est le cas du bouddhisme et de la philosophie hindoue *advaita*).

Mais qu'est-ce donc que ce fameux « moi » que nous sommes supposés abandonner ? Et, ce faisant, abandonnons-nous notre individualité comme pourraient le faire supposer certaines assertions courantes de l'hindouisme par exemple : « la goutte de rosée glisse dans la mer illuminée » ? Et si l'on perd son individualité, que ce soit dans cette vie ou dans la prochaine, ceci n'équivaut-il pas sans doute à l'annihilation ? Si plus rien ne reste de « moi », voilà qui ressemble au contraire de l'immortalité (à savoir tout ce qui n'est pas la mortalité).

Les conclusions qui en découlent vont tellement au fond des choses qu'il est presque impossible d'y répondre, quand bien même nous aurions un langage approprié. Cependant j'y ferai allusion de nombreuses fois dans cet ouvrage, en particulier quand je parlerai de « l'absence de forme » et de réalité ultime comme étant une et non multiple. Dans tous les cas quelques schémas initiaux peuvent se révéler fort utiles.

Tant du point de vue de la psychologie que de celui de la spiritualité, le « moi », c'est-à-dire l'ensemble des qualités, des caractéristiques, des attitudes et de leur corollaire qui font que je me reconnais en tant que « moi » est une construction qui nous a été enseignée. *Ce sont les autres qui me disent qui je suis.* C'est d'abord le fait des parents et des maîtres d'école avant d'être celui des partenaires et des amis. Cependant leurs « dires » ne contiennent aucune vérité absolue. Il ne s'agit que du regard qu'ils portent sur moi, modulé par leurs propres préjugés, leurs propres illusions et leur vision subjective de la vie. Quel « moi » est donc, en fait le « moi » réel ? Est-ce celui de ma petite enfance, d'il y a dix ans, d'il y a cinq ans ou celui d'aujourd'hui ?

Malgré toutes ces considérations, il faut reconnaître que tous autant que nous sommes nous identifions avec ce petit moi et passons le plus clair de notre temps — par la peur et la colère — à le défendre comme s'il existait vraiment. Non content de le défendre, nous le jugeons, avec fierté ou culpabilité, deux qualités qui à leur manière ne font que renforcer son existence illusoire. Tout comme les formes les plus puissantes de psychothérapie, la méditation est l'une des voies pour percer à jour ce petit moi et s'en défaire au bout du compte.

Mais que reste-t-il quand il est parti ? C'est à vous de le trouver. Cependant reconnaissez qu'en perdant le moi, vous n'avez en réalité rien perdu du tout. Comment d'abord pourriez-vous perdre quelque chose qui n'a jamais existé ? Vous avez juste laissé tomber un ensemble de concepts, le voile de l'ignorance au travers duquel vous contempliez votre être. Les mystiques perlent en fait d'une *vaste expansion* de l'être lorsque l'ignorance est repoussée. Expansion qui embrasse toutes choses en une construction dense d'unité et d'amour. « Ce n'est pas que je sois rien, dit le mystique, mais je suis tout. »

Prenez donc courage, la seule chose que je puisse vous assurer, c'est que lorsque l'illumination paraît, elle apporte avec elle l'expansion et non l'extinction.

La méditation de la voix intérieure dans le christianisme

La méditation de la voix intérieure est une caractéristique du christianisme. C'est bien du fait de l'intensité de la nature personnelle de la création que bien des chrétiens compatissent avec Dieu exprimé en Jésus-Christ. Du reste, si l'on fait exception de la tradition orthodoxe orientale et des quakers, le christianisme n'a pas spécialement encouragé les pratiques méditatives, au moins chez les laïques. Il est vrai qu'il donnait à l'Église le rôle d'interprète et de représentant de l'autorité divine et, par ce biais, d'intermédiaire entre Dieu et la foi en Dieu. C'est l'Église qui, depuis saint Pierre et par la succession apostolique, détient les clés du royaume des cieux. Et c'est l'Église — pour cette raison — qui décide ce que l'on doit croire ou non, des enseignements qui sont contenus dans les Écritures et de ceux que l'on doit en exclure, de ceux enfin que l'Église peut accepter dans son sein et de ceux qu'elle doit rejeter. En fin de compte c'est l'Église qui décide qui montera aux cieux et descendra aux enfers.

Le gnosticisme

Les choses n'allèrent pas toujours ainsi. Pendant les deux premiers siècles du christianisme, une tradition différente — le gnosticisme (de *gnosis*, la connaissance) — florissait de part et d'autre au côté du mouvement qui a fini par devenir l'Église reconnue. La tradition gnostique diffère de cette dernière parce qu'elle considère que chaque individu, homme ou femme, peut avoir une connaissance directe de Dieu et qu'il n'a donc aucun besoin d'un prêtre pour servir d'intermédiaire. Les seuls « prêtres » de cette tradition étaient ceux qui, par la clarté de leur vision au plan spirituel, attiraient les autres qui venaient leur demander conseil et les prenaient pour maîtres spirituels. Dès cette époque, entre maître et disciple, entre celui qui guide et celui qui est guidé, la nature de la relation était volontaire ; elle s'établissait sur la valeur et non sur l'autorité. Loin d'imposer un dogme ou un pouvoir, la tâche du guide était d'assister les gens jusqu'à ce qu'ils soient capables de continuer seuls leur voyage spirituel. Il n'y avait là ni formalisme, ni structure, ni hiérarchie et, par-dessus tout, aucune punition infligée par l'un sur l'autre.

Le christianisme, pour avoir laissé tomber la tradition méditative chez les laïques, pourrait bien fustiger aussi les actions de ceux qui recherchent le pouvoir sur leurs compatriotes en réclamant pour leur propre compte, une autorité qui appartient de droit à l'être spirituel qui est en chacun de nous. S'il y a bien des explications pouvant justifier que le christianisme ait été affublé de ces maux, la plus plausible d'entre elles réside dans le fait qu'il a été adopté comme religion officiel de la Rome impériale. Une fois devenue de façon inébranlable un organe de l'État, l'Église imita en son sein les structures de l'État qui la reconnaissait, utilisant l'ascendant que la religion prend sur les esprits pour soutenir l'autorité que l'État exerçait sur les corps.

Le gnosticisme, en tant que connaissance directe de Dieu, était clairement considéré comme une menace. Dans la mesure où les hommes pouvaient avoir accès à Dieu par eux-mêmes, l'Église ne leur était plus d'aucune utilité et, dans ce cas-là, qu'adviendrait-il de son pouvoir ? La seule réponse était la suppression. Et c'est ainsi que l'Église supprima les tenants du gnosticisme avec l'efficacité d'une police secrète. On ne sait pas exactement qui furent les milliers de victimes qui périrent pour leurs points de vue peu orthodoxes. Il suffit pourtant pour ceux qui souhaiteraient en savoir plus, de considérer l'histoire de la croisade des Albigeois, ce déferlement de haine et de sauvagerie avec lequel l'Église du XIIIe siècle, alliée au roi de France, extermina les résurgences de gnosticisme dans le Languedoc. Au bas mot, dans la seule ville de Béziers, les croisés passèrent près de trente mille personnes au fil de l'épée, les massacrant jusque dans les recoins les plus sacrés de la cathédrale catholique romaine de Sainte-Madeleine. Bien plus, ils s'acharnèrent sous les yeux d'une sommité locale de l'Église, l'abbé de Cîtaux, qui dit-on, à la question des croisés de savoir comment distinguer les hérétiques des bons catholiques, répondit : « Tuez-les tous. Dieu reconnaîtra les siens. »

Avec le massacre du gnosticisme, s'en fut une grande partie de l'esprit méditatif de la chrétienté. Si l'Église considérait que la méditation n'était pas nécessaire à l'individu, elle pensait qu'elle constituait une invite directe à un comportement hérétique. Dès que l'on commençait de méditer, qui pouvait dire les idées subversives en train de naître ? La méditation, au même plan que les spéculations philosophiques et les interrogations sur l'au-delà, était sans conteste une divagation à laquelle on ne pouvait encourager le grand public.

Il serait faux d'affirmer que l'Église ne comprenait pas de personnes saintes. Il en existait bien. Tout comme il serait faux de dire que les idées engendrées par la tradition gnostique au sein de la chrétienté étaient exemptes d'erreurs, voire d'étroitesse d'esprit. En revanche, il est clair que l'on doit reprocher à la chrétienté occidentale sa carence en ce qui concerne une tradition méditative qui lui est propre. Et quand c'était le cas grâce à l'arrivée de sectes non conformistes, il reste que la plupart d'entre elles possédaient leur brandon d'autoritarisme où la Chapelle, et non l'individu, remplaçait l'Église pour arbitrer ce en quoi chacun devait croire ou non. La seule exception à ce phénomène fut sans doute les quakers, la Société des Amis, lesquels, dès leur fondation, écoutèrent leur voix intérieure après avoir pacifié l'esprit.

Cette position antignostique et antiméditative prise par l'Église et la Chapelle qui porte son nom est en désaccord avec les enseignements du Christ, particulièrement ce que l'Église supprima en 369, date à laquelle les Pères de l'Église rassemblèrent les textes du Nouveau Testament à partir du plus grand nombre d'écritures canoniques alors disponibles. Les quatre Évangiles, cœur du Nouveau Testament, ne furent considérés comme les seuls récits véritables et faisant autorité du ministère du Christ qu'en 130 ; jusqu'à cette date-là, et presque jusqu'à la fin du IIe siècle, il existait un nombre important d'autres évangiles et d'écritures utilisées par les différents chrétiens. Ce n'est que lorsque des hommes tels l'évêque Irénée de Lyon et ceux qui le suivirent édictèrent des vérités du genre : « Hors de l'Église point de salut » que les textes gnostiques furent condamnés au bûcher parce que hérétiques.

La bibliothèque de Nag Hammadi

Heureusement pour nous soixante et un de ces textes gnostiques furent découverts en 1945, près de

Nag Hammadi en haute Égypte, où ils avaient été enterrés entre 350 et 400 afin d'en éviter la destruction. Leur étude révèle un Christ désireux de conduire Ses disciples à une connaissance directe de Dieu. Il n'était alors pas question d'établir une Église possédant toute autorité. Publiés sous l'appellation d'Évangiles Apocryphes, ces textes sont aujourd'hui disponibles ; ils comprennent en particulier l'*Évangile de Thomas*, l'*Évangile de Philippe*, l'*Évangile des Égyptiens* ainsi que divers textes attribués aux disciples du Christ *comme Le Livre secret de Jean*, l'*Apocalypse de Paul*, la *Lettre de Pierre à Philippe* et l'*Apocalypse de Pierre*[1].

La datation de ces textes n'est pas certaine, mais nombre d'entre eux existaient dès l'année 120. L'*Évangile de Thomas*, qui est une recollection des paroles du Christ fait actuellement figure de prédécesseur aux quatre Évangiles du Nouveau Testament (environ 60-110 après J.-C.).

S'il ne faut pas donner à ces premiers écrits une importance exagérée, il reste que, parce qu'ils furent victimes de l'un des tout premiers déchaînements de la censure et de l'incendie des livres connus de l'Histoire, ils complètent et enrichissent le canon orthodoxe du Nouveau Testament. L'*Évangile de Thomas* et l'*Évangile de Philippe* insistent sur le besoin inhérent à chacun d'entre nous de s'engager dans une recherche spirituelle personnelle et de découvrir la

1. Le plus célèbre des ces Évangiles Apocryphes est l'*Évangile de Thomas*, traduit du copte par Jean Doresse et publié au Rocher. Il est également l'auteur d'un somme remarquable : *Les Livres secrets des gnostiques d'Égypte*, Le Rocher, 1984. Nombre de ces écrits peuvent également être lus dans la traduction du copte de M. Tardieu, *Écrits gnostiques*, aux Éditions du Cerf, 1984. Pour en savoir plus, se reporter au chapitre correspondant de l'ouvrage de Pierre Riffard, *L'Ésotérisme*, éd. Robert Laffont, collection Bouquins. *(N.d.T.)*

parcelle divine qui est en nous. Ces quelques citations en sont la preuve.

Ainsi dans l'*Évangile de Thomas*, le Christ nous dit : « La lumière existe à l'intérieur de l'homme de lumière, et celui-ci resplendit sur le monde entier. S'il ne brille pas, il est ténèbres. » « Celui qui boira à ma bouche deviendra comme moi. Je deviendrai lui et les choses cachées lui seront révélées. » « Celui qui se cherche est supérieur aux yeux du monde. »

On trouve des exemples similaires de ces paroles dans l'*Évangile de Philippe* : « Vous avez vu l'esprit, vous êtes devenu l'esprit. Vous avez vu le Christ, vous êtes devenu le Christ. Vous (avez vu le père), vous deviendrez le père... Vous voyez ce que vous êtes et ce que vous voyez vous le deviendrez. »

Nombre de paroles du Christ telles qu'elles sont rapportées par ces Évangiles Apocryphes comportent des parallèles avec l'enseignement de religions à forte tradition méditative telle que le bouddhisme. Peut-on trouver en effet un enseignement plus clair de ce qu'est la vacuité, concept central de la philosophie et de la méditation bouddhiste, si ce n'est dans cette description symbolique du royaume des cieux que nous rapporte l'*Évangile de Thomas* ? : « Le Royaume du Père est comme une femme qui porte une jarre pleine de nourriture. Alors qu'elle chemine sur la route, encore loin de sa maison, la poignée de la jarre vient à casser et la nourriture se vide derrière elle sur la route. Elle ne s'en est pas rendu compte ; elle n'a pas remarqué l'incident. Parvenue chez elle, elle pose la jarre par terre et s'aperçoit qu'elle est vide. »

Et quel parallèle plus clair peut-on trouver avec les enseignements bouddhistes qui disent que « quand l'opposé apparaît, l'esprit de Bouddha est perdu » et « vie et mort sont de même nature » que dans ces paroles du Christ rapportées par l'*Évangile de Philippe* ? : « Lumière et ténèbres, vie et mort, droite et gauche sont frères. Ils sont inséparables. Aucun des deux n'est bon, aucun des deux n'est mauvais. La vie n'est pas vie, la mort n'est pas mort. C'est pour cette raison que chacun se dissolvera dans sa nature originelle. »

Certains des dires du Christ rapportés tant dans l'*Évangile de Thomas* que dans l'*Évangile de Philippe* sont proches des koans, ces aphorismes, courtes formules qui deviennent des points focaux de concentration durant la méditation et dont la résolution amènerait l'éveil dans certaines formes du zen. Par exemple :

« Béni soit celui qui est venu à l'incarnation avant d'être venu à l'incarnation. »

« Béni est celui qui est avant d'être parvenu à l'incarnation. »

« Montrez-moi votre visage originel avant votre naissance. »

« Quand vous voyez votre apparence vous vous réjouissez. Mais quand vous voyez vos visages qui sont entrés dans l'incarnation avant vous et qui jamais ne mourront sans jamais devenir manifestes, comme ce sera dur à supporter ! »

« De moi tout vient et en moi tout s'étale. Fendez un morceau de bois et je suis là. Soulevez une pierre et vous me trouverez. »

Voilà qui n'est pas sans nous rappeler quelques affirmations de Tozan qui répondit lorsqu'on lui demanda ce qu'était Bouddha : « trois livres de lin ». Il existe d'autres affirmations proches des koans qui tentent de prévenir des dangers inhérents à la mauvaise utilisation du pouvoir spirituel : « Béni soit le lion qui devient homme quand il est consommé par l'homme ; maudit soit l'homme que le lion consomme et le lion devient homme. »

Cette autre affirmation insiste sur la nécessité d'unir le pouvoir spirituel qui se trouve dans l'individu au pouvoir spirituel du reste de la création : « Ce que vous possédez vous sauvera si vous en accouchez. Ce que vous n'avez pas au plus profond de vous vous tuera si vous ne l'avez pas au fond de vous. »

On note d'autres similitudes frappantes avec nombre de concepts primordiaux de la pensée hindoue. Ainsi dans *The Thunder, Perfect Mind* (quel titre magnifique !) on trouve une affirmation qui m'a toujours bouleversé : « Je suis le silence incompréhensible et l'idée dont le souvenir revient souvent. »

Voilà bien là, dit en termes poétiques, le fond des conceptions hindoues sur les états méditatifs appelés *Nirvikalpa samâdhi* et *Savikalpa samâdhi*, états pendant lesquels l'individu perd le sens de soi et demeure dans l'unité des tréfonds indicibles de l'être et dans lesquels on retient le sens de l'être pour expérimenter cette unité.

L'importance des symboles dont j'ai déjà parlé est accentuée dans l'*Évangile de Philippe* où le Christ aurait dit : « La vérité ne vient pas dans le monde toute nue mais elle y entre par l'intermédiaire de types et d'images. On ne reçoit pas autrement la vérité... La mariée doit entrer dans la vérité par le biais de l'image. »

Voilà par ailleurs des affirmations sur la place de la gnose, de la découverte que l'on fait personnellement de cette vérité :

« Il est juste que ceux qui possèdent la vérité l'acquièrent non seulement au nom du Père, du Fils et du Saint-Esprit, mais qu'il l'acquièrent en propre. Si l'on n'acquiert pas le nom pour soi-même, le nom lui sera enlevé... La personne qui acquiert le nom n'est plus un chrétien mais le Christ. »

Dans l'accent qu'ils mettent sur la gnose opposée à l'autorité, les Évangiles gnostiques sont bien plus en résonance avec l'*Évangile de saint Jean*, le plus mystique des quatre Évangiles du Nouveau Testament. On peut même parler par endroit de pur gnosticisme. Elaine Pagels, *The Gnostic Gospels*, suggère en fait que c'est la seule présence de ces quelques mots, à savoir « je suis la voie, la vérité et la vie ; personne ne vient vers le Père mais vers moi », que l'on trouve dans l'*Évangile de saint Jean* qui persuada les pères de l'Église de l'inclure dans ce qui devint le Nouveau Testament. D'après elle, l'Église choisit d'interpréter ces mots de la façon suivante : « On ne peut trouver Dieu qu'à travers le Jésus de l'Histoire. » Ce serait pour ces raisons par extension que l'on ne pourrait trouver Dieu qu'à travers l'Église qui porte son nom. De toute façon, si l'on reprend certaine des citations que je viens d'énoncer, les mots utilisés peuvent être interprétés comme faisant référence non pas à la personne historique du Christ, mais bien au Christ qui siège au fond de chacun de nous. « L'endroit que vous pouvez atteindre, restez-y », est-il dit dans *The Dialog of the Saviour*.

Les Évangiles Apocryphes méritent notre intérêt car ils viennent compléter le canon du Nouveau Testament. Si on les prend dans ce sens il ne fait pas de doute qu'ils constituent un puissant support de méditation ouvrant la voie à la vérité intérieure. Ils font en fait allusion à un Christ qui enseigne non seulement l'amour et le service *(karma-yoga)*, la prière et la dévotion *(bhakti-yoga)* qui brillent à travers les évangiles du Nouveau Testament, mais également la méditation *(râja-yoga)* et la vision profonde spirituelle *(jnâna-yoga)*.

Les femmes et la méditation de la voix intérieure

Si l'on en croit le fait que ce sont de préférence des femmes mystiques chrétiennes qui sont associées à la méditation de la voix intérieure — telle que sainte Thérèse d'Avila, Mère Julie de Norwich, Catherine de Sienne, sainte Jeanne d'Arc, Catherine de Gênes — il semblerait qu'hommes et femmes diffèrent quant aux modes de méditation qui leur conviennent le mieux. Peut-être les femmes travaillent-elles mieux à des techniques personnelles et émotionnelles tandis que les hommes sont plus attirés par des formes plus abstraites ? Je n'aime guère la dichotomie, particulièrement celle qui sépare l'expérience psychologique de l'homme et de la femme surtout quand on lui donne pour support un argument hautement discutable, à savoir que la féminité est liée à l'hémisphère droit du cerveau doué d'imagination visuelle, inclinant au rêve et aux états intuitifs, tandis que la masculinité serait associée à l'hémisphère gauche, mathématique, rationnel et spécialisé dans la gestion de l'espace.

Je n'aime pas plus les arguments qui se veulent culturels, qui font de la femme un être moins attiré par les pratiques méditatives de type abstrait et impersonnel, que les hommes qui prétendraient que la société les a confinés dans une fonction les rapprochant plus du peuple et des réalités de la vie. Un argument plus convaincant serait le suivant : depuis que le Christ historique a existé, et parce qu'il était un homme, les femmes sont plus aptes à voir en lui une source d'amour et de compassion comme elles sont plus enclines à adhérer à l'idée que l'âme s'unit au Christ par le truchement de l'Église. Un autre argument de poids qui va dans ce sens c'est que, au moins dans le monde occidental, les femmes semblent plus facilement aptes que les hommes à entrer dans un état extatique qui provient d'une méditation du mouvement et dans lequel le méditant se sent en quelque sorte emporté et possédé par la personne divine sur laquelle il a concentré la méditation.

Mais quelle que soit la justesse de l'une ou l'autre de ces explications, les hommes adhèrent plus pleinement à la méditation des koans semble-t-il, laquelle apparaît de prime abord comme un exercice intellectuel mais se révèle en fait aller bien plus loin : elle conduit l'esprit jusque dans un espace où l'on atteint les limites de l'intellect. De la même façon, les femmes semblent plus disposées à entrer dans une méditation du mouvement, dans le théâtre intérieur et les visions célestes auxquelles celle-ci conduit parfois. Il y a nombre de femmes qui pratiquent la méditation des koans et nombre d'hommes qui pratiquent la méditation du mouvement, ce qui veut dire qu'on ne peut, dans ce domaine, faire preuve d'aucun dogmatisme.

Le meilleur conseil que l'on puisse donner à tous les méditants, sans distinction de sexe, est de travailler sur des périodes suffisamment importantes et d'utiliser deux ou trois des différentes formes de méditation indiquées dans cet ouvrage avant de décider laquelle convient le mieux à ses besoins.

Techniques de méditation du mouvement

J'ai déjà expliqué que la méditation de la voix intérieure prend pour objet de concentration une idée ou un symbole et porte l'esprit vers la vision profonde. En dehors des exemples chrétiens que j'ai mentionnés, ce type de méditation est particulièrement typique de la tradition hindoue, où l'une des pratiques les plus largement employées est celle de *japa* : la répétition des noms de dieux. Ce genre de répétition d'un son ou d'une phrase particulière fait en soi partie de méditation des mantras mais *japa* ne consiste pas en une simple répétition de sons, mais bien en une « méditation sur son sens », comme nous le rappelle *Patanjali.*

Swami Swahananda dans une série d'exercices pratiques recommandés par les moines de l'ordre de *Râma Krishna (Méditation)*, écrit que *japa* « est la pratique spirituelle la plus aisée » parce que « chaque mot utilisé depuis des années dans la pratique spirituelle d'hommes et de femmes saints est chargé d'un pouvoir particulier ». Ainsi leur simple répétition, même si elle ne pénètre pas le sens profond, porte des fruits. Cependant, Swami Venanda et Christopher Isherwood, dans leurs commentaires des *yoga-sûtras*, soulignent l'avertissement que donne *Patanjali*, lequel insiste sur le fait que dans la méditation la concentration sur le sens est vitale. Selon leurs propres termes, une concentration de ce genre conduira « inévitablement à la méditation ». « Petit à petit notre rêverie et notre confusion laisseront place à une pensée ciblée. Nous ne pouvons bien longtemps répéter un mot sans penser à la réalité qu'il représente. » (*Yoga-sûtra*, p. 42.)

Dans l'enseignement hindou la sonorité suprême que l'on utilise lors de la méditation en mouvement est « om » qui se prononce « aum » (prononcez longuement avec un *a* long venant de l'arrière de la gorge, ou venant du milieu de la bouche et *m* comme dans maman, prononcé entre les lèvres closes. « Om » est sans doute le mot le plus ancien qui existe pour « Dieu » ; on dit qu'il s'agit là du son primordial d'où toute création émane, du « verbe » qui exista au commencement des temps et qui, si l'on en croit l'*Evangile de saint Jean*, « était Dieu ».

Afin de méditer sur le sens d'un mot, un occidental pourrait préférer se tourner vers l'un des symboles divins et répéter en se concentrant sur lui à chaque expir le mot « amour ». Il pourrait faire de même avec l'un des attributs de la Divinité comme par exemple « espace », « éternité », « omnipotence ». Cependant, quel que soit le point de départ, quelle que soit la « graine » de la méditation, le méditant approfondit et approfondit encore sa signification. Non pas d'une façon rationnelle tenant plus de la définition linéaire d'un dictionnaire mais bien d'une façon où le verbe se place au centre d'une prise de conscience et prend le temps de se révéler au moment juste d'une façon qui ressemble moins à de l'émotion qu'à une révélation intuitive et à une connaissance.

Que l'esprit vienne à vagabonder à partir de ce mot en l'associant par exemple à des images ou des idées qu'il fait jaillir — il est doucement mais fermement ramené à son point initial comme dans toutes les pratiques méditatives. Que l'esprit, captivé soudain par une vision particulière invite le méditant à se lever et à en prendre note avant de l'oublier, de nouveau ce sera au méditant de résister à la distraction et de rester concentré sur le mot soi-même. Car c'est bien la vérité recellée derrière le mot qui conduit le méditant à entrer petit à petit, de plus en plus profondément dans l'espace intérieur ; les distractions quelle qu'elles soient et quelle que soit leur importance ne servent qu'à l'éloigner de ce processus de pénétration.

Ceux qui sont familiers de la technique des associations de mots propres à Carl Jung verront là quelques ressemblances. Dans celles-ci, l'individu se saisit d'un mot ou d'une image — qui peut être issue d'un rêve — porteur d'une signification bien personnelle et observe ce que l'inconscient lui donne en réponse. À la différence des associations libres de Freud dans laquelle l'esprit peut « gamberger » d'association en association à partir du stimulus originel, la technique jungienne veut que l'on retourne à ce stimulus après chaque association afin que celle-ci en soit très proche. Ce n'est que de cette façon, prétend Carl Jung, que les visions peuvent être réellement approfondies.

La méditation de la compassion

La méditation du mouvement peut tout aussi bien être utilisée pour développer des qualités spécifiques comme c'est le cas dans la méditation bouddhiste de la compassion. Cette pratique est centrée sur la souffrance d'autrui. Au cours de la séance, le méditant pense d'abord à la souffrance de parents et d'êtres chers, proches de lui ; il laisse l'émotion et l'empathie se développer tout en ressentant à quel point il serait merveilleux que ces personnes ressentent la paix et atteignent l'illumination.

La méditation s'élargit alors pour inclure des gens que le méditant ne connaît pas : il doit alors ressentir la même compassion et le même désir libérés de la souffrance. Puis la méditation intègre des gens pour lesquels le méditant ressent une sorte d'antipathie avant de s'élargir enfin à la souffrance de tous les êtres humains et dans tous les domaines de la vie. La méditation se conclut sur une technique de visualisation dans laquelle Avalokiteshvara, le Bouddha de la compassion, est visualisé et prié de fortifier la compassion du méditant comme celle de tous les êtres humains.

Ce genre de méditation conduit souvent le méditant à entendre la voix intérieure d'Avalokiteshvara bien que, comme je l'ai déjà dit, cette « voix intérieure » peut n'être que le résultat d'un processus normal de la pensée. Le bouddhisme met bien en garde le fait que l'activité de son esprit pourrait abuser le méditant et lui faire prendre son imagination pour une expérience spirituelle profonde. Non pas qu'une activité mentale conduise forcément à des informations qui se fourvoient ; il se peut simplement qu'elle le séduise et le trompe en le faisant supposer qu'il a atteint un état avancé, ce qui aurait pour effet d'empêcher le progrès que l'on peut légitimement attendre. Il est vrai que faire la distinction entre ses pensées et des visions véritables n'est pas chose facile. Pour le débutant il vaut mieux accepter, s'il y a le moindre doute sur l'origine de la voix intérieure, qu'elle émane probablement de son processus mental.

Les exercices spirituels

L'un des guides les plus complets de cette méditation du flux de l'épanchement — qui embrasse en fait tout ce dont je viens de parler — s'appelle *Les Exercices spirituels* ; ils furent publiés en 1548 par l'Espagnol saint Ignace de Loyola, fondateur de l'ordre des jésuites. Liés par les vœux monastiques traditionnels de pauvreté, de chasteté et d'obéissance, les jésuites avaient pour principales fonctions l'enseignement, le prêche et la confession. Dès leurs débuts en 1534 ils s'engagèrent dans une « guerre » spirituelle contre les réformateurs du XVIe siècle, tant à l'intérieur qu'à l'extérieur de l'Église catholique romaine. L'une des raisons de leur efficacité en tant qu'organisation réside sans doute dans le fait qu'ils recevaient des bases très solides dans le domaine de la méditation et de la discipline personnelle contenues dans *Les Exercices spirituels*, un petit volume qui accompagnait le pratiquant (les jésuites étaient exclusivement des hommes) pas à pas dans l'examen de ses propres faiblesses puis grâce à une série de méditations sur les événements majeurs du ministère du Christ, ce volume cherchait à aider le méditant à entrer plus profondément dans sa signification cachée et à ressentir en lui un peu de l'amour, du sacrifice de soi et des souffrancs éprouvées par le Christ.

Si certains aspects de ces *Exercices* commencent à dater et si l'accent mis sur l'enfer et la damnation ne fait plus aujourd'hui partie de la pensée moderne, si certaines de ces pratiques comme l'autoflagellation sont repoussantes, de même que l'antiféminisme qui apparaît de temps en temps dans l'ouvrage, il n'en reste pas moins que *Les Exercices spirituels* restent un manuel de méditation aux pouvoirs extraordinaires. Ils comprennent dans un espace très court nombre des techniques que l'on peut trouver dans la plupart des textes ésotériques. L'Espagne du XVIe siècle était très influencée par les idées mauresques et par les conceptions du Moyen-Orient ; saint Ignace, qui avait été soldat dans ses jeunes années et s'était rendu en Terre sainte, avait clairement subi cette influence et adapté certaines desdites techniques pour l'utilisation chrétienne.

De toute façon, les exercices n'étaient pas destinés au grand public mais bien à ceux qui avaient déjà juré obéissance à l'Église. Ils devaient être distillés, point par point, aux novices de l'ordre des jésuites lors d'une retraite de quatre semaines, et utilisés par ces derniers sous la houlette d'un directeur spirituel au rythme de cinq méditations d'une heure par jour. Quiconque cependant aborde ce texte avec un esprit juste y trouvera une aide remarquable car il s'agit-là d'un concentré, d'un ensemble de techniques. Cette vérité reste établie quelle que soit l'époque à laquelle on les utilise, quels que soient les concepts et les langages qu'on emploie, quel que soit encore le degré d'adaptation qu'apporte le méditant en fonction de ses croyances spirituelles personnelles.

En quelques mots, les *Exercices* soulignent certains principes généraux que l'on peut résumer de la façon suivante.

Le méditant devrait :

— se préparer à la méditation par une prière afin d'encourager la bonne disposition d'esprit ;

— utiliser l'imagination visuelle, par exemple en visualisant le temple ou le sommet de la montagne où il ou elle pourrait le mieux sentir la présence spirituelle sur laquelle il doit concentrer la méditation ;

— rassembler et mettre en jeu ses forces émotionnelles les plus profondes pour les diriger vers cette présence spirituelle ;

— penser à la méditation du matin qui suivra au moment d'aller se coucher afin d'être mieux préparé au réveil ;

— penser à la méditation le matin dès le réveil afin d'entrer facilement dans celle-ci dès qu'elle se produit (dès qu'on se lève) ;

— se visualiser avec les qualités que l'on veut posséder tout en évitant les comportements dont on veut se départir ;

— faire l'examen de l'efficacité d'une séance de méditation une fois que celle-ci est terminée afin de repérer où et quand ont eu lieu les difficultés ;

— se livrer à des visualisations aussi précises et spécifiques que possible ;
— utiliser ses autres sens pour soutenir la visualisation, en écoutant par exemple ce que les gens mis en scène dans la visualisation se disent entre eux en respirant le parfum des fleurs ou de l'encens qui les entoure en touchant fermement le sol sur lequel ils marchent ;
— se mettre eux-mêmes à l'intérieur de la visualisation.

Les indications qui sont données sur la façon d'utiliser la visualisation sont parmi les meilleures que l'on peut trouver dans la littérature occidentale ; elles comportent nombre de points importants que l'on rencontre dans les traditions du mystère et dans celles du bouddhisme tibétain. La visualisation est tellement vitale dans certaines formes de pratiques méditatives que j'y consacrerai la plus grande partie du prochain chapitre.

Saint Ignace enseignait également que si l'on utilisait un mot comme point de concentration de la méditation, il fallait également se concentrer sur sa signification, sur ses analogies et sur le réconfort spirituel qu'il apportait. Dans le cas de « Dieu » ou de « Om » cette forme de méditation conduirait à des visions profondes d'abord de la nature de Dieu, ensuite de ce à quoi Il ressemble, enfin des réactions d'ordre émotionnel que ces visions produisent.

En ce qui concerne les autres conseils de grande valeur que l'on trouve dans les *Exercices spirituels*, il faut parler de l'utilisation de la respiration. Pour prendre le même exemple (Dieu et Om), le méditant répète le mot silencieusement sur tout le temps de l'inspir puis il se concentre sur la signification (les analogies ou les émotions qu'il produit) du mot pendant le temps de l'expir. Ainsi la façon d'utiliser le mot comporte tant un rythme qu'une discipline, un rythme qui va et vient sur le mot et sur la puissance intérieure que celui-ci fait naître.

Un exemple tiré des exercices. Un exemple simple peut illustrer les points que je viens de résumer. Je l'ai extrait de la méditation sur la nativité, l'ai paraphrasé et complété afin de le rendre clair surtout en dehors du contexte. J'y ajoute le fait que je considère que le méditant peut être un homme ou une femme. Dans cet exemple comme dans d'autres, le méditant doit passer par certains préliminaires que l'on décrit afin de mettre son esprit dans une bonne disposition avant de passer aux intitulés qui concernent la méditation en propre.

Premier préliminaire. La méditation commence avec une prière préparatoire qui demande à Dieu de diriger les pensées, les faits et gestes du méditant pour Son service et Ses louanges.

Deuxième préliminaire. Le méditant se rappelle de façon délibérée le récit de la nativité et en visualise chaque détail aussi clairement et dévotement que possible. En particulier il ou elle imagine Marie enceinte de neuf mois se dirigeant vers Bethléem assise sur un âne accompagnée de Joseph.

On approfondit la visualisation en essayant de se représenter la route qui mène à Bethléem et la campagne que l'on traverse. Est-elle plane, y a-t-il des vallées et des collines ? Une fois le lieu de la nativité atteint, on visualise celui-ci avec la même profusion de détails : est-il petit ou grand ? Comment est-il meublé ? etc.

Troisième préliminaire. Le méditant formule une autre demande, une connaissance approfondie du Christ afin de mieux Le suivre et mieux Le servir.

— Le méditant observe maintenant les acteurs de sa visualisation : Marie, Joseph, l'enfant Jésus, puis il se représente dans la mise en scène comme un humble assistant, cherchant leur volonté « dans un esprit de soumission totale et déférente ».

Une fois ceci établi, le méditant ressent alors le profil spirituel que produit sa présence en ce lieu à ce moment-là.

— Le méditant écoute ce que les personnes présentes sont en train de dire puis pense à la façon dont cet échange peut lui être profitable.

— Le méditant réfléchit sur ce que les personnes sont en train de faire, sur le long voyage qu'elles ont subi et sur les privations qu'elles ont endurées afin de donner le Christ à l'humanité.

Puis il ou elle réfléchit à ce qui se présente devant le Christ, les épreuves, la chaleur et le froid, la faim et la soif, l'injustice et les insultes et finalement la mort sur la croix. Tout ceci au bénéfice du méditant.

Le méditant ressent alors ce qui lui est profitable dans ses réflexions.

Conclusion

La méditation se termine de la façon suivante : le méditant pense à ce qu'il veut dire au Christ ou à Marie et demande à ceux-ci de les suivre et de les imiter. Enfin il répète la prière du Seigneur.

Le soin avec lequel on construit la visualisation puis le fait de placer le méditant à l'intérieur de celle-ci font partie intégrante des *Exercices spirituels* et de toutes les méditations du mouvement de cette sorte, qu'il s'agisse des traditions occultes de l'Occident ou de celles de l'Égypte ou de l'Asie Mineure. Nous en dirons plus sur ces dernières dans un chapitre suivant, mais un mot d'avertissement est ici nécessaire. Dans tous les processus de ce genre, une fois que le méditant peut construire et engager la visualisation clairement, les événements commencent à suivre leur propre cours comme si le méditant était en fait entré dans un autre monde. Ceci peut ensemble être alarmant et dangereux.

Si l'on se place du point de vue de la psychologie orthodoxe, on ne sait pas vraiment ce qui arrive quand on parvient à cet état-là. On le définit sous le vocable hallucination vive comme si ce label constituait une explication. Mais nous ne savons pas la raison pour laquelle l'esprit possède ce pouvoir créateur, pourquoi la visualisation peut devenir « quasi réelle » et pourquoi elle provoque un effet d'une telle acuité sur celui qui visualise. On sait, en revanche, que ces visualisations peuvent s'introduire dans la vie de tous les jours, menaçant soit de laisser le méditant dans cet état hors du monde dans lequel il préférera s'enfermer plutôt que de faire face à la réalité alors qu'on lui demande exactement l'opposé, soit de l'inquiéter et de l'effrayer. Dans tous les cas, cela ressemble fort à des étapes psychotiques ce qui est une raison bien suffisante pour mettre en garde contre la tentation de « barboter dans l'occulte ».

Si elles sont bien mises en pratique, les techniques que nous enseignent les *Exercices spirituels*, ainsi que les autres traditions spirituelles, sont tout ce que l'on veut sauf des incitations à « barboter dans l'occulte ». Cependant, elles ne conviennent qu'au méditant qui saura contenir avec fermeté les expériences visuelles qu'ils proposent dans les limites d'une pratique bien maîtrisée. Une autre condition est requise ; le méditant doit suivre le *karma-yoga* d'une vie morale vécue dans la philosophie et la discipline personnelles d'une tradition spirituelle ou humaniste. C'est d'abord cette vie saine qui l'aidera à assumer le contenu des visualisations et le fait que celles-ci soient bien intentionnées. Jusqu'à ce que ces garanties soient bien en place, il sera préférable pour le méditant qu'il choisisse la voie de la méditation du calme.

En fin de compte, il n'est pas faux d'affirmer que le contenu et le ton des *Exercices spirituels* ne conviendront pas à n'importe qui. Chrétiens et non chrétiens peuvent rejeter l'accent qu'ils mettent sur l'obéissance à l'Église, sur le péché, sur la pénitence et la crainte de la damnation, sur le caractère dévot très puissant omniprésent dans le texte. Il n'en reste pas moins que la sincérité et l'engagement de l'auteur des *Exercices* continue de briller quatre cents ans après, de même que la façon dont il insiste sur la nécessité de douceur et de patience de la part du maître de méditation (qualités qui ne sont pas toujours associées dans l'esprit populaire à l'ordre des jésuites). Ce qui continue de briller également c'est la puissance des pratiques méditatives proposées dans cet ouvrage ainsi que la réalisation personnelle qui est toujours mise sur le compte des pratiques et non sur celui du dogme qui les accompagne inévitablement. Les *Exercices* peuvent pour cette raison servir encore aujourd'hui de guide inestimable à ceux qui sont prêts pour la pratique de la méditation du mouvement et, bien plus, pour chacun de nous car ils nous rappellent le besoin de discipline et de structure au sein même de la méditation si l'on veut que celle-ci soit réellement efficace.

6

La méditation en mouvement n° 2

Le monde du chamane

Le troisième exemple de méditation du mouvement dont je veux vous parler est le chamanisme. Le terme « chamane » vient du peuple sibérien Tongouse et son acception a été élargie à toutes les pratiques spirituelles indigènes ainsi qu'aux croyances de bien des cultures sur un vaste territoire allant de la Sibérie et du Tibet à l'est, aux Amérindiens, aux Esquimaux et aux Aborigènes d'Australie, et à l'ouest aux hommes-médecine africains ainsi qu'au culte païen de l'Europe. L'utilisation ambiguë de ce terme reste un sujet de débat du fait qu'il existe des différences fondamentales entre les pratiques spirituelles et les philosophies de ces groupes spirituels. Il n'en reste pas moins qu'elles recèlent toutes la même croyance, c'est-à-dire que le chamane est quelqu'un qui est capable de modifier son état de conscience afin d'entrer en contact avec une source intérieure de connaissance et de pouvoir que l'on désigne généralement par le monde spirituel.

En tant que tel, le chamanisme dans sa forme la plus pure, dégagée des superstitions qu'on lui attribue, constitue un ensemble sophistiqué de techniques porteuses d'une puissance psychologique indubitable. Malheureusement, tragiquement dirais-je, en Occident nous avons pris conscience de ce fait alors que nous avions déjà fait tout ce qu'il fallait pour détruire la culture et les façons de penser d'où avait émergé le chamanisme.

Celui-ci a bénéficié d'une immense publicité faite par le biais de Carlos Castaneda aux enseignements d'un vieux chamane indien Yaqui du nom de Don Juan dont Castaneda prétend qu'il le rencontra la première fois, alors qu'il n'était encore qu'un étudiant en anthropologie de l'Université de Californie. Pendant plusieurs années, d'abord en Arizona puis à Mexico, Castaneda fut l'apprenti de Don Juan qui lui enseigna comment induire des états modifiés de conscience grâce à des drogues comme le peyotl dans un premier temps, puis par la seule puissance de la volonté.

Un doute pèse sur la crédibilité des récits de Castaneda tant pour ce qui concerne l'existence réelle de Don Juan que quant aux détails qu'il donne de sa propre expérience. Le lecteur qui se livrera à une lecture systématique des ouvrages de Castaneda, notant les bizarreries de plus en plus nombreuses ainsi que les incohérences d'un récit souvent « tiré par les cheveux » se fera sa propre idée, mais avant de mettre Castaneda à l'encan, il est juste d'insister sur le fait que certains aspects de ses travaux sont indiscutablement fondés sur une connaissance des pratiques chamaniques actuelles quelle que soit la façon dont elle ait été acquise. Malheureusement, d'autres aspects ont véritablement trompé le lecteur et contribué ainsi à l'éruption ces dernières années, d'ouvrages hâtifs et discutables sur le chamanisme.

La réalité dans ce domaine est que les chamanes authentiques (tant hommes que femmes) étaient très peu nombreux même dans les cultures qui les nourrissaient et les soutenaient. Leurs dons n'étaient suffisamment développés qu'après un très long entraînement dont la rigueur et les dangers tant psychologiques que physiques, étaient bien au-delà de la portée de la plupart des gens. Le chamanisme ne fut jamais une voie de développement spirituel pour l'homme ou la femme ordinaire, pas plus que les *Exercices spirituels* de saint Ignace n'étaient destinés à des non-jésuites, ni que le marathon n'est le moyen pour tout un chacun de se maintenir une bonne forme. Cela ne veut pas dire pour autant qu'on ne peut pas intégrer certaines pratiques chamaniques au cœur de la méditation si l'on en sent le besoin. Comme je l'ai déjà souligné, les pratiques méditatives ne sont pas séparées les unes des autres par des cloisons étanches. La méditation est la méditation, et les différentes techniques peuvent se nourrir et s'informer l'une l'autre. Cela ne signifie pas non plus que la connaissance de ces pratiques et des philosophies qu'elles recèlent, même si vous ne les utilisez pas énormément sont sans valeur pour le méditant. Car il y a au moins quatre bonnes raisons pour qu'elles vous soient en fait très utiles. D'abord le chamanisme confirme une fois de plus le pouvoir de la visualisation ; ensuite il met l'accent sur l'efficacité du son pour induire l'état méditatif ; par ailleurs il donne une version symbolique des aspects du voyage méditatif ; enfin, et ce n'est pas le moindre, le chamanisme enseigne un mode de relation privilégiée avec la terre, une relation perdue dans un Occident à l'esprit matérialiste.

Si je n'ai pas arrêté de traiter la première raison à savoir le pouvoir de la visualisation, je souhaite revenir sur les deux dernières. Quant à la seconde, l'efficacité du son, il s'agit là d'un sujet dont je parlerai plus loin au chapitre 10, mais il ne fait aucun doute que la répétition prolongée de certains sons — particulièrement de certains rythmes soniques — peut influer sur le rythme du cerveau d'une façon telle qu'elle permet au méditant de parvenir à une concentration vigilante bien que détendue nécessaire à la méditation.

Encore une fois, permettez-moi un petit avertissement concernant l'entrée dans un état de conscience modifiée dans lequel on peut perdre le sens de la réalité. L'état de conscience modifiée associée au son n'est pas différent par certains côtés de l'extase caractéristique de la méditation de la voix intérieure propre au mystique et que l'on rencontre également dans certaines formes de yoga telles que les décrit Krpälvanand dans *Science of Meditation*. Lorsqu'il se trouve dans ces états où il est transporté, l'individu perd le sens du temps, de sa place ou de son identité pour être emporté dans l'extase ou la vision intérieure. Si ce genre d'expérience peut être d'une grande valeur et constituer un pas important sur le chemin qui nous mène au-delà de nos propres limites, elle n'en comprend pas moins des risques importants pour ceux qui ne sont pas préparés ou habitués ; ils peuvent alors être désorientés et déconcertés, voire éprouver le sentiment qu'ils sont dépersonnalisés, ce qui est éminemment terrifiant et psychologiquement dangereux.

Aux yeux du chamane, ces états font partie d'une réalisation dont notre façon habituelle d'expérimenter le monde et notre relation à lui n'est qu'une facette. Car à ses yeux notre vision comporte bien des hypothèses fausses, en particulier que le monde est le seul plan de réalité, qu'il existe des frontières entre les différents plans de celle-ci qu'il est impossible de communiquer avec les morts ou d'entrer en contact avec la conscience des animaux et d'autres êtres vivants.

Les rythmes qui servent de support au chamane pour entrer dans un état de conscience modifiée viennent d'abord du roulement de tambour bien souvent accompagné par une crécelle et par le chant répétitif et monotone d'un son : celui-ci peut être simple, accompagné de deux battements, ou de deux battements pour deux sons et demi d'une tonalité plus basse. On peut se rendre compte de ce que cela donne en chantant *I-a---wa-tha* de cette façon-là. Cela est fondé sur quelque chose de réel car la recherche sur le cerveau révèle qu'un roulement de tambour de plus de deux cent cinq battements à la minute produit un très fort effet sur le rythme électrique du cerveau, induisant ensemble les ondes alpha et thêta associées à la méditation et aux états de conscience modifiée. Le son constant du hochet et la monotonie de la litanie renforce l'effet.

Avec pour fond sonore ces battements de tambour, le chamane commence une visualisation qui le conduit dans le voyage chamanique intérieur. Dans quelques traditions, particulièrement chez les Indiens d'Amérique du Nord, le jeûne et la douleur physique s'ajoutaient spécialement lorsqu'il s'agissait d'un apprenti chamane pour induire et accélérer ce voyage intérieur. La douleur physique augmentait l'impression d'être désorienté et stimulait le flux des endorphines dans la circulation sanguine, ces hormones qui amortissent la douleur et qui sont responsables de certains paradis artificiels. L'effet cumulé du tambour du chant et de la douleur physique sur l'esprit était particulièrement puissant.

On pratiquait aussi l'isolement ; l'apprenti chamane devait s'isoler pendant une très longue période dans la solitude de la forêt. On imagine la charge émotionnelle de la solitude et de la crainte que pouvait provoquer cette épreuve sur un esprit jeune et impressionnable déjà rempli d'enseignements concernant les animaux de pouvoir, les guides spirituels et les voyages de cet ordre.

L'initiation se poursuivait pour l'apprenti chamane par la visualisation de l'entrée d'une caverne ou d'un gouffre béant symbolisant l'accès au monde inférieur, le monde des esprits. Si sa longue préparation que nous venons de décrire s'était révélée efficace, la visualisation suivait son cours comme je l'ai déjà expliqué au chapitre précédent. L'apprenti suivait alors le chemin qui s'ouvrait sur le monde inférieur où, dernière étape de son initiation, il ressentait un écartèlement symbolique dans les mains des esprits ou des animaux de pouvoir, symbole des forces psychologiques intérieures ; cette mort rituelle du chamane était suivie d'une « renaissance » à une nouvelle vie et à la maturité.

Battements de tambour

Si vous souhaitez expérimenter les battements du tambour, en gardant toujours à l'esprit ce risque de dépersonnalisation, il est préférable que vous utilisiez un tambour rond avec une seule peau d'environ quarante-cinq/quarante-sept centimètres de diamètre. Il vaut mieux l'acheter que le faire vous-mêmes, ce qui risque d'être assez difficile si vous n'en n'avez pas l'habitude. Vous pouvez également utiliser un hochet, de ceux que l'on trouve dans les boutiques d'artisanat amérindien. Si vous n'en trouvez pas, vous pouvez acheter un maracas, mais n'hésitez pas à comparer pour acheter celui qui produira le son le plus fort et le plus net.

Au début il vous faudra recourir à deux partenaires, l'un battra le tambour et l'autre agitera le hochet en suivant un battement constant qui ne doit pas être de moins de cent quatre-vingts à la minute. Constatez l'effet produit sur vous. Utilisez la pratique de méditation qui vous est coutumière avec cet arrière-plan musical. Si votre pratique inclut une visualisation, prenez alors plutôt une image de la nature, qui peut être un arbre ou une chute d'eau. Concentrez-vous de la même façon que d'habitude quand vous utilisez le portrait d'un maître spirituel. Une fois que la visualisation est bien claire, entrez dedans en quelque sorte et regardez de quelle façon elle suit son cours. Ne vous effrayez pas de ce que vous pouvez ou de qui vous pouvez rencontrer. Prenez en note et passez votre chemin. Une fois que le temps convenu sera passé (qui peut être par exemple de dix minutes) vos partenaires doivent alors accroître la vitesse de leurs battements de tambour et de hochet afin de vous prévenir qu'il est temps de revenir.

Il n'est pas rare que les esprits ou les animaux de pouvoir aient déjà été rencontrés lors de l'entraînement à la visualisation. Une fois encore, celui-ci est proche des *Exercices spirituels*. L'apprenti, sous la conduite discrète d'un maître qui guide sa visualisation, visualisera une scène dans un lieu désert, une forêt ou une montagne par exemple. Il ou elle entrera ensuite de façon imaginaire dans cette scène pour y trouver son animal de pouvoir personnel qui, par la suite, sera son guide.

Généralement l'endroit visualisé est bien connu de l'apprenti chamane afin que sa visualisation soit particulièrement claire. Par la suite il arrive qu'on le laisse seul à cet endroit-là et que l'animal de pouvoir soit visualisé dans le cadre de la réalité « normale ». De cette façon l'apprenti chamane lui donnera plus de réalité et l'animal de pouvoir lui apparaîtra directement ou immédiatement lorqu'il entrera dans le monde inférieur. Si la mort rituelle et le démembrement sont bien ressentis, leur réalité ne sera pas mise en doute par l'apprenti et quand le corps sera réassemblé au sein de la visualisation, cette expérience apparaîtra comme une véritable résurrection, une renaissance en un être nouveau bien plus puissant.

Le chamanisme et les mythes de la Grèce antique

On peut oser un parallèle intéressant avec le rituel tibétain appelé *chod* dans lequel le moine novice est abandonné dans une fosse mortuaire et où il appelle les esprits des morts et des animaux sauvages à le dévorer et à le mettre en pièces. Là encore nous trouvons le rituel de mort, celui du sacrifice où l'on donne sa chair et son sang pour les autres, rituel suivi d'une renaissance dans un état de conscience purifiée et élevée.

Cela nous rappelle également l'histoire d'Orphée, le fils de l'une des muses de la Grèce, récit particulièrement porteur pour le méditant occidental. À l'image du chamane, Orphée entretenait avec la terre une relation privilégiée capable qu'il était de charmer les arbres, les animaux sauvages, les cascades et les fontaines grâce à sa musique. Après la mort de son épouse Eurydice, il descendit dans le monde inférieur afin de la sauver mais faillit dans son entreprise pour n'avoir pas respecté les conditions qui lui avaient été imposées et regardé vers elle avant qu'elle n'atteigne la lumière du jour. Déchiré par sa perte, Orphée cessa de vénérer le Dieu Dionysos et paya cet irrespect en se faisant mettre en pièces par les Ménades, les toutes dévouées au dieu.

Jung a bien insisté sur la nécessité d'étudier les mythes et les légendes telle celle d'Orphée car ils contiennent les vérités éternelles de notre nature ainsi que les épreuves psychologiques qu'il nous faut endurer sur le chemin de la plénitude. Que ces récits traversent les siècles et les cultures témoigne encore plus clairement de l'importance du message symbolique qu'ils véhiculent. Les points communs qui relient entre eux mythes et pratiques différentes nous guident vers leur vérité psychologique. Toutes les grandes traditions ont été recouvertes du manteau ténébreux des préjugés, de la surenchère pour le pouvoir et des conceptions erronées de peuples qui ont oublié de se nourrir à la source spirituelle de leurs traditions. Si nous voulons pourtant apprendre à séparer le bon grain de l'ivraie, il nous faut réapprendre à examiner les traits communs à ces mythes.

C'est ainsi que les légendes grecques reproduisent de façon symbolique des enseignements qui remontent tant à la Grèce classique qu'aux chamanismes sibérien et amérindien. Orphée est un chamane par la relation privilégiée qu'il entretient avec la nature, par le fait qu'il parle son langage et qu'il comprend ses secrets. Orphée, comme le chamane, descend dans le monde inférieur pour trouver son ombre, son autre moitié, son être spirituel symbolisé par Eurydice. Mais Orphée se laisse tromper par ses émotions indomptées. Parce qu'il n'est pas capable de contrôler le désir qu'il a de voir Eurydice, il se retourne et la perd à jamais. Il est alors dans les faits un chamane qui a failli à l'épreuve la plus importante : le contrôle de soi. Cet échec le détruit car, après la mort rituelle des mains des Ménades, son corps démembré n'est pas admis à la résurrection à une nouvelle vie. La légende dit cependant que sa tête austère continue de chanter, symbolisant par là la promesse que la vie est indestructible et que reviendra l'opportunité d'atteindre l'illumination dans une vie future.

Voilà qui me ramène à la troisième raison dont je parlais tout à l'heure, cette fameuse image symbolique que la connaissance du chamanisme nous donne sur la route de la plénitude et que le méditant doit arpenter. Elle conduit au plus profond de notre être, dans le monde inférieur où l'individualité, telle que nous l'entendons, finit et où l'on entre en contact avec les forces psychologiques qui sont notre héritage humain commun. Dans sa tentative de trouver une définition acceptable pour la science occidentale, Jung l'appela l'inconscient collectif. Le terme ne l'explique pas, c'est clair. Inconscient collectif signifie simplement que par-delà les âges et les cultures, nous partageons une réserve cachée d'énergie psycho-spirituelle. Jung suggéra que nous l'héritons dans nos gènes, un peu comme une empreinte mentale analogue à l'empreinte physique qui nous donne notre forme à tous.

Afin d'entrer *consciemment* dans ce monde inférieur de l'inconscient collectif, il nous faut d'abord nous discipliner grâce à la méditation, contrôler notre esprit vagabond et des émotions qui ne le sont pas moins. Une fois prêt, il nous est possible d'entrer dans le monde inférieur et de trouver là que notre « être », la personne que nous pensons être en fait, doit être mise en pièces, démembrée comme l'est le chamane afin d'être réassemblée dans une conscience différente, la conscience d'une personne « libérée » qu'il ou elle est en réalité. On pourrait dire, si l'on veut utiliser le langage chamanique, que la personne libérée est devenue un homme ou une femme de pouvoir. Il ou elle est désormais libre de se déplacer et de rentrer dans le monde supérieur, cette partie de l'inconscient collectif qui se trouve en communion avec la sagesse spirituelle ou de rester dans le monde inférieur où elle est en contact avec la nature ou les forces de cette nature.

Ce concept d'entrer dans un état de conscience différent, d'être « re-né » de naître à nouveau fut également souligné par le Christ qui mit l'accent sur le fait que l'expérience de la renaissance doit être précédée d'un chemin de discipline et d'une préparation adéquate — à savoir qu'il nous faut d'abord quitter la patrie et la famille non au sens littéral mais au sens symbolique où il nous faut nous détourner de nos façons de penser habituelles. C'est alors que l'on peut Le suivre, ce qui revient à suivre la voie de la croissance spirituelle. Ce n'est qu'à travers des renaissances successives que l'on se prépare à l'étape suivante, l'entrée au royaume des cieux, le monde supérieur de la sagesse spirituelle qui se trouve ici et maintenant et qui n'est en aucun cas réservé à l'après-mort.

On peut faire encore bien d'autres parallèles étonnants avec cette notion de renaissance. Prenons par exemple la mythologie égyptienne, un autre trésor de vérités psychologiques et spirituelles — où elle s'incarne dans le récit du dieu Osiris. Osiris, le dieu du ciel symbole du potentiel de l'individu, est mystifié et assassiné par son frère Seth symbole de la face distraite et corrompue de notre esprit, la face qui détruit ses chances d'atteindre à la croissance spirituelle. À la suite d'une longue quête, le corps démembré d'Osiris sera découvert par sa sœur Isis, symbole de notre nature spirituelle et du processus persévérant de la pratique spirituelle. Il sera revivifié par son amour afin de devenir le symbole de l'illumination, de la rédemption et de l'immortalité.

N'est-il pas intéressant de constater que les Grecs anciens et les Égyptiens, qui en savaient autant si ce n'est bien plus sur les niveaux plus profonds de la psychologie humaine que nous-mêmes, aient choisi de présenter cette connaissance non comme nous le faisons — sous les étiquettes d'esprit conscient et inconscient — mais bien en utilisant les images de dieux et de déesses entrant dans notre monde, prenant forme humaine ou forme d'animaux symbolisant leur pouvoir. Il est à la mode de prendre pitié de ces pauvres primitifs dont la tête était pleine d'histoires fantastiques méconnaissant les apports de la science moderne ! Pourtant, quelle culture est plus près de la vérité ? Est-ce celle qui parle d'un monde inférieur et d'un monde supérieur et qui offre des techniques pour les découvrir ainsi que des cartes de lecture symboliques pour nous aider à retrouver notre chemin ; une culture qui personnalise en dieux et déesses les forces que l'on rencontre au sein de ces mondes-là, de telle façon que nous pouvons nous identifier à eux et mieux comprendre leur nature du fait que leur humanité représente notre humanité ? Ou bien est-ce une culture friande de termes stériles comme « inconscient » pour cacher ces mondes mystérieux et qui remplace dieux et déesses par des labels soi-disant plus faciles à comprendre comme « instincts » et « complexes » ?

Ce n'est pas la vérité scientifique qui nous apportera la réponse à cette question. Il nous faut plutôt recourir à la vérité poétique. Il faut donc se demander quelles idées nous émeuvent plus quand il s'agit de nous comprendre ; quelles idées nous inspirent plus quand il s'agit d'explorer nos esprits ; quelles démarches nous donnent les directions les plus claires pour procéder à cette exploration et une croyance plus claire nous permettant d'accéder à la plénitude psychologique et à la croissance spirituelle ? Jung, ce grand psychologue, ne doutait pas de la réponse et je partage sa certitude.

Chamanisme et nature

La quatrième raison que j'alléguais plus haut concernant la valeur de la connaissance du chamanisme par le méditant est la suivante : il nous enseigne un mode de relation au monde de la nature fondé sur le fait que nous en faisons partie intégrante et non que nous en sommes séparés. Il intègre l'idée que ce monde nous porte et nous soutien, que dans un sens la terre est notre mère, qu'elle nous donne ce dont nous avons besoin, qu'elle se régénère elle-même (si nous lui en laissons le loisir) de sa propre corne d'abondance. J'ai déjà parlé des quatre éléments reconnus par les anciens : la terre, l'air, le feu et l'eau, et j'ai déjà dit que nous étions faits de ces éléments. Si l'on y ajoute le cinquième, l'éther (l'esprit), nous sommes les éléments et les éléments sont nous. Nous sommes physiquement issus de ces éléments et nous les portons en nous comme les dons de la terre au long de notre incarnation physique. Au moment de la mort, en signe de gratitude, nous retournons à la terre tandis que le cinquième élément poursuit sa route afin de prendre une autre forme dans un autre lieu et un autre temps.

Le chamanisme nous enseigne que si nous savons écouter nos corps, ils portent en eux la sagesse des éléments, la sagesse qui nous donne l'amour de toutes les choses de la nature : l'amour de la beauté du lac, du ciel, de la forêt, l'amour des nuages empilés haut sur l'horizon, des visages ouverts du soleil et de la lune, du murmure du vent, de la pluie, des vallées arborées et des montagnes qui se détachent au loin, l'amour que l'on peut ressentir pour le chant joyeux de la rivière, la beauté de la floraison et des fleurs, le sens de la justesse, d'appartenir à tout ceci qui nous enveloppe et que nous ressentons quand nous acceptons de nous arrêter, de regarder, d'écouter et de ressentir la nature qui nous entoure et qui est en nous.

Il est triste de constater que nous ne sommes vraiment pleinement en contact avec cette sagesse que lorsque nous sommes de petits enfants. À la puberté nous commençons de perdre cette conscience-là, ce qui explique pourquoi le moine tibétain, le chamane ou l'apprentie-sorcière commencent tous traditionnellement leur apprentissage avant l'adolescence, tant ils sont encore ouverts aux merveilles de l'être vivant et que les énergies issues de leurs émotions sont encore à leur zénith. Une fois ce contact désappris, perdu, il nous faut le réapprendre, laborieusement, bien plus tard par le biais de pratiques telles que la méditation. Il n'est pas moins gai de constater que seuls les enfants sont en contact avec la sagesse de ce cinquième élément, l'esprit qui se trouve en nous, la sagesse de ce que nous sommes en réalité si nous voulons bien y prendre garde. Sagesse qui, elle aussi, doit être réapprise à l'âge adulte par la voie de la méditation.

Le chamane, quant à lui, ne perd jamais contact avec cette voie-là. Il ou elle grandit en compagnie de cette sagesse naturelle et progresse dans une réalité qui est différente de la nôtre. Une réalité à laquelle nous répondons, s'il nous arrive d'y retourner à l'âge adulte : « Mais bien sûr, quel idiot ai-je été de l'avoir oublié ! »

En plus de cette sagesse, le chamane a toujours aimé et compris la nature en dédaignant de lui infliger cette violence froide dont on avait fait une habitude endurcie à force d'avidité. Quand vous vous trouvez face au vaste espace des plaines américaines, dans cette vacuité où les échos se répondent, dans cette immensité presque accablante, vous comprenez à demi-mot et par bribes la façon dont le chamane nord-américain pouvait appréhender l'amplitude de la réalité physique et, par correspondance, celle de son propre esprit. Il faut avoir participé à des rituels chamaniques pour soupçonner à quel point il (ou elle) était capable d'aiguiser sa concentration. C'est ainsi qu'il (ou elle) parvenait à sceller les réalités du monde extérieur et du monde intérieur dans une même unité.

Un jour, accroupi dans un tipi pendant la cérémonie amérindienne de la hotte à sudation, au côté d'un groupe d'hommes et de femmes dans le même état d'esprit et dans la même nudité, je compris de quelle manière le chamane se faisait le vecteur de cette sagesse pour le reste de la tribu. Il les amenait à faire face aux éléments et ainsi à se souvenir de leur vraie nature. Quand on a la peau nue en contact avec le sol, qu'une chaleur torride emplit vos poumons de feu et que l'on essuie l'humidité qui s'échappe du corps à grosses gouttes, on est dépouillé de tout sauf de l'être élémentaire (composé d'éléments). Même la peur née de cet espace noir propre à la claustrophobie, même la chaleur torride au-delà de l'imaginable partent en fumée. Par la suite quand la série de séjours répétés dans la hotte à sudation est terminée et qu'on s'allonge dans l'eau d'une rivière proche en se laissant recouvrir par celle-ci (c'est le fameux *long man* de la tradition indienne), il ne reste rien que cette sensation de faire un avec tout, d'être un dans le tout, de dissoudre toutes les barrières, et de savoir que l'on est de retour à notre place originelle qu'en réalité aucun de nous n'a jamais quittée.

Méditation sur les éléments

Au sein de la hotte à sudation on affronte les éléments en direct, face à face. L'élément feu par la chaleur ardente ; l'élément eau par la vapeur bouillante qui s'élève quand le chamane mouille les pierres chauffées à blanc au centre du cercle ; l'élément air qui brûle dans les poumons ; et l'élément terre sur lequel nos corps sont posés. Il n'est plus question de concept « *à propos* » des éléments, il n'y a plus que l'expérience que l'on fait des éléments avant que soudain la confrontation se dissolve et que les éléments tant à l'extérieur qu'à l'intérieur du corps s'écoulent et se mélangent les uns aux autres. Qu'on le veuille ou non, les pensées aussi se dissolvent et tout se rejoint dans une méditation concentrée sur un seul point, très intense et pourtant ouverte et détendue.

Il existe cependant d'autres moyens moins théâtraux peut être d'inclure les éléments à la méditation. Dans la tradition chamanique, le chamane s'assoit véritablement en compagnie de la nature, équilibré et serein, et concentre toutes ses sensations sur un arbre, sur le souffle du vent, sur une rivière ou une chute d'eau. Il ou elle scrute longuement le cœur des flammes d'un feu, s'allonge sur le sol jusqu'à ce que son corps pressé contre la terre ne fasse plus qu'un avec elle, observe le vol d'un oiseau qui prend son essor jusqu'à ce que son esprit plane sur les mêmes ailes, il ou elle étudie enfin avec une attention soutenue la façon dont vivent les animaux sauvages de la forêt jusqu'à ce qu'il voie et sente le monde à leur façon.

Méditer ainsi sur la nature nous entraîne relativement vite vers le sens de l'unité avec la vie et avec les énergies qui nous environnent. N'hésitez pas à vous asseoir en méditation dehors dans un lieu qui semble-t-il vous convient, à vous concentrer sur la respiration jusqu'aux portes de l'état méditatif puis à transférer votre concentration sur un arbre, le vent, l'eau, la terre ou ce qui vous plaira. Ne choisissez pas plus d'un objet de concentration à la fois ; comme toujours il faut que l'esprit n'ait qu'un seul but. Ne le laissez pas distraire par d'autres stimuli quelque attractif qu'ils puissent être, quelque aide qu'ils puissent vous apporter. Ne laissez pas non plus des concepts « *à propos* » de l'arbre, du vent ou de l'eau faire intrusion. Concentrez-vous avec un esprit clair et ouvert sur la prise de conscience de l'objet de la méditation. Si elle est visuelle, maintenez vos yeux ouverts le plus longtemps possible, ne clignez que lorsqu'ils deviennent douloureux et choisissez de vous asseoir à un endroit d'où vous pouvez considérer l'objet dans son entier afin de ne pas être tenté de bouger la tête ou les yeux pour le considérer.

Si l'objet de la méditation est de nature auditive, fermez les yeux et, toujours sans permettre à des concepts de faire des intrusions, placez votre vigilance dans l'écoute. Ne lui demandez rien. N'attendez rien. Écoutez simplement. De la même manière si vous méditez sur la sensation du sol sous vos pieds, ne vous mettez pas à spéculer sur le fait qu'il est mou ou dur, chaud ou froid. Concentrez-vous simplement sur la sensation physique. Ressentez et ne vous laissez pas distraire de cette sensation.

Une fois que vous avez mis en place cette façon de méditer, il vous est possible d'élargir votre concentration pour que celle-ci embrasse en même temps la vue et l'écoute mais n'allez pas trop vite en besogne. Surtout ne laissez pas votre concentration aller de la vue à l'écoute et ainsi de suite. La pratique aidant, vous verrez que l'esprit est capable de rester dans l'espace emplit par les deux sensations ; vous saurez bientôt que cet espace est l'esprit, l'espace qui unit l'extérieur et l'intérieur en un jeu unique et éternel.

Méditation sur les éléments intérieurs

D'autres techniques existent qui permettent de méditer sur les éléments au sein du corps. Elles sont un peu plus difficiles dans la mesure où le point de départ est l'imagination créatrice et non le monde extérieur, mais elles apportent autant. Il s'agit de choisir l'un des éléments et d'imaginer qu'on le sent dans son corps : les astrologues vous diraient de choisir l'élément en rapport avec votre signe astral[1].

1. Il s'agit du feu pour les Bélier, Lion et Sagittaire, de la terre pour les Taureau, Vierge et Capricorne, de l'air pour les Gémeaux, Balance et Verseau, de l'eau pour les Cancer, Scorpion et Poissons. *(N.d.T.)*

Prenons pour exemple que vous commencez par l'eau. Une fois que votre méditation est stabilisée et que vous êtes concentré sur la respiration, tournez votre attention vers l'élément liquide de votre corps. Imaginez que vous ressentez le sang coulant dans vos veines et vos artères. Ne vous attardez pas sur un point de pulsation précis (car alors il s'agirait d'une méditation sur cette pulsation), mais imaginez que vous ressentez dans son ensemble le mouvement du flux et du reflux du sang. Partez des pieds et prenez conscience du flux à cet endroit-là. Remontez lentement vers les chevilles, puis vers les genoux, les cuisses et ainsi de suite. Ne laissez pas votre vigilance voyager au long du corps comme si elle suivait le flux du sang. Ce serait la disperser et cette dispersion conduirait à des questions sur la vitesse du flux sanguin par exemple. Bien au contraire, maintenez votre concentration sur des points fixes et pénétrez-vous de la sensation du sang qui passe à cet endroit-là.

Il n'est pas impossible que vous ressentiez un fourmillement aux endroits où vous portez votre attention et où vous la maintenez, et une fois que vous aurez fait le tour du corps, en terminant par le sommet du crâne, vous sentirez que ce fourmillement se transforme en une plaisante sensation d'un afflux d'énergie vibrant. Ne vous demandez pas si elle est le fruit de votre imagination ou si vous êtes en train de ressentir quelque chose au plan objectif. Ce qui est vital c'est que vous le ressentiez, que vous en fassiez l'expérience, qu'il procure à votre corps une sensation de bien-être et de bonne santé et qu'en pratiquant régulièrement cette sorte de méditation vous ressentiez un peu de bienfait liquide de l'eau. Vous remarquerez alors que votre affinité avec l'eau dans toutes ses formes est renouvelée, que vous en êtes devenu un peu l'ami comme si le fait de la ressentir en vous vous l'avait rendue aussi intime qu'un compagnon de vie, un frère ou une sœur généreuse.

On peut se livrer à des méditations similiaires pour le feu, la terre et l'air. S'il s'agit du feu, il est conseillé de suivre le même processus qu'avec l'eau, ressentir la chaleur dans les pieds, les jambes et ainsi de suite. Ne vous réchauffez pas en portant des vêtements épais. Même si, pour prendre un exemple, vos pieds sont initialement froids, ne cherchez pas à les réchauffer. Ils *sont* déjà chauds. Le sang qui coule dans leurs veines a la même température que celui qui irrigue le reste de votre corps. S'ils étaient aussi froids que l'air environnant, vos pieds seraient déjà morts gelés. Maintenez donc votre sensation de chaleur. N'attendez pas qu'elle réchauffe immédiatement les pieds. Là n'est pas le propos de l'exercice même si c'en est un effet bienvenu. Le propos est d'imaginer la chaleur dans les pieds, celle du sang, celle des tissus. Ne vous laissez pas distraire par les sensations de froid à la surface des pieds. Mettez votre imagination dans ceux-ci et laissez la chaleur se répandre doucement à partir de cet endroit.

Si vous méditez sur l'air, commencez par les bronches. Ne focalisez pas votre attention sur l'ouverture et la fermeture de celles-ci au fur et à mesure de la respiration. Bien au contraire imaginez que vous ressentez l'air au-dedans des poumons puis suivez-le alors qu'il est charrié par le sang vers toutes les parties du corps. Arrivé à ce moment de la méditation la technique est la même que celle qui concerne l'eau, c'est-à-dire que vous maintenez votre vigilance sur certaines parties du corps que vous avez choisies et que vous imaginez l'air (oxygène) affluant dans le sang. Imaginez-le de la façon qui vous convient ; comme une lumière blanche, comme un courant peu rapide voire comme un fleuve de bulles.

Ce qui importe, quelle que soit l'idée que vous vous en faites, c'est que vous y incluiez non pas la fluidité de l'eau mais bien la luminosité, cette qualité ascensionnelle qui permet au corps de se sentir libre et lumineux, purifié des fardeaux qui l'avaient retenus au sol.

Pour ce qui est de la méditation sur la terre, concentrez-vous sur l'aspect solide du corps et commencez comme toujours par les pieds. Imaginez-les comme la force ou comme le pouvoir selon vos préférences. Mais une fois de plus ne vous laissez pas tenter par la sensation directe (par exemple en tendant les muscles). Imaginez-le de l'intérieur, imaginez le poids du corps retenu par la poussée de la gravité, imaginez la force des muscles et des tendons mouvant le corps pour répondre aux commandes du cerveau, imaginez enfin le pouvoir du corps capable de manipuler et de soulever des objets physiques.

Toutes ces méditations de l'eau, du feu, de l'air et de la terre nous apportent un mode de relations différent au corps et à l'environnement. On ressent la chaleur qui entretient notre corps ainsi que la relation de celle-ci avec la chaleur qui nous environne. On ressent la luminosité de l'air qui entre en vous et qui vous élève ; on ressent la solidité fondamentale de la force et de notre poids. Et pour chaque élément on ressent une parenté avec les humains, les animaux et les végétaux qui le partagent avec nous.

Le chamanisme occidental

Bien des choses ont été écrites sur les cultes païens de l'Europe et sur les tentatives que l'on a faites parfois avec succès, de les relier au mode d'être chamanique porté à l'ouest par les peuples migrants de la Sibérie centrale. La meilleure introduction à ces modes de pensée n'est en aucun cas issue de la littérature sur le paganisme. C'est plutôt à travers les ouvrages d'un génie étrange, mystique et universel, Rudolf Steiner, qu'il faut les étudier bien que ses idées n'aient jamais reçu l'attention qu'elles méritaient.

La faute en revient en partie à Steiner, trop souvent hermétique dans sa façon d'exprimer les choses. Certains commentaires de ses travaux n'ont pas rendu les choses plus faciles. Il est pourtant un ouvrage dont le titre est *Comment parvient-on à des connaissances des mondes supérieurs ?* qui constitue une introduction aussi courte que directe à cette facette de sa démarche que l'on peut appeler chamanique. Le savoir comme la pratique de Steiner était d'ordre encyclopédique et s'étendait bien au-delà du chamanisme. À ma connaissance il n'y fit pas vraiment référence nominativement. Cependant, les techniques de méditation qu'il propose sont chargées d'un chamanisme né d'une nature intensément mystique et consciente des réalités intérieures soutenues par l'expérience directe.

Steiner est particulièrement impliqué dans le propos de cet ouvrage parce que, par ailleurs, il insiste beaucoup sur la gnose, sur la connaissance directe de Dieu dont nous avons déjà parlé précédemment. Il écrit par exemple dans *Comment parvient-on à des connaissances des mondes supérieurs ?*, Éditions Novalis, page 47 :

> « Celui qui s'élève par la méditation à ce qui relie l'homme à l'esprit commence à vivifier en soi la partie qui est éternelle en lui, celle qui n'est pas limitée par la naissance et la mort. Seuls peuvent mettre en doute l'existence d'une telle partie éternelle ceux qui n'en ont pas fait eux-mêmes l'expérience. Aussi la méditation est-elle le chemin qui conduit également l'être

humain à la connaissance, à la vision du noyau éternel, indestructible, de son être. Et c'est par elle seule que l'homme peut parvenir à cette vision. »

Quelques lignes plus bas, Steiner nous assure que « le chemin s'ouvre dans la méditation authentique... en chacun de nous existent les facultés qui nous aident à reconnaître et à contempler pour nous-mêmes ce que le mysticisme authentique et la gnose nous enseignent ». C'est dans sa description de la « méditation authentique » que Steiner montre sa compréhension de l'univers chamanique ; il parle de méditation sur des objets du monde qui nous environne afin de prendre conscience de leur nature essentielle. Selon ses propres termes, au cours de ce genre de méditation intensive, nous prenons conscience des sensations qui s'élèvent au plus profond de nous et qui sont spécifiques au genre d'objet concerné. Les sensations représentent la conscience intuitive et le respect du chamane pour le monde créé. Si elles diffèrent dans leur réponse aux règnes minéral, végétal et animal, elles représentent bien la faculté de vision par le biais de ce que Steiner appelle « les yeux spirituels ».

Plus loin Steiner recommande au méditant de concentrer son attention sur une graine (j'ai personnellement utilisé un noyau de prune). Après avoir pris conscience dans les moindres détails de la forme, de la couleur et de la texture de la graine, le méditant imagine qu'une plante sort de cette graine. Il construit alors la visualisation de cette plante au moyen de son imagination créatrice, mais si l'on méditait sur l'imitation de la graine, son aspect extérieur peut être le même, il manquerait le pouvoir de produire la plante. « Dans la graine repose déjà sous forme cachée — en tant que *force* de la plante tout entière — ce qui en sortira plus tard au cours de la croissance... dans la graine réelle est donc contenu sous forme invisible quelque chose qui ne se trouve pas dans l'imitation. »

Le méditant dirige ensuite son attention vers cette force invisible, s'attachant fermement à cette pensée « l'invisible deviendra visible ». Steiner dit encore « ce que l'on pense là, il faut aussi le *ressentir* intensément. Il faut *éprouver* en soi *dans le calme*, sans aucune immixtion perturbatrice d'autres pensées, cette pensée unique qui a été indiquée plus haut. Et il faut se donner du temps, de telle sorte que la pensée et le sentiment qui s'y joint s'enfoncent pour ainsi dire en l'âme ». Méditer de cette façon permet au pratiquant de prendre progressivement conscience d'une force intérieure : « on sentira en soi une force. Et cette force créera une nouvelle faculté de vision »:

> « La graine apparaîtra pour ainsi dire comme enclose dans un petit nuage de lumière. On la ressentira d'une façon sensible et spirituelle à la fois, comme une sorte de flamme. Devant le milieu de cette *flamme*, on aura une impression qui se rapprochera de ce que l'on éprouve devant la couleur *lilas* ; devant le bord, une impression semblable à ce que l'on éprouve devant la couleur *bleutée*. Là apparaît ce que l'on n'a pas vu maintenant et qu'a créé la force de la pensée et des sentiments que l'on a suscitée en soi. Ce qui était invisible aux sens, la plante, qui ne deviendra visible que plus tard, se manifeste là de façon spirituelle. »
>
> *Ibid.*, page 67.

Steiner met l'accent sur le fait que cette forme de méditation a été :

> « éprouvée et mise en œuvre depuis des temps immémoriaux dans les études occultes... Celui qui voudrait en utiliser qui ait un autre caractère, qu'il a crée lui-

même ou dont il a enendu parler ou sur laquelle il a fait des lectures ici ou là, ne peut que faire fausse route et se trouvera bientôt sur le sentier d'une imagination désorientée et sans rives ».

Ibid., page 68.

Voilà qui est important, dans la mesure où les méditations telles que Steiner les décrit posent de nouveau un problème fondamental ; est-ce que l'individu se laisse emporter par l'autosuggestion ou fait-il l'expérience d'une réalité objective ? Je reviendrai sur ce point dans le chapitre 9, mais les mises en garde de Steiner à cet endroit doivent être soulignées :

« Penser ici aussi avec la même sûreté avec laquelle il pense les choses et les processus de la vie de tous les jours. Il serait grave qu'il tombe dans la rêverie. Il doit garder à chaque instant la clarté propre à l'entendement, pour ne pas dire la tête froide. Et il commettrait la plus grande faute s'il perdait l'équilibre à cause de ces exercices, s'il était empêché de porter sur les choses de la vie de tous les jours des jugements aussi sains et lucides qu'il le faisait auparavant. C'est pourquoi l'élève en occultisme doit s'examiner sans cesse pour savoir s'il n'a pas perdu l'équilibre, s'il est bien resté *le même* dans ses conditions de vie. Il doit conserver une solide assise en lui-même, un esprit lucide pour toutes choses. »

En d'autres termes, il faut que le méditant sache exactement ce qu'il est en train de faire. S'il est en train de visualiser, il s'occupe de sa visualisation. S'il est en train de régler les choses de la vie quotidienne, il s'occupe de celles-ci. Cette mise en garde est absolument vitale pour tous les méditants quelle que soit la technique qu'ils ont choisie. C'est encore plus important lorsqu'on travaille la visualisation qu'il s'agisse de celle que Steiner décrit ou de celle que saint

Ignace de Loyola détaille dans les *Exercices spirituels*. Le méditant qui se livre à cette technique doit prendre conscience et reconnaître que la vie opère à différents niveaux et selon différentes séries de règles, aucune d'elles ne représentant nécessairement la réalité mais chacune d'elles constituant un des *modèles de la réalité* à un moment et dans un contexte particuliers.

Un bon scientifique ne s'exprime pas en d'autres termes. Il sait que lorsqu'il travaille au niveau subatomique, il ne faut pas traiter une brique comme s'il s'agissait d'un objet solide. À ce niveau-là, en effet, comme bien d'autres choses, elle est pratiquement pleine de vide. Alors qu'en dehors de son laboratoire, dans le monde de la réalité ordinaire, le scientifique sait parfaitement qu'une brique est un objet solide et que la seule chose sensée à faire, si quelqu'un en jette une, est de plonger.

De la même façon, lors d'une visualisation (ou en toute circonstance où on exerce son imagination), les règles qui opèrent sont totalement différentes de celles de la vie quotidienne. Pour l'imagination, l'objet visualisé semble bien réel, et du reste il est important qu'il le soit afin que la méditation soit un succès. Ce que l'on visualise est bien là ; il existe clairement et sous une apparence d'objectivité aux yeux de l'esprit. De ceci il ne fait aucun doute. Voilà un objet enregistré par le cerveau de la même façon que celui-ci imprimera en lui un objet extérieur perçu par les sens. Cet objet possède sa propre réalité. Cependant, il ne faut en aucun cas se persuader qu'il obéit aux mêmes lois que des objets extérieurs et qu'il continue d'exister quand il est sorti de notre imagination.

Puisque Steiner fait référence à une force vitale contenue au sein de la graine et manifestée « d'une façon spirituellement visible », il soulève un débat supplémentaire à celui de la visualisation. En effet, au travers de la méditation, pouvons-nous développer l'aptitude à « voir » les choses qui sont présentes de manière objective dans le monde extérieur, mais qui sont invisibles à nos cinq sens et aux instruments scientifiques ? Qu'est-ce que cela signifie en ce qui concerne cette fameuse graine que propose Steiner comme objet de méditation ?

S'il se trouve que nous imaginons la force vitale de la graine, nous verrons cette même force vitale si, à notre insu, quelqu'un substitue l'imitation à la graine réelle. Mais si la force vitale est bien objectivement présente, nous verrions la différence entre les deux graines. Voilà bien une alternative et il est décevant de voir que jusqu'à présent, autant que je sache, personne n'a cherché à établir une expérimentation sous contrôle sur des méditants pratiquant la tradition Steiner afin de voir laquelle des deux hypothèses est correcte.

Il existe pourtant une troisième possibilité ; il se peut qu'une interaction créatrice vienne se positionner entre l'esprit du méditant (c'est-à-dire sa force vitale) et la force vitale contenue dans la graine. C'est cette interaction créatrice qui produit le fameux « petit nuage lumineux » décrit par Steiner. Voilà une hypothèse qui ne paraît pas trop tirée par les cheveux, même pour l'esprit scientifique le plus matérialiste. Réfléchissons par exemple à la façon dont une femme peut être transformée aux yeux de l'homme qui tombe amoureux d'elle en la créature la plus belle du monde. La beauté qu'il lui reconnaît vient de l'interface entre sa présence et son amour pour elle. Aux yeux des autres elle restera une femme quelconque.

Dans l'hypothèse où cette troisième possibilité se vérifierait, deux méditants entraînés dans la tradition de Steiner ou la tradition chamanique, verraient tous deux le nuage lumineux entourant la graine, malgré le fait que les détails différeraient en fonction des différences inhérentes à leurs esprits. Les deux méditants distingueraient entre la graine réelle et son imitation, même si leurs descriptions variaient comme il en va de toutes les descriptions d'un phénomène physique concret.

Pour le moment, laissons cela de côté. Mais à ceux qui pratiquent la méditation chamanique comme l'enseigne Steiner, la réponse à cette question peut se trouver dans le travail en association avec un partenaire ayant la même formation. Quand tous deux, suffisamment expérimentés dans leur pratique, en viendront à comparer leurs notes et à considérer leurs découvertes, quel qu'en soit le résultat, cette expérience se révélera lumineuse.

7

La visualisation : une clé du monde intérieur

Tant la méditation du mouvement que la méditation objective font un usage particulier de la visualisation, une aptitude dont la psychologie moderne occidentale commence tout juste à reconnaître le rôle vital qu'elle joue dans nos vies intérieures. Les travaux d'autorités tels que Herbert Benson ont montré par exemple l'intérêt de la visualisation pour induire la relaxation et combattre la tension tant psychologique que physique ainsi que les conséquences médicales qu'elle entraîne. Des spécialistes du nom de Carl et Stéphanie Simonton, les auteurs de *Guérir envers et contre tout*, ont montré à quel point la visualisation pouvait être utile dans le processus de guérison physique, et ceci même pour des maladies très sérieuses comme le cancer, les ulcères et l'arthrite.

Lorsqu'on la pratique correctement, la visualisation est un outil extrêmement puissant facilitant le développement et la croissance de l'homme en ce qui concerne un large éventail — et peut être *tout* l'éventail — des fonctions physiques et psychologiques. Le rapport entre le corps et l'esprit n'a plus besoin d'être démontré surtout dans les domaines de la psychologie et de la médecine à tel point qu'il reste peu de doutes sur la responsabilité du cerveau aux plans psychologique et physique pour ceux qui l'ont étudiée. « Dis-moi ce que tu penses, je te dirai qui tu es » n'est pas si loin de la vérité. Et de toutes les activités de l'esprit, la pensée visuelle — c'est-à-dire la visualisation — figure parmi les plus puissantes.

Pourquoi la visualisation est-elle si efficace ?

La question qui vient immédiatement à l'esprit est la suivante : pourquoi cela est-il ainsi ? Qu'est-ce qu'il y a dans la visualisation qui lui donne ce pouvoir d'influencer le cours des choses ? La réponse réside dans le fait que la visualisation stimule le pouvoir de la pensée créatrice, générateur mental qui sait produire aussi bien des merveilles d'art, de musique et de littérature, que des travaux remarquables tant au plan scientifique que technologique. Tout ce que les hommes et les femmes peuvent créer dans le monde extérieur puise sa source dans le monde intérieur. Pour visualiser quelque chose, imaginez-le dans votre monde intérieur *comme si* cela arrivait dans le monde extérieur afin d'engager le processus qui le conduira à l'existence.

Voici un exemple clair de la façon dont il est possible d'utiliser la visualisation dans le conseil psycho-thérapeutique et psychologique. Imaginons que j'essaie d'aider une personne timide lorsqu'il s'agit de s'exprimer en public ou bien d'une nervosité excessive à l'approche d'un examen, je commencerai par les mettre en état de relaxation en utilisant les techniques que je décris dans l'encadré ci-contre avant de les inviter à visualiser avec le plus de luxe de détails possibles une situation réelle éveillant l'émotion non souhaitée. L'étape suivante consiste à leur suggérer de se visualiser en pleine action et agissant avec efficacité lors d'une telle occasion tout en maintenant leur état de relaxation tant au plan physique et mental. Plusieurs répétitions de cet exercice sur une période de plusieurs jours, voire de plusieurs semaines ont généralement pour conséquence une diminution sensible de l'émotion concernée et une progression non moins sensible d'un état d'esprit positif. Lorsque le sujet se trouve en situation réelle, il affronte alors son handicap bien plus calmement et bien plus efficacement.

Une méditation de relaxation

Toute méditation, à l'exception près peut être de la méditation de koan produit un effet relaxant sur le corps et l'esprit. La recherche en ce domaine a même montré qu'elle peut permettre d'entrer dans des stades de relaxation bien plus profonds que n'en offre le sommeil. Bien des méditants qui ont bien stabilisé leur pratique ont constaté qu'ils avaient moins besoin de sommeil et qu'ils restaient plus alertes et que leur état d'éveil était de bien meilleure qualité pendant le jour.

S'il vous arrive d'être particulièrement tendu pour une raison ou pour une autre, les techniques de méditation contenues dans cet ouvrage peuvent être adaptées dans le simple but d'atteindre à une relaxation spécifique. Par exemple il est fort possible de recourir à la technique de la méditation objective pour visualiser une énergie lénifiante et relaxante qui coule de votre maître spirituel vers vous. Vous pouvez également vous concentrer sur la respiration comme dans *vipassana* et sentir que vous aspirez l'énergie de calme à chaque inspir et que vous exhalez la tension à chaque expir. Vous pouvez encore vous concentrer sur la respiration et emplir votre corps de lumière blanche sur l'inspir et rejeter une lumière grise sur l'expir.

L'une des relaxations les plus efficaces vient de la méditation du mouvement et se présente comme suit :

— Allongez-vous sur le sol ou sur le lit. Fermez les yeux et concentrez votre attention sur la respiration. Une fois que vous êtes bien concentré, balayez le corps depuis les doigts de pieds en remontant à la recherche des points de tension. À chaque point rencontré, dites-vous en silence « laisse aller », et sentez les muscles se relâcher.

— Imaginez-vous maintenant allongé sur une herbe dense ou sur une plage sablonneuse selon vos préférences. Renforcez cette impression en sentant l'herbe ou le sable sous votre corps. Prêtez l'oreille aux vagues ou aux oiseaux. Écoutez le sifflement du vent. Emplissez-vous les yeux du ciel bleu qui vous surplombe, telle l'infinitude.

— À chaque expir, répétez « flotte en paix ». À chaque fois que vous dites ceci, essayez de sentir votre corps s'alléger à tel point qu'il semble flotter dans l'azur au-dessus de vous.

— Pénétrez-vous de l'incommensurable paix comme si vous vous dissolviez littéralement dans l'espace, comme si vous ne faisiez plus qu'un avec le ciel, allant et venant au-delà du temps, de l'espace dans un état où vous n'êtes que paix.

— Quand vous vous sentez prêt à le faire, rentrez progressivement dans votre enveloppe limitée en train de flotter, intégrant dans chaque fibre de votre corps et de votre esprit, la relaxation que vous venez de vivre.

— Enfin, laissez-vous planer doucement en retombant jusqu'à ce que vous vous retrouviez allongé sur l'herbe ou le sable. Puis, progressivement, ressentez la métamorphose de ce support jusqu'à ce que vous sentiez la solidité réconfortante du sol ou du lit. Terminez en vous disant d'ouvrir les yeux de retour dans votre chambre.

— Ouvrez les yeux, et restez ainsi pendant quelques minutes.

La technique Alexander offre une autre possibilité d'utiliser la visualisation dans le processus de rééducation physique qui porte son nom et offre tant de bénéfices [1].

Après avoir pratiqué une manipulation destinée à remettre en place la mauvaise posture de son patient, le pratiquant de la technique Alexander lui enseigne à inciter son corps fréquemment et consciemment à suivre la posture correcte. Pour prendre l'exemple le plus simple, un patient lorsqu'il s'affale lourdement se rappellera qu'il doit « y penser », il n'y a là aucune tentative héroïque de maintenir le corps dans la position correcte. L'esprit donne l'ordre et petit à petit, le corps absorbe ce message. Ce processus d'absorption est accéléré s'il est assisté d'une visualisation. Le client répète silencieusement l'ordre « penses-y » et se visualise dans le même temps en train de se lever ou de se mouvoir de la façon correcte. De l'intérieur le patient identifie visuellement l'espace physique que le corps doit occuper et celui-ci, au bout d'un moment, viendra à se mouvoir dans cet espace-là.

De même, un artiste peut visualiser le fait qu'il soit immortalisé sur sa toile, un architecte la silhouette d'une construction achevée, un inventeur une pièce de mécanique. La création est dans tous les cas vue dans un premier temps avec les yeux de l'esprit, puis traduite dans la réalité concrète. Il n'y a rien là de « non scientifique ». Telle est la façon dont fonc-

1. La technique Alexander propose de prendre conscience de son corps dans sa globalité et de maîtriser son maintien grâce à un seul mouvement, fondamental : le mouvement vertical. Pour en savoir plus, consultez : Borrel et Mary, *Guide des techniques du mieux-être*, Pocket, « L'Âge d'Être », et Sarah Barker, *La Technique Alexander*, Pocket, « L'Âge d'Être ». La fédération des praticiens de la technique Alexander en France peut être contactée à l'adresse suivante : Grega, 25, rue Edison, 33400 Talence (Tél. 56.51.44.46). *(N.d.T.)*

tionne en réalité très simplement l'esprit créatif de nombre de gens. On ne connaît pas bien quel processus psychologique précis est mis en œuvre et d'où vient ce don merveilleux de l'imagination (visuelle et non visuelle) mais nous en connaissons l'existence, responsable en grande partie des changements, bons ou mauvais, que les hommes et les femmes impriment sur leur environnement.

La visualisation est à la portée de chacun

J'en vois venir qui trouvent cela bel et bon mais qui personnellement ne peuvent visualiser. Si vous fermez les yeux vous avez du mal à établir une image claire de l'objet le plus familier comme votre voiture, votre cuisine ou votre image favorite. La visualisation reste vague, sans forme bien précise et, au lieu de se maintenir au centre de votre vigilance, glisse de façon exaspérante d'un côté à un autre. Non, concluez-vous, visualiser est au-delà de mes possibilités.

En fait, vous pouvez tout à fait vous livrer à ce genre d'exercice avec succès. Reconnaître sa voiture, sa cuisine ou son image préférée au moment ou on ferme les yeux et on les pose dessus prouve qu'on porte des images visuelles précises dans sa mémoire. Le problème est alors non pas l'inaptitude à visualiser mais bien l'inaptitude à le faire en toute conscience. Autre exemple des pouvoirs de visualisation que possède tout un chacun : les rêves. C'est un moment où l'esprit conscient est endormi et où l'inconscient émerge, construisant des images visuelles proches de la vie à tel point qu'on n'est pas toujours sûr d'être en train de rêver et que l'on a souvent l'impression de participer à des événements réels. Avant d'entendre vos protestations sur le fait que vous ne rêvez jamais, laissez-moi vous dire que les non-rêveurs les plus invétérés racontent des rêves d'une vie et d'une profusion de détails étonnants si on les stimule dans des laboratoires spécialisés où les changements de rythme du cerveau prouvent bien la mise en place de rêve à ce moment-là. Tous autant que nous sommes, si l'on en croit la recherche actuelle, vivons environ cinq relativement longues périodes de rêverie chaque nuit. Le seul problème est que bien souvent nombre d'entre nous oublient jusqu'aux fragments de ces petites histoires — bien que l'on puisse remédier à cet oubli en s'entraînant à se souvenir de ses rêves[1].

Tant l'apprentie-sorcière de l'occultisme occidental que le moine ou la nonne novice du bouddhisme tibétain étaient invités à développer leurs pouvoirs conscients de visualisation. Ces derniers étaient considérés comme essentiels au progrès sur la voie tant magique que spirituelle. C'est par la visualisation que l'acolyte démarrait l'entraînement psychologique et spirituel qui le menait vers l'adhésion et la transformation intérieure. Pour le méditant d'aujourd'hui, les mêmes principes sont valables.

Techniques de visualisation

Comme j'ai déjà eu l'occasion de le dire, l'un des meilleurs guides du processus de visualisation est encore aujourd'hui *Les Exercices spirituels* de saint Ignace de Loyola. Tout ce que j'ai dit à ce sujet au

1. L'auteur fait ici référence au livre qu'il a écrit en langue anglaise *Dream-life : understanding and using your dreams*. Le lecteur français pourra trouver des conseils utiles dans ce domaine dans l'ouvrage de Geneviève Salvatge, *Décodez vos rêves*, collection « L'Âge d'Être », Pocket. *(N.d.T.)*

chapitre 5 mérite d'être lu et relu avant d'être mis en pratique dans la forme qui vous semblera juste.

D'autres excellents guides existent comme par exemple ceux de Kathleen Mc Donald dans son introduction à la méditation bouddhiste *How to meditate*, où elle souligne qu'il faut absolument préparer son esprit avant la visualisation afin qu'il soit détendu, clair et ouvert. Trop d'efforts produisent la tension qui en réduit et inhibe les effets. Dans le même temps pourtant l'esprit doit être concentré comme dans toutes les formes de méditation. Pour ma part, j'invite toujours les gens à se concentrer sur leur respiration et à ne visualiser que lorsque esprit et corps sont sereins et attentifs.

Kathleen McDonald met également le méditant en garde afin qu'il n'essaye pas de visualiser *avec les yeux*. L'image visualisée doit apparaître à l'intérieur de l'esprit, dans son espace. Je recommande personnellement de se concentrer sur le point qui se trouve entre les yeux, juste au niveau des sourcils et que l'on appelle tant en Orient que dans les traditions occultes « le troisième œil ». Se concentrer légèrement mais fermement, recentrer son attention dès que la méditation est bien établie de la respiration vers le troisième œil. Ne forcez pas. Imaginez que vous regardez ce point d'un peu loin en arrière (comme de l'intérieur de votre tête).

Prenez conscience d'abord de l'obscurité que vous y « voyez ». Mettez vous à l'aise de façon à vous sentir bien en compagnie de cette obscurité. Elle existe bien là de façon objective, c'est un fait d'expérience. Enregistrez sa qualité. Est-elle noire ou vous donne-t-elle l'impression d'une couleur même à peine visible ? Quelle en est la qualité — est-elle dure ou plutôt douce ? Prenez bien note de la façon dont vous visualisez cet espace-là.

Pas besoin d'en faire plus au cours de la première séance et de celle qui la suit immédiatement. Que cette obscurité soit le point de concentration de votre méditation jusqu'à ce que vous sentiez qu'elle est bien « stabilisée », c'est-à-dire jusqu'à ce que votre esprit ne soit plus constamment distrait ou que votre concentration s'égare constamment et se fixe sur vos yeux fermés. Nous avons tellement l'habitude de la vision que nous trouvons finalement assez difficile d'échapper à l'idée que celle-ci peut exister sans l'aide des yeux physiques.

Lorsque votre concentration est raisonnablement stabilisée sur le « troisième œil », laissez une image apparaître. Commencez par une forme géométrique simple. Un triangle blanc est généralement bienvenu. Laissez-le venir. N'attendez pas qu'il soit pointu et clair, n'attendez pas non plus qu'il se fixe fermement dans votre imagination. Ne faites pas d'efforts et ne bataillez pas pour le rendre ce qu'il n'est pas. Il peut simplement s'agir d'une forme vague, il peut même s'agir de l'idée du triangle plus que du triangle réel. Qu'il en soit ainsi, c'est un commencement tout à fait acceptable.

Utilisez ce triangle au cours de quelques séances. Ne vous inquiétez pas si vous n'avez pas l'impression de progresser. Même si vos pouvoirs de visualisation ne semblent pas se développer rapidement, vous êtes en train de vous entraîner de la meilleure façon tant à la visualisation qu'à la concentration. Loin de vous centrer sur la respiration, vous portez votre attention désormais sur quelque chose de bien plus subtil, situé dans l'espace intérieur ; sa valeur dans le développement de la concentration est inestimable.

Quoiqu'il en soit, si vous ressentez le besoin d'être aidé, dessinez un triangle équilatéral avec un crayon blanc sur une feuille de papier noire en lui donnant 7,5 cm de côtés. À la rigueur vous pouvez faire un triangle noir sur une feuille blanche. Fixez la feuille de papier sur un mur blanc à un mètre ou plus de distance en vous assurant qu'il est à hauteur des yeux quand vous êtes assis sur votre coussin de méditation. Asseyez-vous et concentrez-vous sur cette image en attendant pour cligner des yeux que ceux-ci vous fassent mal.

Vous noterez bientôt quelque chose de curieux. L'esprit continue de refuser en quelque sorte l'image. Après l'avoir regardée, il s'ennuie et a besoin d'un stimulant. Résistez à la tentation soit de détourner les yeux, soit d'observer le triangle à la façon dont l'esprit appréhende généralement un objet. C'est la raison pour laquelle il est important de ne pas dessiner un triangle trop grand. De cette façon l'esprit peut l'appréhender dans sa totalité sans avoir à déplacer le point de fixation du regard. Si la chose se révèle particulièrement délicate même avec un petit triangle, faites un point au milieu de celui-ci et maintenez votre attention sur ce centre.

Après avoir fixé le triangle pendant une minute au moins, fermez les yeux comme si vous en preniez un instantané et tâchez d'en conserver l'image claire dans votre esprit. Quand celle-ci commence à pâlir, ouvrez les yeux et fixez-le de nouveau avant de recommencer et de les fermer en tentant de maintenir l'image mentale. Il est fort possible qu'il faille plusieurs séances avant de réussir cet exercice avec efficacité mais la pratique améliorera vos capacités. Car l'aptitude à visualiser est toujours bien existante. Votre seul besoin est la pratique qui permet de visualiser avec une conscience vigilante.

Visualiser en couleur

Si vous n'avez pas besoin de dessiner un triangle et que vous avez débuté avec succès par une visualisation pure, vous êtes prêt à introduire la couleur. Je recommande le vert, qui est neutre et proche de la terre. Imaginez un triangle vert sur un fond blanc. Qu'il reste dégagé — qu'il y ait simplement trois lignes vertes se détachant sur un espace blanc. Travaillez avec ce support pendant plusieurs séances si nécessaire jusqu'à ce qu'il soit stabilisé à l'endroit du « troisième œil » puis convertissez-le en un triangle vert solide. Continuez d'alterner entre les triangles solides et imaginaires. Essayez de coordonner cette alternance avec le rythme de la respiration de telle sorte que le triangle est solide sur l'inspir et imaginaire sur l'expir.

L'étape suivante consiste à s'occuper d'autres formes géométriques et d'autres couleurs. Procédez de même avec un cercle en alternance, coordonnant le cercle vert solide à l'inspir et le cercle vert imaginaire à l'expir. Recommencez avec un triangle bleu puis un cercle bleu. Continuez avec un carré, une croix, une étoile à cinq branches en continuant de basculer de l'un à l'autre. Continuez ce processus en faisant concorder chaque couleur avec chacune des formes : le rouge, l'orange, le jaune également.

Au début, il est préférable de ne s'occuper que d'une forme et d'une couleur à chaque séance. Dès que vous êtes suffisamment entraîné passez d'une forme à une autre et d'une couleur à une autre au cours de la même séance. Dans tous les cas (et ceci est très important) décidez des formes que vous allez alterner *avant* d'entrer en méditation. N'essayez pas de penser à ce qu'il faut faire au cours de la séance.

Prenez la décision, pour donner un exemple, de suivre une série de triangle, cercle, carré et étoile, toute en vert puis en bleu, en rouge, en orange et enfin en jaune. Décidez de tout et utilisez la respiration pour vous aider. Décidez de basculer par exemple à tous les dix inspirs. La pratique aidant, vous arriverez à basculer d'une forme à une autre sur chaque expir ou de passer de la forme solide à la forme imaginaire de l'inspir sur l'expir.

L'étape suivante consiste à utiliser des combinaisons de formes. Une fois de plus décidez-en avant le début de la méditation. Passez d'un triangle dans un cercle à un cercle dans un triangle. Ajoutez dans chacun d'eux un carré, et ainsi de suite. Procédez de même avec les autres formes. Israel Regardie dans *The Tree of Life* recommande l'utilisation des *tattvas*, les symboles hindous des éléments. Ils sont au nombre de cinq et se combinent pour donner trente éléments et sub-éléments. Les cinq primordiaux sont : un carré jaune ou *prithivi*, la terre ; un croissant argenté horizontal, *apas*, l'eau ; un triangle équilatéral, *tejas*, le feu ; un cercle bleu, *vayu*, l'air ; et un ovale noir, *akasa*, l'éther. Ces cinq symboles sont visualisés sous des formes solides ; ils peuvent se combiner entre eux au gré du méditant ; on trouvera par exemple un triangle rouge superposé à un cercle bleu, un carré jaune sur un triangle rouge, un ovale noir sur un croissant argenté, et ainsi de suite. Ne changez pas les couleurs ; chacune d'elles est en correspondance avec sa forme spécifique qu'elle identifie et c'est important.

Pourquoi utiliser des formes géométriques ?

Utiliser des formes géométriques présente deux avantages. En premier lieu, elles ont le mérite de la clarté et de la simplicité. Dans un deuxième temps, et c'est bien plus convaincant, elles véhiculent des symboles d'une grande évidence si l'on en croit l'utilisation qu'en ont fait les grandes religions du monde, de la croix des chrétiens et à roue des bouddhistes. Comme je l'ai souligné au chapitre 2, la croix, le cercle, le carré et le triangle sont des formes archétypales qui résonnent de façon particulière dans l'inconscient parce que, comme tous les archétypes, il semble que l'on ait hérité d'une sorte de prédisposition à leur endroit. Les psychologues ont noté avec quelle fréquence elles apparaissent spontanément dans les tout premiers dessins décodables du très jeune enfant et, grâce à leur présence innée dans notre inconscient, elles possèdent cette aptitude particulière d'agir comme des clés ouvrant les pouvoirs mentaux.

Selon l'individu concerné, il faut compter deux ou trois semaines voire cinq ou six mois de pratique régulière avant que la visualisation de ces formes dans toutes leurs couleurs et combinaisons soient pleinement mises en place. Les règles d'or sont la pratique quotidienne et l'exercice de la patience. Tant il est vrai que l'impatience entrave le progrès à tous les niveaux et dans toutes les facettes de la méditation. Rappelez-vous souvent cette vérité ; plus votre impatience est grande, plus le chemin sera long et plus vous aurez finalement besoin de patience.

La visualisation picturale

Une fois que vous maîtrisez bien la visualisation de forme géométrique et que vous trouvez la stabilité pendant un quart d'heure au minimum, passez à la visualisation picturale directe d'objets, de personnes et de lieux. Il est conseillé de débuter avec des objets familiers, le plus simple étant le mieux (un vase, une chaise, un outil de jardin, une bougie allumée) et de s'assurer qu'ils ne suscitent pas d'émotions fortes ou d'associations susceptibles de venir s'interposer dans l'effort de concentration. Vous pouvez compliquer quand vous êtes arrivé à votre fin avec les objets simples. Dans tous les cas commencez par former la visualisation dans son intégralité avant de vous concentrer sur un détail précis. Accordez toute votre attention à la forme et à la taille. Sondez les couleurs et les proportions.

Dans le cas où par exemple vous vous seriez intéressé à un objet complexe tel qu'une voiture, décidez de l'angle vous d'où vous allez l'observer puis essayez de vous souvenir des proportions exactes, de la forme précise des fenêtres et des roues, de la position des poignées de porte, de la nuance de couleur. Changez ensuite votre angle de vue. Considérez la voiture par l'avant, en reprenant tous les détails avec le même soin. Allez ensuite à l'arrière puis de l'autre côté. Ne torturez pas votre cerveau avec des détails que vous ne puissiez voir clairement par la visualisation. Travaillez avec la seule visualisation ; considérez ce qui est bien là dans les faits. Ne rationalisez pas. Si un détail ne peut pas être clarifié, laissez-le de côté et concentrez-vous sur un autre. Une fois que la méditation sera terminée, allez vérifier par vous-mêmes *visuellement* le ou les détails que vous n'aviez plus pu clarifier. Observez-les suffisamment longtemps pour les inscrire dans votre mémoire visuelle. N'utilisez pas de mot. Prenez plusieurs « instantanés » en vous concentrant attentivement puis fermez les yeux et conservez l'image mentale.

Si vous continuez à connaître des problèmes de mémoire, visualisez un objet physiquement présent dans la pièce. Prendre pour point de concentration une bougie allumée se révèle particulièrement efficace. Quand le besoin s'en fait sentir, ouvrez les yeux et concentrez-vous sur elle, en la conservant comme faisant partie intégrante d'une méditation où vous accordez la même concentration à l'objet réel que celle que vous accordez à la visualisation. Après un moment, fermez les yeux et reproduisez-la dans votre imagination.

Yantras et *mandalas*

Un bel exemple du pouvoir symbolique des formes géométriques est celui de *yantra*, un dessin où l'on utilise un cercle extérieur (parfois un carré) incluant des carrés, des triangles et des pétales de lotus. Ce genre de *yantra* est la représentation visuelle des concentrations énergétiques, en quelque sorte l'équivalent visuel des *mantras* dont on parlera au chapitre 10, lesquels sont des représentations du cosmos. Transpersonnels dans leur signification, ils sont des symboles de la vérité ultime, de l'absence de forme faisant naître les formes.

Lors d'une méditation, les *yantras* concentrent également les énergies du méditant, parce que non seulement ils constituent un point de concentration, mais surtout parce qu'ils ont un effet opératif sur l'inconscient par le sens symbolique des formes qu'ils contiennent. Le méditant fixe son regard sur le *yantra*, les yeux largement ouverts aussi longtemps qu'il peut le supporter agréablement, mais dès qu'il peut le visualiser dans tous ses moindres détails, elle s'intègre comme image mentale à l'intérieur du monde de dedans.

La distinction qui existe entre *yantra* et *mandala* n'est pas très claire ; le second terme est plus généralement destiné aux dessins qui incorporent des figures physiques aussi bien que des formes géométriques. Ils peuvent être généreux comme la roue de la vie bouddhiste qui figure les différents domaines que les êtres animaux peuvent habiter, ils peuvent être également spécifiques à certains êtres spirituels. Dans ce cas, ils sont le vecteur d'invocation de l'être concerné (c'est-à-dire, de l'éveil en soi de la qualité spirituelle qu'il ou elle représente), et s'accompagnent souvent de la répétition du mantra qui l'a recommandé.

Jung a émis l'hypothèse que les *mandalas* et les *yantras* sont nés spontanément de l'inconscient humain et que ce sont des moyens aux qualités symboliques innées de représenter des vérités psycho-spirituelles. Dans son travail thérapeutique, il découvrit qu'à certains stades du processus qui conduit à la guérison, ses patients rêvaient souvent d'un *mandala* ou d'un *mantra* et il les encourageait alors à dessiner. En méditant sur cette représentation personnelle du monde intérieur, le patient trouvait une aide qui le conduisait vers la plénitude.

Si l'on utilise un *mandala* ou un *yantra* dans la méditation, il est important de ne pas s'attacher consciemment à sa signification. Faites-en simplement le centre, l'objectif de votre concentration et laissez-le communiquer directement avec l'inconscient. Plus tard, au cours de la méditation ou spontanément, quand l'esprit s'intéressera à d'autres choses, des visions soudaines pénétrant son « sens profond » peuvent émerger à la conscience. Il reste que ces visions sont de moindre importance que la transformation qui a lieu au plan inconscient, une transformation qui trouve sa manifestation dans une plus grande perception de l'harmonie intérieure de la plénitude, suivie bientôt de la conscience d'un développement spirituel grandissant.

Visualiser des gens

Une fois que vous maîtrisez la visualisation des objets familiers, tournez-vous vers ceux qui sont le fruit de votre imagination ; une voiture imaginaire, une fleur imaginaire, une paire de chaussures imaginaire. Quand vous êtes suffisamment satisfait de ce que vous avez fait, passez aux gens. Évitez une fois de plus la distraction apportée par des émotions fortes ou des associations. Choisissez une de vos relations ou un ami occasionnel de préférence à une personne dont vous vous sentez très proche ou au contraire par laquelle vous ressentez une forte aversion (technique qui peut être pratiquée conjointement à la méditation de la comparaison dont nous nous avons parlé au chapitre 5).

De nouveau, suivez le même processus. Partez de l'image générale de vous attacher aux détails — la couleur des yeux, la forme du visage, la coiffure, la courbe des lèvres. Ne cherchez pas à englober tout le corps. Contentez-vous du visage pour le moment. Ensuite, comme pour les objets, partez du concret pour dévier sur l'imaginaire. Décidez avant de débuter la méditation de la qualité que vous voulez attribuer à cette personne. Choisissez des qualités positives : amour, camaraderie, confiance, humour, pureté, innocence, courage, force, sagesse, puis concentrez-vous sur celle-ci dès que la méditation est mise en place ; laissez venir une figure dont la forme symbolise cette qualité.

Il convient, parvenu à ce point, de prendre bonne note du pouvoir créatif de l'esprit. Ceux qui auront pratiqué chacun des exercices de visualisation que je viens de donner, en prenant soin de contrôler le précédent avant de se consacrer au suivant, découvriront que, à l'instar de ce qui se passe dans les rêves, l'esprit crée le visage pour nous sans que nous prenions part à cette créativité par un effort conscient. Et, de même que dans les rêves, vous rencontrerez quelques surprises. La sagesse par exemple peut très bien être représentée non par un vieillard mais par un jeune enfant. La pureté ne se présente pas toujours sous les traits d'une nonne ou d'un moine, mais parfois sous celui d'un nu. Il arrive même qu'un animal surgisse alors qu'on attendait un humain. Il n'est pas rare non plus que les visages soient une réminiscence aux qualités mythiques des symboles utilisés notamment dans les représentations des dieux égyptiens. Ne vous inquiétez pas de savoir si ces images viennent de votre mémoire ou si elles représentent quelques qualités symboliques universelles de l'inconscient humain. Prenez-en simplement note et concentrez-vous afin de clarifier tous les détails qui y sont associés.

Qu'une image effrayante vienne à émerger alors même que vous vous concentrez sur une qualité positive, pas de panique. Nombre de langages symboliques du monde présentent les qualités importantes (ou forces) de l'esprit humain sous deux formes, l'une bénigne et l'autre courroucée. Pour prendre un exemple, la pureté pourrait bien être symbolisée par une vierge vestale ou par le feu qui consume la corruption s'érigeant sur le chemin de la pureté. Dans tous les cas si une image vous dérange particulièrement, bannissez-la en l'enfermant dans un cercle blanc et en rapetissant ce cercle jusqu'à ce qu'il disparaisse en un point. Visualisez alors une croix à la place dans la couleur qui vous conviendra le mieux. Maintenez cette visualisation jusqu'à ce que vous vous sentiez réconforté. Si vous avez suivi les tout premiers exercices de visualisation sur les formes géométriques avec soin, vous ne rencontrerez aucune difficulté dans cette étape.

Visualiser une saynette

La toute dernière étape de la visualisation est celle que nombre de gens essayent à grand tort dès le début : la visualisation d'une saynette. Voilà qui est bien plus difficile qu'on ne le pense, pour la bonne et simple raison qu'il n'est pas aisé d'englober et de retenir tous les détails de quelque chose d'aussi complexe. Il n'est pas impossible de réussir dès les premiers jours de la pratique de la visualisation, en évoquant l'impression d'un point de vue particulier mais ce n'est pas suffisant. Afin de rendre cette visualisation efficace, il faut absolument prendre en compte toutes les choses ou quasiment. Ne vous adonnez à cette dernière étape que si votre pratique est sûre.

Comme toujours, partez d'un lieu qui vous est familier. Il peut s'agir d'une galerie marchande que vous connaissez bien. Appréhendez d'abord l'image en son entier avant de scruter les détails. Lisez les noms des échoppes, observez la façon dont ils sont écrits. Regardez les vitrines. Si la scène s'anime spontanément, laissez-la aller à son rythme et regardez les gens passer devant vous, entrer et sortir des boutiques. Concentrez-vous sur les couleurs afin de les voir avec précision. Résistez à la tentation de parcourir la scène de part et d'autre. Bien au contraire, concentrez-vous sur sa globalité, tout comme c'était recommandé avec les formes géométriques, puis sur l'une des boutiques en lui accordant votre attention minutieuse. Passez à la suivante, puis à la suivante et ainsi de suite jusqu'à ce que vous en ayez fait le tour.

Dès que votre visualisation est efficace avec pour support une scène familière, passez à l'étape imaginaire. Une fois encore n'oubliez pas de décider de tous les détails de la scène *avant* la méditation — décidez des collines et des montagnes, de la rivière, des paysages arborés ou des villages marins, décidez d'une ville inconnue du présent, du passé ou du futur. Décidez de la scène avant de la laisser vivre sa vie. Il vous suffit de focaliser votre attention sur l'idée de la colline, de la rivière ou des villages ou de toute autre chose. Si la scène ne vient pas, n'essayez rien d'autre pour l'instant. Bien au contraire concentrez-vous sur l'espace intérieur vide où, à son heure, la scène apparaîtra — il se peut que ce soit pendant cette séance-là, il se peut que ce soit pendant la prochaine. Si rien ne s'est passé au bout de trois séances, tentez votre chance avec une saynette différente. Il est possible que la première n'ai pas été suffisamment stimulante pour votre imagination créatrice, il se peut aussi qu'elle ait comporté des associations douloureuses que vous avez oubliées depuis longtemps et qui fait son entrée dans votre conscience. Laissez-la donc pour le moment en décidant de revenir plus tard, à son heure elle apparaîtra.

Si, comme c'est plus probable, la scène que vous avez choisie apparaît mais qu'elle comporte des modifications inattendues (voilà que les montagnes deviennent les toits d'une cité, que la rivière devient un lac ou un océan, comme c'est parfois le cas dans les rêves), laissez ces changements faire leur chemin et voyez où vous conduit la méditation. Vous êtes parvenu à un point particulier, celui où l'imagination créatrice est véritablement établie et où l'explorer est une nécessité. Ne vous laissez pas entraîner. Vous ne méditez pas dans le simple espoir d'embarquer pour des voyages aussi enchanteurs qu'imaginaires. Assurez-vous que même lorsque vous embarquez pour ce genre de voyage, vous travaillez de concert avec une pratique méditative fondamentale (telle que la surveillance de la respiration) afin que la concentration et l'autodiscipline que vous avez eu tant de difficulté à acquérir ne s'affaiblisse pas.

Visualisation :
une clé qui ouvre le monde intérieur

Quel que soit le moment où vous recourez à des visualisations, on peut vous conseiller l'utilisation conjointe d'une méditation de l'assise. Si vous méditez deux fois par jour, l'équilibre idéal est de pratiquer l'assise le matin et la méditation du mouvement le soir. Si vous pratiquez une fois par jour, adonnez-vous au même type de méditation pendant trois jours consécutifs, puis passez à l'autre pour les trois jours suivants. Même si vous utilisez la visualisation au cours d'une méditation du mouvement, n'en faites pas une exclusivité dans la mesure où il est vraiment trop facile d'être ravi par les saynettes qu'on se représente comme les longs chemins balayés par les vents qui disparaissent au sein des collines, comme les rivières et les paysages arborés d'une indescriptible beauté, comme les châteaux à tourelles et les villes perchées au sommet des montagnes enneigées. L'esprit en effet sera trop facilement charmé et suivra ces visions qui n'ont pas plus de valeur que les distractions produites par vos pensées lorsqu'elles s'adonnent aux associations libres. Et là n'est en aucun cas ce à quoi est destinée la visualisation lorsqu'elle fait partie intégrante de la pratique méditative.

Mettre la visualisation en pratique

Tout ceci nous ramène à la question : « À quoi sert exactement la visualisation ? » J'ai déjà parlé de son pouvoir à induire un changement psychologique, mais quel en est le processus exact ? Cela dépend en fait de la forme de méditation que vous utilisez. Je reviendrai plus tard sur certains emplois de la visualisation lorsque je traiterai de la méditation objective. Mais il convient d'insister dès maintenant sur la part importante qu'elle prend au cours de la méditation en mouvement : en effet, elle permet de mettre en scène l'objet de la visualisation comme l'a décrit saint Ignace de Loyola, tout en en faisant l'allié actif de la voix intérieure. Lorsque vous méditez sur le mot « om » que vous avez choisi comme graine de votre méditation du mouvement, il est possible de visualiser dans le même temps le symbole sanskrit de ce « om ». Lama Anagarika Govindak dans *Méditation créatrice et conscience multidimensionnelle*, décrit avec un grand luxe de détails les formes et les couleurs associées à la méditation sur un mantra, laquelle consiste à visualiser le symbole correct pendant la récitation de chaque terme constituant le mantra.

Cet appui de la visualisation du symbole approfondit rapidement la concentration du méditant qui s'attache en même temps à l'imagination visuelle et orale. D'autant plus que l'association du son « om » et de la forme visuelle qui lui correspond, exprime des forces créatrices de toute éternité — on peut dire encore des pouvoirs archétypaux de l'inconscient — qui ont pour caractéristique, si on y revient suffisamment régulièrement et intensément, de faciliter la pénétration du monde intérieur dans lequel nous sommes tous reliés les uns aux autres, à l'histoire de notre race et aux forces spirituelles reconnues par les grandes religions.

Cependant, au cours de la méditation du mouvement, on peut utiliser la visualisation comme point d'attention. C'est alors le symbole du mot, sa graphie que l'on choisira pour support. On peut également travailler sur les images apparues en réponse à la méditation sur l'amour, la sagesse ou la paix. On peut également se concentrer sur un lieu qui exprime pour soi ces qualités-là — un temple, une clairière, ou bien l'imposante majesté des montagnes.

Dans cet exemple précis, il faut absolument rester dans ce lieu, maintenir votre attention sur celui-ci. C'est ainsi que se révélera le sens de la qualité symbolisé par ce lieu. Qu'est l'amour ? Qu'est la paix ? Ne vous posez pas ces questions en tant que tel. Laissez la réponse sourdre par elle-même, et les visions se révéler à vous.

Dissoudre les visualisations

À la fin de la méditation — et ceci est valable pour toutes les techniques dans lesquelles intervient la visualisation — il s'agit de dissoudre le point d'attention en exprimant à son endroit un sentiment profond de gratitude que l'on envoie en quelque sorte dans le lieu que l'on est en train de dissoudre. Ne vous contentez pas d'ouvrir les yeux et de tout arrêter. Faillir à cette étape de la dissolution risque de vous attacher à votre visualisation, de vous en rendre prisonnier et, selon les propres termes de Lama Govinda, « d'être possédé par ses possessions ». Inutile de s'alarmer, de rêver, puisque la visualisation est focalisée sur une qualité positive. Il reste qu'il vous faut vivre dans la réalité, là où l'esprit conscient doit s'attacher à régler les problèmes de tous les jours. Si la méditation est un moyen d'aiguiser votre attention, elle n'est pas là pour vous emporter dans vos mondes de rêves. Dans une condition détachée des réalités d'ici-bas, où vous serez bien moins efficace dans le combat qu'il faut mener ici chaque jour. Soyez assuré que la méditation poursuit ce travail à un plan inconscient même lorsque vous l'avez quitté. C'est jour après jour, progressivement que la qualité sur laquelle vous avez concentré votre méditation, ainsi que sa signification dans votre vie, se manifestera à l'intérieur même de vous, influençant ainsi votre comportement extérieur et en vous faisant évoluer — et non en s'interposant entre vous et les choses de la vie.

N'oublions donc pas cette étape de la dissolution pendant laquelle la visualisation se fait de plus en plus distante, de plus en plus atténuée jusqu'à ce qu'elle disparaisse complètement. En cas de difficulté, ayez recours à la stratégie que j'ai déjà détaillée en l'enfermant dans un cercle que vous faites se rétrécir petit à petit jusqu'à ce qu'il ne soit plus qu'un point qui disparaît. Ensuite revenez à votre pratique de la méditation de l'assise. Ramenez l'esprit à la respiration ou à l'objet que vous choisissez généralement et maintenez-vous dans cet état pendant au moins dix expirs. En fin de compte, visualisez dans son ensemble l'environnement familier et rassurant qui se présentera sous vos yeux dès que vous les ouvrirez. Maintenez cette visualisation-là pendant encore dix expirs avant d'ouvrir les yeux et de revenir au présent.

8

La méditation subjective : connaître sa façon de penser

En guise d'introduction, il me faut d'abord parler de la relation existant entre les deux sujets qui nous occupent : les méditations *subjective* et *objective* ; si la première fait souvent référence au pouvoir de la personne en cause, la seconde fait référence au pouvoir issu d'autrui. Cette distinction entre deux sortes de voies nous ramène à la question que j'ai soulevée au premier chapitre, à savoir la méditation est-elle « moi » ou « non-moi » ? En d'autres termes, si l'objet de ma concentration est Dieu ou le Bouddha, ces êtres sont-ils immanents ou transcendants, sont-ils situés à l'intérieur de moi ou à l'extérieur ? Pour élargir la question, la puissance spirituelle qu'ils représentent se trouve-t-elle à l'intérieur de la création ou à l'extérieur ? Au sein de la chrétienté, ceux qui prétendent qu'elle se trouve à l'intérieur de la création accusent ceux qui disent le contraire de faire Dieu à leur propre image, de Le personnaliser sous les traits d'un vieux monsieur qui trône dans le ciel et qui prend des décisions quant à la vie des gens tout comme un employeur prendrait des décisions concernant ses salariés. D'autre part, les tenants de la seconde hypothèse accusent les premiers de dépersonnaliser Dieu et de le transformer en une force aveugle qui entretient la vie mais qui ne sait rien d'elle et qui ne s'en préoccupe pas du tout.

Quel que soit l'argument que l'on choisisse, c'est vrai qu'il y a problème. Prenons la première hypothèse c'est-à-dire celle de la transcendance et de la présence de Dieu à l'extérieur de la création ; dans ce cas, Il n'est ni infini ni omnipotent. Dans la mesure où la création de Dieu est séparée de Lui, Il l'a façonne à partir de quelque chose d'autre que Lui, ce qui signifie qu'il existe une substance — que l'on appellera matière — qui n'est pas partie de Dieu, tout comme la glaise que façonne le potier ne fait pas partie de celui-ci. Quant à la deuxième hypothèse de l'immanence divine dans toute chose existante, si elle ne Le limite pas, elle soulève cependant d'autres difficultés. Nos esprits ont bien du mal à appréhender l'idée du Dieu sans limites qu'induit la notion d'immanence. Toute affirmation concernant ce Dieu-là ne peut tout inclure, ce qui a pour résultat que tout ce que l'on dire de Lui se trouvera limité, et donc nécessairement erroné. Le Bouddha était très sage qui refusait toutes les affirmations concernant la vérité ultime !

Chacun doit se faire sa propre idée concernant ces deux hypothèses mais, à l'instar de Jung, je prends le parti de réfuter l'utilité du test de la « vérité » dans ce débat. Tout concept concourant à notre croissance intérieure est « vrai » jusqu'à ce que nous parvenions à un point où nous aurons besoin d'autre chose. Le seul concept « véritable » d'un Dieu sans limites doit tenir Celui-ci comme étant *ensemble* immanent et transcendant ; ce Dieu-là contient ensemble les facettes personnelle et impersonnelle qui, du reste, à un certain niveau dépassent notre compréhension rationnelle, ne sont plus différentes. Dieu illimité n'est plus alors *confiné* à cette immanence et cette transcendance dont l'on parle mais devient le symbole de l'être sans limites qui doit assumer ensemble les deux aspects. De même je ne veux pas limiter Dieu au principe masculin. Tout symbole d'infinitude doit contenir le principe féminin ; Dieu est ensemble Elle et Lui et, de nouveau, si l'on parle d'un niveau qui dépasse le rationnel, il n'y a aucune différence entre les deux.

Si l'on se place au plan de l'interprétation symbolique, Dieu est ensemble à l'intérieur et à l'extérieur. Il est ensemble immanent et transcendant, masculin et féminin. Et puisqu'il ne fait aucun doute que *nous autres* sommes des créatures tout à fait limitées jusqu'à ce que nous atteignons l'illumination, c'est à nous de décider à quelle facette nous désirons être relié, de l'immanence ou de la transcendance, du masculin ou du féminin. C'est du reste l'une des raisons pour lesquelles chaque race crée sa propre image des Dieux.

Si j'emploie le terme « Dieu », il est bien possible que j'embarrasse maintenant les bouddhistes, qui ne reconnaissent pas l'idée d'un Dieu créature suprême comme c'est le cas dans la chrétienté et dans les autres religions théistes. Comme je vais également embarrasser les lecteurs qui ne pensent pas à la spiritualité en terme de « Dieu » même s'ils sont préoccupés de leur croissance intérieure. Cependant, tous les concepts créés par l'humain sont limités. « Dieu » est une façon de faire référence à une force spirituelle, ce qui dans ce cas n'a jamais, à ma connaissance, choqué les bouddhistes. Daisetz Teitaro Suzuki, l'un des tout premiers interprètes du bouddhisme utilise du reste le terme Dieu dans sa plus grande acception. Dans tous les cas, j'émets le souhait que les points communs — rassemblant et reliant les différentes voies des grandes traditions conceptualisant la spiritualité — apparaîtront plus clairement au lecteur à la fin de cet ouvrage. Tant il est vrai que bien des *différences* apparentes sont plus imputables à la difficulté que l'on a de verbaliser les réalités spirituelles qu'à une réelle différence de l'expérience spirituelle.

Les concepts de Dieu

Les hindous avaient d'une certaine façon résolu la difficulté concernant l'appellation divine et leur façon de faire peut-être très utile. Ils parlent de Dieu de trois façons différentes. En premier lieu, il y a Dieu qui possède une forme et des attributs. Cet aspect est transcendant. Ce sont autant les symboles imaginés par les hommes et les femmes que les grands maîtres spirituels qui Le représentent. En second lieu, il y a un Dieu sans forme mais possédant des attributs ; ils s'agit de l'aspect immanent symbolisé par un Dieu qui est Parfait Amour, Sagesse et Puissance. Habitant en chacun de nous, Il représente notre potentialité à exprimer ces qualités. Le troisième aspect enfin, est celui d'un Dieu sans forme ni attributs, l'aspect qui dépasse tant la transcendance que l'immanence. Il s'agit bien là du Dieu des mystiques chrétiens, du Brahman des hindous, de l'Ain Soph des kabbalistes juifs et du *nirvâna* des bouddhistes. C'est le Dieu dont on ne peut rien dire, le Dieu dont il faut faire l'expérience plutôt que d'en parler, le Dieu que l'on ne connaît que s'Il nous est révélé.

Aucun de ces trois aspects n'est erroné ni inférieur aux deux autres. Chacun possède sa place et sa fonction dans la vie du dévot. Et si Dieu est sans limites, Il/Elle peut contenir les trois. Pour nombre de gens, il est nécessaire de s'élever de « bas en haut » sur l'échelle de ces trois aspects, de dépasser l'idée d'un père céleste lorsque celui-ci ressemble trop au vieillard qui trône dans le ciel pour adopter l'image de Dieu, Parfait Amour, Sagesse et Pouvoir afin de Le dépasser encore quand Il apparaîtra trop limité pour la nature infinie de la vérité ultime. Cependant, quand on en approchera, on réalisera que les deux premiers aspects de Dieu sont encore inclus dans le troisième, qu'ils en constituent des représentations symboliques et des moyens de conduire l'impétrant jusqu'à Lui.

Ainsi, dans la façon dont je traite ici la méditation portant sur le pouvoir spirituel immanent au sein de chacun de nous (la méditation subjective) et sur le pouvoir spirituel transcendant qui se trouve en dehors de nous (la méditation objective), je ne pose aucune barrière entre les deux. Chacune d'elles est une voie d'approche de la seule et unique vérité et bien des méditants les utilisent toutes deux au lieu de les hiérarchiser. En ce qui concerne ma propre expérience des traditions, j'ai découvert que les meilleurs maîtres sont ceux qui ne mettent pas leur propre enseignement sur un piédestal (ce qui implique qu'ils s'y mettent aussi) et qui ne les placent pas au-dessus des autres. Parce qu'ils sont très évolués, ils ont laissé derrière eux ce genre d'étroitesse d'esprit et sont capables de voir la vérité partout où elle se trouve. C'est d'ailleurs pourquoi ils n'hésitent pas à critiquer la tradition dont ils sont issus lorsque c'est justifié. Ils ont l'esprit ouvert et sont libres parce qu'aucun dogme ne les limite ce qui leur ouvre la voie de la sagesse.

La nature de la méditation subjective

Son principe est simple : on examine son propre esprit et sa propre façon de penser afin de voir en soi la réelle nature de la conscience. De toutes les grandes écoles de pensées, le bouddhisme Zen est sans doute le meilleur exemple de cette approche de la méditation et c'est donc la raison pour laquelle je m'y consacre dorénavant. Laissez-moi brosser la scène.

Imaginez un homme ou une femme assis en tailleur dans une pièce silencieuse et tranquille, les yeux fixes à demi fermés, seul le va-et-vient léger, presque imperceptible de la respiration au plus profond de l'abdomen renseigne l'observateur et l'informe qu'il ne s'agit pas là d'une statue. Est-ce cela que l'on appelle « inventorier, interroger l'esprit » ? En effet le non-méditant peut s'interroger. Et il pensera que ce genre de pratique implique nécessairement de se munir d'un papier et d'un crayon, à moins qu'on aie recours à des tests informatiques, ou que l'on fasse montre de ses talents intellectuels ou que l'on raisonne.

Maintenant, imaginez la même personne se promenant à travers la campagne un jour d'été, regardant avec plaisir de part et d'autre, profitant de tout. Elle se concentre sur ce qu'elle voit, sur les sons qu'elle entend, les senteurs de la nature, les sensations de l'herbe froide sur ses mollets, le souffle de la brise, le léger vrombissement des insectes, la chaleur du soleil sur sa nuque, les taches d'ombre sous les arbres, le chant des oiseaux. Le non-méditant de s'étonner encore : est-ce également cela « interroger l'esprit » ? Voilà quelqu'un qui est simplement ravi de profiter de son oisiveté. Il s'agit-là sans doute d'un passe-temps fort plaisant mais qui n'a pas plus à faire avec un examen de conscience que le fait d'être assis tranquillement sur un coussin.

C'est bien là l'erreur typique de celui qui ne pratique pas la méditation. Car son vocabulaire et sa façon de penser se constituent toujours par comparaison entre sa condition et celle d'autrui, par la nécessité d'atteindre des normes, voire d'obtenir un certificat ou un diplôme. Seul un méditant sait qu'un examen de l'esprit est le fait de ce que les bouddhistes Zen appellent « l'attention » ; la concentration avec précision et clarté sur ce qui occupe l'esprit à ce moment précis, qu'il s'agisse du cours de la méditation ou des activités de la vie quotidienne.

L'attention [1]

L'attention de tous les instants est dirigée vers l'expérience qui s'imprime *à cet instant-là* dans l'esprit, l'expérience de la voie *ici et maintenant* dans cette succession d'instants qui sont tout ce que nous avons dans la réalité. Elle diffère en cela de l'attention dispersée entre 101 points d'intérêt. En effet, bien que nos vies aient une histoire qui débute à la naissance et un avenir qui se projette devant nous, en fait, tout ce que nous pouvons posséder est le moment présent. Le temps d'un clin d'œil nous l'avons perdu et sommes déjà en train de faire l'expérience du

1. Le terme anglais est *mindfulness* qui indique un degré supérieur de l'attention. Il pourrait également être traduit pas « attention de tous les instants ». Il se trouve que la langue anglaise possède deux mots là où le français n'en a qu'un seul. *(N.d.T.)*

suivant, puis du suivant, et ainsi de suite. Chaque moment, dès qu'il se retire, devient du passé, un passé aussi loin de portée que le moment de notre naissance.

Pourquoi donc pratiquer l'attention de tous les instants ? Pourquoi laisser la vie se dérouler dans un tourbillon de préoccupations, l'esprit toujours ailleurs que là où nous sommes réellement ? Il est clair que c'est à chaque individu d'en décider. Mais celui qui peut connaître la réalité doit commencer par savoir où il est à cet instant précis, il doit commencer par reconnaître la réalité telle qu'elle se présente instant après instant et qu'elle disparaît. Sans cela, inutile d'espérer avoir accès à la réalité plus vaste qui se cache derrière l'apparition et la disparition de l'expérience immédiate.

Cela veut-il dire que nous ne puissions jamais nous laisser aller, perdu dans nos pensées, que nous ne puissions jamais faire des plans pour l'avenir ou souvenir du passé ? En aucun cas. Cela signifie plutôt que, au moment où nous *sommes en train de* faire des plans pour notre avenir ou que nous nous souvenons du passé, il nous faut savoir exactement ce que nous sommes en train de faire. Planifier ou se souvenir devrait émaner d'une décision délibérée de l'esprit et non couler constamment en lui comme s'il cherchait à éviter la réalité de l'ici et maintenant. Le bouddhisme enseigne que l'esprit, ou plutôt la partie égotique et préoccupée de soi, nous domine pour s'enfler de sa propre importance et nous abuser en nous faisant croire qu'elle est ce que nous sommes vraiment. C'est nous qui générons cet égoïsme et le laissons grandir en nous tel un coucou dans le nid. Nous passons notre vie à nous en préoccuper, à lui accorder de l'intérêt, à le défendre contre les assauts dont nous pensons qu'ils l'assaillent, à nous accrocher aux choses dont nous imaginons qu'il les veut et à éviter celles dont nous imaginons qu'il ne veut pas. Cette partie égotique de nous devient le travail de notre vie. En le servant nous oublions ce qu'il devrait réellement être.

Ce n'est pas pour rien qu'un si grand nombre de traditions ne cessent, encore et encore, d'inviter à se réveiller, à ouvrir les yeux, à renaître. Ce qu'elles essaient par-là de nous dire, c'est que, si l'on choisit de traverser la vie à moitié endormi, tout ce que nous connaîtrons sera désillusions, chimères et cauchemars issus de nos rêveries infantilistes.

Le bouddhisme zen

Pour cette école, l'attention de tous les instants c'est prendre le temps de regarder tout ce qui se passe. Les deux exemples que j'ai donnés de la personne assise dans une pièce calme ou se promenant à travers la campagne estivale, l'esprit tout entier à ce qu'elle est en train de faire à ce moment-là, illustrent bien cette définition. Car qu'il soit assis en train de méditer, ou en train de se promener à travers la campagne ou une rue bruyante, l'esprit du pratiquant du Zen est tout entier dans l'action elle-même. Lorsque le pratiquant zen mange, il (ou elle) est bien en train de manger ; quand il travaille, il est bien en train de travailler. De même, quand il est assis en méditation, il observe toujours l'aspect sacré du moment. Il cherche à le sanctifier. La vie est trop précieuse pour qu'on n'y porte pas attention, trop sacrée pour qu'on l'ignore, trop fascinante pour qu'on s'en détourne.

Le mot japonais Zen est un dérivé du chinois « ch'an », lequel par l'intermédiaire du pâli *Jhana* vient du sanskrit *dhyâna*, qui signifie tout simplement méditation. Mais le Zen est une méditation qui s'insère au sein de la philosophie d'une croissance tant psychologique que spirituelle issue des enseignements du Bouddha et revue par une longue lignée de patriarches Zen remontant à Bodhidharma, qui importa le bouddhisme en Chine aux environs de 520.

Bodhidharma enseignait que tous, hommes et femmes, nous sommes des bouddhas depuis le début des temps. « La nature de Bouddha », c'est-à-dire l'esprit ayant reçu l'illumination, est constamment présente en chacun de nous ; la seule raison qui l'a empêchée de se réaliser est notre ignorance. Je me souviens de la première fois qu'un maître bouddhiste dit au groupe dont je faisais partie : « Vous êtes des bouddhas. » Je me suis pris à penser « tout le monde, sauf moi ». Lorsque je réalisais plus tard l'ignorance dans laquelle m'était venue une telle pensée, je connus un des grands moments d'illumination de ma vie. Le Zen est l'action de découvrir cette illumination de l'esprit, notre « nature originelle ». Zen est le fait de laisser tomber notre ignorance, de découvrir qui nous sommes et de vivre dans une dynamique immédiateté.

Dans tous les cas — et c'est particulièrement difficile à accepter pour un esprit occidental — cela induit qu'il faut reconnaître que notre ignorance est pour une grande partie imputable à notre esprit rationnel, par trop intellectuel. On pourrait même préciser les choses en disant qu'elle est imputable à la façon dont nous *utilisons* cet esprit rationnel et intellectuel. Notre erreur consiste dans le fait que nous sommes persuadés que la raison est le moyen de connaître les mystères de l'esprit alors que lorsqu'elle est abandonnée à elle-même tout ce qu'elle fait est de nous faire tourner en rond. Utilisez l'esprit rationnel par tous les moyens (du reste, de toutes les grandes religions, le bouddhisme est sans doute celle qui en a le plus usé) mais soyez conscient de la chose suivante : il ne s'agit que d'un outil, puissant et de grande valeur au sein de ses propres limites et de son propre système de référence mais qui peut devenir une entrave s'il est mal utilisé.

Cet enseignement concernant les limites de l'esprit rationnel est en fait si évident qu'on peut trouver étrange d'avoir à le rappeler. Peut-on en effet utiliser l'esprit rationnel pour expliquer — ou tout simplement pour exprimer — l'amour que l'on ressent pour nos enfants ou pour notre partenaire ? L'esprit rationnel peut-il expliquer ou exprimer ce que l'on ressent pour la poésie, pour l'art, pour la musique ? Peut-il encore expliquer ou exprimer la joie et la tristesse, les inspirations et les aspirations qui motivent notre vie ? Peut-il encore expliquer ou exprimer le plaisir que nous prenons dans les choses de la nature — la lune d'une nuit glaciale, les nuages prometteurs d'orage sous un soleil resplendissant, le parfum de l'encens, le plaisir de travailler avec des fleurs et des animaux ? Peut-il enfin expliquer le médium dont dépend l'esprit rationnel, à savoir la pensée et l'inconscient ? Difficilement.

Dans ce cas il est absurde de lui demander de nous expliquer la vie ou de nous aider à comprendre nos aspirations spirituelles, de nous dire enfin ce qui arrive à l'heure de notre mort. C'est en cela que réside la tragédie de la culture occidentale. Car, depuis l'aube du matérialisme scientifique, nous sommes persuadés que notre esprit rationnel a ses capacités-là. S'il est un merveilleux cadeau, il est comme tous les cadeaux, relativement embarrassant si nous ne savons à quel endroit le placer correctement dans notre vie.

Les trois piliers du zen

Depuis le tout premier frémissement, le zen doit remettre l'esprit rationnel dans sa juste place. Les techniques de méditation qu'il enseigne sont pour beaucoup consacrées à ce but. Mais afin qu'elles réussissent, il faut que les pratiquants zen cultivent ensemble trois qualités de l'esprit, les trois fondations sur lesquelles repose le zen (si l'on en croit par exemple Philip Kapleau dans *Three Pillars of Zen*). Il s'agit d'une grande foi, d'un grand doute et d'une grande détermination. Grande foi ne signifie pas croyance aveugle. Le Bouddha en personne se donnait beaucoup de peine pour expliquer à ses disciples qu'ils ne devaient pas croire tout ce qu'il disait simplement parce que c'était lui qui le disait. Il leur conseillait de trier et de tester ses paroles avant de le retenir, s'ils constataient qu'elles étaient opératives. Une grande foi a pour signification essentielle qu'en regardant la vie du Bouddha, ou du maître spirituel que l'on choisit, on « sait » qu'il s'agit-là de la personne à laquelle on souhaite ressembler. Il s'agit donc d'une foi fondée sur l'acceptation que, si le Bouddha a voué sa nature humaine à l'attente de ce qu'on appelle : illumination, alors cette illumination est ce qui nous est nécessaire à nous aussi.

Quant au grand doute — Suzuki dans *Le Bouddhisme zen* propose l'appellation « le grand esprit de la recherche » — il fait référence à la question concernant les raisons de l'existence de la souffrance. En effet, si l'illumination existe, ou encore si Dieu est Amour comme disent les chrétiens, pourquoi devrait-on souffrir ? Pourquoi ? Il doit bien y avoir une réponse. Et c'est ainsi que grand doute signifie que l'on ne souhaite pas ressembler au Bouddha simplement dans son propre intérêt mais qu'atteindre l'illumination d'un Bouddha permettra de comprendre et de l'alléger la souffrance des autres, tout en allégeant notre propre souffrance.

La grande détermination parle d'elle-même. Le grand doute en effet ne nous amènera pas bien loin si nous ne sommes pas déterminé à le résoudre. Sans grande détermination, le doute se transformera en désespoir. La détermination est ce qui nous pousse en avant. C'est ce qui fait que nous ne prenons jamais de repos quant au « pourquoi » des choses. Pourquoi devrait-il y avoir tant de cupidité et d'égoïsme ? Pourquoi les innocents souffriraient-ils ? Pourquoi les coupables seraient-ils lâchés en liberté ? Pourquoi la haine, la jalousie, la tromperie et l'exploitation ? Pourquoi ?

À ces questions il n'y a pas de réponse théorique disant par exemple que le monde est vraiment parfait et que les obstacles sont là juste pour nous tester. Essayez donc d'expliquer cela à quelqu'un qui meurt de faim, à celui qui a été mutilé par une agression insensée, à celui qui est sous le choc d'un deuil ou encore à celui à qui l'on vient d'annoncer qu'il était en phase terminale ! La réponse à ce grand doute est une réalisation intérieure de l'esprit, une connaissance qui ne vient pas d'une croyance mais bien de l'expérience directe. Et c'est une fois que cette réalisation intérieure est atteinte que l'on peut aider la souffrance d'autrui, non pas en lui enjoignant d'être fort mais bien en lui donnant de sa propre force de la façon dont le Bouddha ou le Christ ont donné leur vie.

Samâdhi, satori et kensho

Comment le Zen décrit-il cette réalisation intérieure ? Il utilise les termes de *samâdhi, satori* et *kensho.* Parce que le Zen est en apparence très sage et qu'il s'abstient des dogmes rassemblés par bien d'autres religions, parce que le terme en soi est passé dans la littérature populaire, sa signification réelle dans le contexte zen est souvent mal compris. C'est ainsi que les gens disent qu'ils « sont » zen lorsqu'ils se sont oubliés, qu'ils vivent sur un nuage, trop absorbés qu'ils sont dans une activité. Ils parlent également de *samâdhi* et de *satori* comme si c'était la même chose, prétendant même que *samâdhi* n'est pas du tout un terme Zen.

En fait — et Sekida a bien clarifié ce point dans l'un des meilleurs manuels disponibles actuellement sur le zen en langue anglaise, *Zen Training*, il existe deux types de *samâdhi* dans le zen et tous deux sont différents du *satori.* Sekida les appellent le *samâdhi positif* et le *samâdhi absolu.* Le *samâdhi* positif apparaît quand nous sommes totalement absorbé dans une activité, qu'il s'agisse de peinture, d'un art martial, de la résolution d'un koan zen ou de la respiration. Dans toutes ces activités persiste une petite conscience de soi. Alors que dans le *samâdhi* absolu, selon les propres termes de Sekida, nous *devenons* ouvrage d'art, le koan ou les mouvements des muscles pendant la respiration : toute conscience de soi est dissoute.

Le *samâdhi* tant positif qu'absolu doit être maîtrisé, dit Sekida, et tous deux peuvent conduire au *kensho*, la première expérience que l'on a de satori, l'illumination. Mais *satori* est continu au *samâdhi* absolu, d'où il découle que celui-ci est le but de la pratique zen — *je préférerai dire la porte qui ouvre cette pratique* dans la mesure où le terme « but » induit le fait d'atteindre une fin. Dans le *samâdhi* absolu, l'action réfléchie de la conscience cesse et, pour reprendre les propres termes de Sekida, on en arrive à :

« Ne rien noter, ne rien sentir, ne rien entendre, ne rien voir. Cet état d'esprit s'appelle ''Rien''. Il ne s'agit pas pourtant de la vacuité. Il s'agit plutôt de la condition la plus pure de l'existence. Elle n'est pas réfléchie et rien d'elle ne peut être connu directement... L'expérience de cette grande Mort est sans aucun doute peu commune... Néanmoins, si vous voulez atteindre la véritable illumination et l'émancipation, il vous faut passer totalement par cette condition car on ne parvient à l'illumination qu'après avoir secoué la poussière de ses vieilles habitudes et de ses vieux schémas de conscience. »

Zen Training (p. 94).

Quand on émerge de cet état, Sekida nous dit :

« Vous êtes plein de paix et de sérénité, doté d'un pouvoir mental très fort et d'une grande dignité. Au plan intellectuel vous êtes alerte et clair, pur et sensible au plan émotionnel. Vous êtes dans la condition exaltée d'un grand artiste. Vous êtes en mesure d'apprécier la musique, l'art et les beautés de la nature avec une puissance de perception, de compréhension et de plaisirs bien accrue. »

Zen Training (p. 95).

Une fois cet état atteint, des choses très simples du monde extérieur, tel que le son d'une pierre qui vient frapper un bambou ou la vue d'une floraison, peuvent avoir sur vous un impact irrésistible au point que c'est comme si c'était « l'univers entier que l'on venait à faire tomber ». En d'autres termes, une fois que l'on a réalisé le *satori*, la plus commune des expériences peut vous propulser de nouveau dans cet état dans la mesure où *satori* n'est « rien de plus ni rien de moins que la reconnaissance de votre esprit purifié... libéré de l'illusion de la conscience... » En *satori*, vous *devenez* le son de la pierre sur le bambou

Pour en savoir plus sur les koans

Il existe de nombreuses collections de koans dont les plus importantes sont *Mumonkan* (la porte sans porte) et *Hekiganroku* (récits de la falaise bleue), chacune d'elles a été traduite et éditée par Sekida et Grimstone. La plus controversée d'entre elles est *Gendaï Sojizen Hyoron* (critique du pseudo zen du jour présent) que l'on peut consulter en langue anglaise dans la traduction qu'en a faite Joël Hoffman parce qu'au contraire des deux précédentes qui proposent des commentaires de maîtres zen sur les koans, celle-là donne des solutions.

Il fut une époque où l'inclusion dans les commentaires de koan soulevaient une forte opposition à tel point que certains maître zen les brûlaient si elles venaient à tomber entre leurs mains. Ils n'avaient pourtant pas à s'inquiéter car les commentaires étaient aussi déconcertants que les koans. Dans tous les cas, donner des solutions aux koans est une démarche différente dans la mesure où c'est le chemin vers la solution qui importe au méditant, bien plus que la solution en soi. Cette dernière est tout simplement la preuve que le méditant a bien suivit un chemin. D'autant plus qu'il est fort possible que la solution « correcte » ne soit pas la même pour tous les étudiants zen. Pour conclure de toute façon, dès qu'un étudiant donne au maître la solution, ce dernier lui proposera un autre koan puis un autre et ainsi de suite, lesquels se suivent parfois rapidement. C'est ainsi que le maître teste si la réponse de son élève est vraiment authentique ou répétée à la manière d'un perroquet.

Tenter de comprendre pourquoi telle résolution de koan est « correcte » est peut-être aussi valable que de travailler sur le kona d'origine ou sur les commentaires qu'un grand maître a donné de ce dernier. Essayez par vous-mêmes. Dans un premier temps voici un koan extrait du *Hekiganroku* accompagné du commentaire du maître zen Setcho.

Un moine posa ainsi la question à Joshu : « Tous les *dharma* (vérités) sont réduits à une unité mais à quoi est réduite l'unité ? » Joshu répondit : « Quand j'étais à Seishu, j'ai confectionné une chemise en chavre qui pesait 3 kilos. » — Voici le commentaire de Setcho : « Tu as apporté une pièce de logique pour prendre au piège une vieille vrille, mais connais-tu le sens d'une chemise en chanvre qui pèse 3 kilos ? Aujourd'hui je l'ai jetée au loin dans le lac Seiko et je navigue le nez au vent. Qui partagera avec moi la fraîcheur de l'air ? »

Voici maintenant le koan issu de *Gendaï* avec sa réponse :

Le maître : « Que dit le pilier principal de la maison ? »

L'élève : « Le maître zen se lève tôt le matin et s'occupe de ses élèves. Dans la maison d'une famille ordinaire, le père dès le petit jour élève la voix et s'occupe des affaires de la famille. »

et la vue de la floraison au lieu d'être conscient que vous en faites l'expérience. Et dans ces moments-là, vous reconnaissez que vous formez une unité avec la création. Vous êtes *dans* la création en même temps que le son et la vue, et la création est en vous. La création est continue, elle n'a pas ce cassure, ce n'est pas non plus une juxtaposition : comme c'est le cas pour une photographie de journal.

Lorsqu'il en vient à présenter les deux principales sectes du bouddhisme Zen, le Zen Rinzai et le Zen Soto, Sekida écrit que, bien que tous deux contiennent les *samâdhi* positif et absolu, le Zen Rinzai tend à mettre l'accent sur le premier, tandis que le Soto Zen insiste sur le deuxième. Kapleau élargi la réflexion en remarquant que le Zen Rinzai, par l'utilisation fréquente qu'il fait de la méditation des koans, met tout autant l'accent sur les trois piliers du zen — la grande foi, le grand doute et la grande détermination — tandis que le Zen Soto, qui porte plus son effort sur le Zazen (la méditation d'« assise en conscience ») met plus l'accent sur la grande foi — sachant qu'une fois que l'on pratique la méditation, le *satori* se révélera en son temps, tout comme une graine mûrit à son heure. Travailler à un koan avec grand doute et grande détermination, dit Kapleau, est un des éléments de la conscience de soi, la conscience que *quelqu'un est en train de travailler sur quelque chose*, dont le corollaire est un *samâdhi* positif qui peut *conduire et se transformer* en un *samâdhi* absolu. D'autre part, si l'on médite d'abord avec une grande foi, cette conscience de soi est moins forte, moins positive, et bien que la voie soit plus difficile, le corollaire en est le *samâdhi* absolu qui permet alors d'expérimenter le *samâdhi* positif.

Tester le *satori*

Une fois que l'on a fait l'expérience du *satori (kensho)*, s'écoule un temps de *maturation*, pendant lequel le pratiquant accorde sa nouvelle compréhension des choses avec ses pensées intérieures, ses émotions et son comportement extérieur. Aux yeux du zen, il ne s'agit pas là d'une fuite du monde ; nombreux furent-ils parmi les plus grands maîtres zen à vivre des vies d'hommes et de femmes laïques. Zen serait plutôt un mode de vie permettant de vivre celle-ci dans toute sa richesse quelles que soient les circonstances. Pendant ce processus de maturation, même le moine ou la nonne zen quitteront parfois leur monastère pour parcourir le monde afin d'éprouver l'authenticité de leur *satori* avec d'autres maîtres zen ou d'assumer une fonction laïque afin de le mettre à l'épreuve dans la vie de tous les jours. Une fois que cette épreuve a révélé la sincérité et l'aspect véritable du *satori*, une fois que cette épreuve a révélé qu'on peut revenir en état de *satori*, c'est la fin de la période de maturation et le début d'une autre tâche, celle de reconstruire la personne en son entier à la lumière du *satori*. Comment vivre afin que *satori* soit toujours présent ? Comment vivre dans un monde de multiplicité, en sachant qu'en fait le monde est unité ? Ce n'est que lorsque le pratiquant a réussi cette tâche-là qu'il est reconnu comme un *roshi*, c'est-à-dire quelqu'un qui a la compétence d'enseigner à autrui. Dans la tradition zen, cette reconnaissance ne peut venir que d'autres *roshi*, eux-mêmes en ligne directe de transmission par l'intermédiaire des patriarches zen avec Bodhidharma.

Ce qui est important ici ce n'est pas seulement que les *roshi* comprennent le zen, mais bien que ce soit des gens valables pour éprouver le *satori* d'autrui dans la mesure où le titre leur a été donné de la façon qui convient et non par un groupe plus ou moins illégitime se réclamant du zen. Sans cette mise à l'épreuve, il serait vraiment trop facile de se tromper soi-même en se persuadant que les expériences vécues en méditation — même si elles sont valables en soi — sont le *satori* tel que le zen l'entend. Et afin de pouvoir axer cette mise à l'épreuve, le zen enseigne qu'il est primordial de se soumettre totalement à un maître, de mettre sa grande foi en lui (ou en elle) dans la mesure où il (ou elle) est celui qui a atteint le *satori* et de suivre ses instructions aussi attentivement que possible.

Cela ne signifie pas que vous abdiquez votre droit à la question et à rejeter en fin de compte le maître si vous le souhaitez. Ce genre d'abandon est extrêmement dangereux quel que soit le système dans lequel il intervient car il peut conduire à une obéissance aveugle sur laquelle comptent bien des dictateurs et certains chefs spirituels pour transformer leurs disciples en proies. Cela signifie simplement que, si vous décidez de travailler avec un maître en particulier, il vous faut jouer le jeu. Il vous faut accepter que celui-ci soit également éprouvé (puisque vous l'éprouvez aussi sûrement qu'il vous éprouve), si vous suivez la méthode qu'il (ou elle) vous offre. Suivez et vous verrez ce qui adviendra. Si vous faites l'essai loyalement avec votre maître — ce qui signifie suivre son enseignement comme si ses règles fonctionnaient pour vous — et si après un laps de temps raisonnable elles se révèlent inefficaces, alors vous pourrez les abandonner et vous mettre en quête d'un autre maître.

Le koan

L'un des aspects qui intrigue le plus généralement dans la méditation zen est l'utilisation que l'on fait du koan. Elle n'est pas réservée au bouddhisme zen. Toutes les religions (et toutes les psychologies) qui ne démentent pas leur nom contiennent des koans. Ceux-ci viennent automatiquement dès que l'on commence à se poser des questions fondamentales sur la vie intérieure. « Qu'est-ce que l'amour ? D'où vient la vie ? Pourquoi la souffrance existe-t-elle ? Qu'est-ce que la naissance ? Qu'est-ce que la mort ? » Et le koan au cœur de tous les koans : « Qui suis-je ? »

La différence réside d'abord dans le fait que le zen approche ces koans d'emblée et dans un second temps qu'il les formule dans un langage apparemment insensé. Pourquoi d'emblée ? Parce que faire front directement aux mystères qui sont au centre de la vie est bien plus efficace que des débats au plan philosophique qui risquent de tourner en rond. Pourquoi insensé ? Pour la bonne raison que la réponse à ces mystères est « insensée » ; c'est-à-dire impossible à découvrir par le « sens commun ». Comme je l'ai déjà expliqué, l'esprit conscient et rationnel ne peut trouver les réponses à nombre de questions fondamentales. Ces réponses émergent comme des intuitions issues du plus profond de notre inconscient, comme si ces choses on les connaissait déjà et qu'on avait simplement besoin de se les rappeler. Elles ne sont pas le résultat d'un regard porté sur l'extérieur des choses à la manière dont pratique la science mais bien d'un regard porté sur l'intérieur à la façon du mystique, du poète, de l'artiste.

C'est ainsi que le zen ruse avec vous. Il vous pose une question que vous ne pouvez résoudre grâce à votre façon de penser rationnelle, linéaire, analytique qui pèse le pour et le contre. Plus vous essayez de le résoudre de cette façon-là, plus la réponse vous échappe et plus la question vous exaspère. Vous travaillez sur cette question-là jour et nuit, vous y pensez lors de l'assise, vous y pensez dans la vie de tous les jours et, à chaque fois que vous pensez tenir une solution, vous vous précipitez pour en informer le *roshi*, ce qui a pour seul effet de la rejeter et de vous renvoyer à vos chères études. Et puis un beau jour, soudainement, la réponse vient, souvent de la façon la plus inattendue qui soit, et il se trouve qu'elle est très clair, très simple et très très drôle. Comment avez-vous bien pu vous montrer si bête et ne pas l'avoir vu tout de suite ? Ce jour-là le *roshi* vous sourit et reconnaît votre succès... et vous donne un autre koan à résoudre !

Si j'en crois ma propre expérience, soit les gens acceptent la méditation du koan dès qu'ils en entendent parler, un peu comme si quelque chose en eux répondait à ce koan préliminaire, « qu'est-ce qu'un koan ? », ou alors ils trouvent la chose complètement idiote. Il m'est arrivé de donner une conférence prolixe sur le koan à un groupe de méditation et tout ce que je rencontrai ce jour-là fut de l'incompréhension et des commentaires peu encourageants, du genre « tout ceci est très intellectuel ». « Intellectuel », voilà bien ce qu'un koan n'est en aucun cas ; et après avoir tristement ravalé mon ego, je dus admettre que la faute incombait à la façon dont j'avais présenté mon propos. Il est bien plus juste de donner un koan que de parler d'un koan.

Et cependant nous sommes des enfants de notre culture. Tellement habitués à des présentations verbales, nous devrions pourtant être capables d'identifier les choses sans se cacher derrière un écran de mots. Malgré le caractère inapproprié de ma présentation, la nature du koan aurait dû apparaître à quiconque voulait le voir. En tout cas, c'est ainsi que cela se passe en d'autres occasions. Mais l'expérience m'a appris, comme seule l'expérience peut le faire, que la méditation du koan n'est pas pour tout le monde. Cela ne signifie pas que ceux qui la rejettent sont des méditants moins efficaces que ceux qui l'acceptent. Cela signifie en revanche que le koan exprime à vos yeux d'emblée sa signification aussi saugrenue soit-elle et vous stimule dans la façon qu'il a d'exprimer le grand doute ou qu'il ne se passe rien. Soit le koan vous tient, en dépit des réactions de votre esprit rationnel, soit vous considérez qu'il s'agit d'une distraction qui vous détourne de la tranquillité intérieure que vous essayez d'atteindre.

Le koan que l'on donne le plus fréquemment au débutant est « Wu ». Quand il le donne, le *roshi* lui raconte une petite histoire. Et jamais une histoire aussi courte n'a entraînée autant de lutte intérieure chez autant de gens ! L'histoire est la suivante : c'était au temps du maître zen chinois, Joshu, au XIXe siècle. Un jour un moine lui demanda : « Est-ce qu'un chien possède la nature de Bouddha ? », ce à quoi Joshu répondit : « Wu. » De nos jours, « Wu » (*Mu* en japonais, la forme dans laquelle on utilise et on donne le koan) est un mot qui signifie littéralement « non » ou « aucun ». Ainsi à première vue Joshu répondit par la négative. À première vue. Cependant si l'on en croit la collection des commentaires des koans le *Mumonkan* (« la porte sans porte »), le moine zen, qui a vécu au XIIe siècle, Mumon a dit de « Mu » :

> « Afin de maîtriser le zen, il vous faut passer la barrière des patriarches. Atteindre à cette subtile réalisation nécessite que l'on coupe totalement la

façon dont on pense habituellement. Si l'on ne passe pas cette barrière et si l'on ne coupe pas sa façon de penser, alors on sera comme un fantôme qui s'accroche aux buissons et aux mauvaises herbes. Je veux maintenant vous demander : qu'est-ce que la barrière des patriarches ? Elle est ce monde unique qui s'appelle "Mu". Là se trouve la porte d'entrée du zen. C'est la raison pour laquelle on l'appelle le *Mumonkan* du zen... Ne souhaitez-vous pas passer cette barrière ? Réveillez votre corps en son entier... Faites appel à l'esprit du grand doute et concentrez-vous sur ce mot "Mu". Portez-le jour et nuit. Ne nourrissez aucune conception nihiliste en songeant : "vacance", ne nourrissez pas plus de conceptions relativistes (avoir/non-avoir). Ce sera un peu comme si vous aviez une boule de fer chauffée à blanc que vous ne pourriez pas rejeter même si vous vous y essayiez. Toutes les pensées illusoires, toutes les idées trompeuses accumulées jusqu'à ce jour seront ainsi exterminées et, quand le temps viendra, l'intérieur et l'extérieur ne feront plus qu'un. Vous saurez cela, mais pour vous exclusivement, comme un homme muet qui a fait un rêve. Puis il y aura la conversion, soudaine et explosive. Vous stupéfierez les Cieux et secouerez la terre.

Mumonkan (p. 29).

Ainsi, il ne faut pas considérer « Mu » (prononcer « Qu » ou « Wu ») à première vue. Sept cents ans après, un autre grand maître zen, Daisetz Teitaro Suzuki, nous donne le même conseil :

« Il est hors de doute qu'il ne doit pas y réfléchir, car aucune réflexion logique n'est ici possible. "Ou !" ne livre aucun sens puisqu'il ne doit pas être pensé en connexion avec le chien, non plus qu'avec la nature de Bouddha ; c'est "Ou !" pur et simple. Le koan ne nie ni n'affirme la présence de la nature de Bouddha dans le chien, bien que Tchao-tcheou ait employé ce "Ou !" en réponse à la question sur la nature de Bouddha. Quand le "Ou !" est donné comme koan à un non initié, il vaut par lui-même ; et c'est exactement ce qu'ont soutenu, dès le commencement, les maîtres zen qui l'ont utilisé comme une sorte de révélation. »

Suzuki, *Essais sur le bouddhisme zen*, deuxième série (p. 121).

Mais si « Mu » ne signifie pas ce qu'il est censé dire, le koan n'est-il pas plutôt un moyen de fermer les yeux ? Oui dans un sens. Car il nous faut fermer les yeux à une façon de penser avant de pouvoir les ouvrir sur une autre. Mais pourquoi diable Joshu n'a-t-il pas dit ce qu'il entendait pas « Mu » ? La réponse est que s'il l'avait fait, c'est Joshu qui aurait parlé, et non vous, le pratiquant du koan. La réponse n'aurait été composée que de mots vides. Joshu était un maître bien trop prévenant pour laisser faire ce genre de chose.

Méditer sur un koan

La meilleure façon de travailler sur un koan est d'en demander un à un maître Zen. En effet, on dit souvent qu'il ne faut pas choisir un koan soi-même, même si on l'extrait de collections reconnues comme le *Mumonkan* ou le *Hekiganroku*. Seul le maître sait donner le koan juste à l'étudiant au moment qui lui convient ; c'est lui le mieux placé pour évaluer si la réponse de l'étudiant représente une compréhension véritable ou non. Il est vrai, comme le dit Grimstone dans son introduction au *Mumonkan*, qu'il existe peu de maîtres zen authentiques. Il est souvent nécessaire de travailler par soi-même et Grimstone nous assure que l'« on peut déjà faire beaucoup sans l'aide d'un maître. Nombre d'étudiants zen ont trouvé leur propre chemin vers l'illumination ».

Si vous choisissez la méditation du koan et qu'il vous faille travailler seul, prenez d'abord un koan du *Mumonkan* ou du *Hekiganroku.* Dans ces collections-là, on peut les prendre dans pratiquement n'importe quel ordre, mais la plupart des maîtres zen donnent « Wu » pour commencer, c'est pourquoi c'est celui que nous prendrons. Le meilleur résumé que je connaisse, rédigé par un authentique maître zen est celui que donne Sekida dans son livre *Zen Training : Method and Philosophy.* Sekida nous trace la route à la manière d'un ami avisé qui opère avec douceur et fermeté en vérifiant que chaque détail a bien été assimilé. Pour ma part, j'ai trouvé ses conseils aussi utiles que les enseignements directs que j'ai reçus lors des méditations sur le koan. Voici en substance et en résumé ce qu'il dit.

Première étape. Une fois installé sur le siège de méditation, devenez attentif à votre respiration. Commencez à respirer par la bouche, tout en expirant vigoureusement par les lèvres à peine entrouvertes. Cela permet de créer une tension dans les muscles respiratoires et de contrôler plus facilement le vagabondage des pensées. À ce stade-là, on peut soit compter la respiration, le temps que l'on compte se portant sur toute la durée de l'expir, soit commencer de répéter « Mu » en silence pour soi-même.

Deuxième étape. Une fois la concentration mise en place, la respiration passer par les narines : elle doit être forte, même audible, ce qui permet de rendre la concentration beaucoup plus intense. Les yeux ouverts pendant la première étape, peuvent maintenant être fermés à votre convenance. Même si la méditation du koan se pratique traditionnellement les yeux ouverts afin de prévenir la somnolence, le fait d'avoir les yeux fermés permet au méditant de diriger son attention en dedans de lui, et de rendre l'expérimentation éventuelle d'un *samâdhi* absolu plus facile.

Même si lors de la première étape vous avez compté votre respiration, « Mu » doit désormais accompagner chaque expir. Si cette syllabe signifie « rien », cela ne veut pas dire qu'il vous faille entrer dans sa signification. Quand votre maître vous demandera : « Qu'est-ce que ''Mu'' ? » ou « Montre-moi ''Mu'' », il ne s'agira pas d'une invite à s'engager dans une quelconque spéculation conceptuelle. Il s'agit d'*expérimenter* « Mu », ce qui veut dire prendre « Mu » simplement comme il vient, comme « la résonance de votre respiration sans faire intervenir aucun autre concept ». Persitez, et un jour vous « réaliserez que la réponse est toujours donnée, vous frapperez dans vos mains et partirez d'un grand éclat de rire ».

Sekida nous dit bien que la méditation du koan est vraiment un travail assez féroce. Il n'est certainement pas faux que d'aucuns suent d'abondance quand ils se penchent sur leur koan comme s'ils s'engageaient dans une activité physique intense. Cela ne veut pas dire pourtant que la tranquillité n'est pas le fruit de ce processus. C'est simplement la preuve que nous sommes tranquilles, que nous sommes encore à la phase de concentration de la méditation — que Sekida nous montre comment intensifier tout en « ruminant » le koan comme si nos vies en dépendaient.

Si la deuxième étape se déroule comme elle le doit, c'est là que se développent les tout premiers paliers d'un *samâdhi* positif, accompagnés de certains changements de sensation dans le corps. Si l'on en croit Sekida, cela commence par la perte de la conscience des articulations et des muscles, remplacés par une sensation générale de pression « comme si le corps était revêtu d'une lourde armure ». Il existe une assertion traditionnelle zen qui décrit cet état comme « des montagnes d'argent et des falaises de fer » (le zen verse facilement dans la poésie). Dès que le *samâdhi* se développe, une seconde sensation la remplace dans laquelle disparaît toute sensation du corps. C'est ce qu'on appelle « la défection » du corps et de l'esprit. Sekida précise que : « Il existe bien quelque chose là mais on ne sait pas quoi. »

Troisième étape. La respiration perd maintenant de sa rudesse au point d'être à peine perceptible. On augmente les poses entre chaque respiration tout en maintennant un espace entre expir et inspir d'environ une minute. Il ne faut faire aucun effort conscient, le processus doit suivre son cours. De temps en temps, si les réserves d'oxygène s'épuisent, le corps peut compenser en prenant une très longue inspiration. On est maintenant en mesure d'entrer dans un *samâdhi* absolu. Même la répétition de « Mu » cesse. Tout est calme et silence. Aucune pensée pour pénétrer l'esprit. Il se passe une grande illumination comme si l'esprit s'illuminait et que « l'univers en son entier se répandait sans entrave tout autour de vous ».

Cette troisième étape représente ensemble la tranquillité et la vision profonde, vision de l'endroit le plus intime dans lequel l'esprit ne s'explore plus soi-même, mais bien est *devenu soi-même*.

L'examen conceptuel de « Mu »

Bien qu'il ne faille pas examiner « Mu » au plan conceptuel, il reste que nous en ressentons fortement le besoin, particulièrement dans les premières séances (ce qui est vrai de tous les koans). Sekida nous concède le droit d'obéir à ce besoin à condition que l'on reconnaisse que l'on est maintenant « en train de réciter "Mu" avec la tête au lieu de le pousser au fond de notre abdomen ». Le meilleur moyen de procéder à cette sorte d'examen est de se demander intérieurement et de façon répétée « qu'est-ce que "Mu" ? ». Mais nous restons prudent. Ne nous laissons pas tromper par cette idée de conceptualisation. Il ne s'agit pas de *définir* « Mu », de le remplacer par un autre mot ou un autre groupe de mots. Considérons « Mu » de tous les côtés possibles comme si l'on observait une fleur ou un soleil couchant. Ne nous laissons pas piéger par la rationalisation que l'esprit sera immédiatement tenté de produire.

Il s'agit de se souvenir de l'avertissement de Sekida : « Ne posez pas comme hypothèse que vous investissiez la signification du "rien". » Comment ce « rien » pourrait-il en effet être investi ou posséder une signification dans le sens où nous entendons généralement ces termes ? Ne soyons pas tentés de méditer sur le mot « rien » plutôt que sur « Mu ». Pour les Occidentaux, « Mu » prend une valeur particulière par le fait que, malgré le doute inhérent à sa signification « rien », « Mu » en soi n'est juste qu'un son. Et c'est pourquoi il est dépouillé des associations que l'esprit se fait une joie de rassembler d'habitude.

D'après Sekida, l'examen conceptuel de « Mu » est une voie bien moins sûre pour entrer dans un *samâdhi* absolu, mais il se peut qu'il permette l'accès plus rapide au *samâdhi* positif. Et puisqu'il faut atteindre *samâdhi* tant aux niveaux positif qu'absolu, ma propre interprétation de la chose c'est qu'il nous faut utiliser les deux méthodes : la conceptuelle et la non conceptuelle. Du reste lorsqu'on se concentre intensivement sur un koan, l'examen conceptuel surgit de soi-même quand on retrouve le cours de la vie quotidienne, ce qu'il faut encourager. Ce serait une erreur que de laisser la « pelote chaude du doute » dans la pièce de méditation. Un maître zen cité par Suzuki suggère qu'il vous faut garder cette pelote chaude du doute en vous consacrant :

> « Consacrez-vous-y jour et nuit, assis ou couchés, marchant ou restant sur place... Faites des efforts résolus pour le tenir toujours devant votre esprit. Les jours passent, les années s'écoulent, mais, quand le temps sera accompli, quand votre esprit sera bien accordé et rappelé à lui-même, alors il y aura un éveil soudain au-dedans de vous, un éveil à la mentalité des Bouddhas et des Patriarches. Et dès ce moment seulement, où que vous alliez, vous ne serez plus jamais bernés par un maître Zen. »
>
> Suzuki, *op. cit.*, deuxième série, (pp. 91-92).

Ce qui veut dire qu'aucun maître Zen ne pourra tester votre illumination et la trouver par la volonté. En effet, vous *n'atteindrez* rien parce que rien n'est en réalité à atteindre. Puisque vous êtes déjà à la juste place, dans quel autre endroit voulez-vous donc aller ? Tout ce qui s'est passé pour la première fois, vous savez ce que c'est. Et une fois que vous avez cette connaissance, comment peut-on vous l'enlever ? Où pourrait-on l'emmener ?

Est-ce que « Mu » est simplement un mantra ?

Le meilleur moyen d'équilibrer les techniques de travail sur un koan est d'utiliser la technique non-conceptuelle lors de la méditation assise et la technique conceptuelle lorsqu'on vaque aux tâches de la vie quotidienne, d'y revenir constamment, d'une façon détendue, voire ludique, sans curiosité en gardant à l'esprit le fait que la solution (ou plutôt la *résolution*) viendra inévitablement au moment juste. Et quand cela arrive, pour reprendre les propres termes de Sekida, on éprouve le sentiment « que la réponse est déjà donnée ». Un ancien précepte zen dit : « J'ai pensé que j'avais un long chemin à faire jusqu'à ce que je me retourne et que je vois que j'avais dépassé ma destination depuis bien des années déjà. » Voilà un précepte utile à se rappeler quand on pense au koan.

Les gens qui utilisent la méditation du mantra demandent souvent comment le travail non conceptuel sur « Mu » (ou sur tout autre koan) diffère de la méditation du koan. Il est vrai que l'on y trouve la même répétition de son, le même vide de l'esprit. Où se situe donc la différence ? Dès que l'on parle de méditation, les différences sont souvent bien plus apparentes que réelles et commencent à se dissoudre au fur et à mesure que l'on approfondit celle-ci. Il reste une distinction initiale fondamentale : lorsque l'on travaille sur le koan, l'état d'esprit comprend la grande pelote de « doute », laquelle peut grandir si l'on se dit, comme le conseille le maître Zen Hakuin : « Ce corps qui est le mien est le "Mu" soi-même et qu'est-ce que tout cela veut dire ? » Le koan porte sa propre signification, et c'est celle-ci qui conduira à la vision profonde.

Dans la méditation du mantra d'autre part, on

se concentre sur la répétition du mantra et c'est le mantra soi-même qui nous emporte vers la vision profonde. Quand celle-ci apparaît, il n'existe plus de différence entre ce que le koan vous révèle et ce que le mantra vous révèle. Il se peut que l'on utilise des mots différents pour décrire la vision mais, si celle-ci est véritable, elle implique l'expérience de l'unité qui est déjà là, dans laquelle nous vivons, nous nous mouvons, dans laquelle vit l'être. Du moment qu'il nous faut entrer dans l'espace et la sérénité où il nous est possible de connaître qui nous sommes en réalité, les différents chemins de méditation ne peuvent conduire dans des directions différentes.

L'illumination

Quels sont les mots que le Zen emploie pour décrire cette vision profonde authentique ? Ou plutôt, dans la mesure où aucun fossé ne sépare la vision profonde et l'état d'esprit dans lequel elle émerge, comment le Zen décrit-il cet état d'esprit ? Reprenons les termes employés par le maître Zen, Han Shan — tel que les a traduit et résumé Lu K'uan Yu — après avoir suivi les enseignements de la secte bouddhiste de « la Terre Bure » qui médite en répétant le mantra du Bouddha Amitabha « Namu Amidha Bhutsu' ». Han Shan a rencontré Ch'an dans sa vingtième année qui lui a donné le koan suivant : « Qui médite sur le nom de Bouddha ? », variante du koan « Qui suis-je ? ». Huit ans plus tard, au cours d'une méditation, il « eut la soudaine sensation que son corps s'évanouissait » et vécut l'expérience du *samâdhi* absolu quelques jours après.

« ... Son corps et son esprit disparurent pour laisser place à une grande clarté, pleine, sphérique, sereine, très lumineuse, telle qu'un miroir rond immense contenant toutes les montagnes, les rivières et la terre. Peu après il nota qu'il éprouvait une sérénité d'un calme absolu à l'intérieur et à l'extérieur de son corps et qu'il ne rencontrait plus d'entraves (au cours de la méditation) provenant des sons et des formes. »

Practical Buddhism (p. 48).

Lors d'une autre expérience de ce type, Han Shan dit selon ses propres termes :

« Tout ce qui se trouvait tumultueusement dans le grand vide était désormais aussi calme que le moment qui suit la pluie, quand tous les nuages ont disparu. L'air semblait profondément purifié et tout était parfaitement tranquille sans la moindre ombre d'une image. L'esprit était vide et les objets environnant tranquilles ; la béatitude qui en résultait était incomparable. »

Practical Buddhism (p. 49).

Pour décrire son état d'esprit d'une autre façon, Han Shan cite ce passage du *Surangama sûtra* :

Dans la pureté absolue, la lumière éclatante se répand
de toutes parts,
et l'éclat de sa sérénité enveloppe le grand vide.
Les choses de ce monde, si on les observe de près,
ne sont que des illusions perçues en rêve.

Ces lignes n'impliquent pas que les choses de ce monde n'existent pas mais bien qu'elles n'existent pas *de la façon dont nous les expérimentons d'habitude.* Elles nous semblent séparées, statiques, fragmentées, isolées les unes des autres par des barrières aussi aiguisées que des lames de couteau alors que dans la réalité chacune d'elles est la manifestation dynamique, mouvante, s'écoulant constamment de la force vitale, de la seule unité. Rien ne peut y être ajouté ni en être enlevé. Chacune des parties qui nous composent est indispensable à ce que nous sommes, comme le sont chaque arbre, chaque montagne, chaque insecte. Et puisqu'il n'existe pas de frontière entre nous et l'unité, nous *sommes*, au sens réel du terme, l'unité. Nos esprit contiennent le monde entier. Pour reprendre les mots de William James, l'un des fondateurs de la psychologie moderne et l'un de ses plus grands esprits, pour reprendre ses termes écrits au tournant du siècle : « Connaître chaque objet dans sa globalité, c'est connaître le monde en son entier. »

Sans doute plus que toute autre tradition, le zen trouve un moyen de représenter cette unité. Prenons l'exemple d'une autre expérience de cet état extraite, par hasard, d'un autre des ouvrages de Lu K'uan Yu. Cette fois-ci, c'est un de ses élèves que nous citons, un Occidental, qui avait travaillé longtemps sur le koan : « Toute chose retourne à l'unité, où retourne l'unité ? »

> « En premier lieu l'esprit fut rempli de pensées avant que petit à petit j'observe un changement jusqu'à ce que je sois capable de libérer mon esprit de tout, sauf du koan. Puis je ne puis pas aller plus loin... Je me trouvais inutile. J'étais perdu. Mais j'étais déterminé et je partis solitaire dans les montagnes... Sans perdre le koan de vue. Un jour je m'arrêtai près d'une rivière et m'assis sur le rivage complètement épuisé. Soudain j'entendis le sifflement du vent dans les arbres et cela ne venait apparemment pas de mes oreilles. Je passais immédiatement d'un état d'épuisement à un état de relaxation où je me sentis complètement ouvert au flux de la totalité... Chaque chose ruisselait de lumière blanche

et chaude ou d'une sorte de courant électrique bien qu'on ne voyait rien de ce genre). C'était comme si j'observais le cosmos en fusion venir à moi constamment. Comment est-il possible de produire autant de lumière ?... Tout est illumination. L'impression dominante que je garde est d'entrer au cœur même de l'essence de l'existence — là où il n'y a ni formes, ni personnalités, ni dieux, simplement la béatitude. »

The Transmission of Mind Outside the Teachings (pp. 19-20.)

Décrire, c'est ne faire que la moitié du chemin

Lu K'uan Yu induit la même distinction entre les *samâdhi* positif et absolu que Sekida dans des descriptions comme ci-dessous : « Si un mendiant peut décrire ce qu'il a réalisé, il ne s'agit pas du *samâdhi* absolu. Il est encore dans l'état relatif, il est à la moitié du chemin », car il existe bien une distinction entre la personne qui est en train de réaliser et la chose qui est en train d'être réalisée. L'étape suivante sur le chemin est la disparition de celle-ci de façon à ce que l'on *devienne* ce que l'on est réellement au lieu de l'observer simplement.

« L'expérience passe toute description, et ne peut jamais être transmise à d'autres. Ce sont ceux qui ont réellement bu de l'eau qui savent si elle est froide ou chaude. Les dix régions sont confondues ensemble dans ce seul point de votre présence : passé, présent et avenir sont concentrés dans ce moment de votre conscience. Même parmi les êtres célestes, aucune joie ne sera jamais comparable à celle-ci, bien moins encore parmi les humains. »

Suzuki, *op. cit.*, deuxième série (p. 196).

Soto Zen

Dans *The Field of Zen*, Suzuki fait référence aux deux écoles zen : le Zen Rinzai qui présente la méditation du koan comme *l'aspect actif* du zen et le Zen Soto qui présente zazen (« l'assise en conscience ») comme *l'aspect de contemplation sereine.* Encore une fois, cette distinction n'implique pas que les deux aspects soient séparés l'un de l'autre. En fait, l'une des expériences les plus libératrices que j'ai faite à mes débuts de l'étude du zen fut la découverte de l'unité qui réunit les deux sectes. Unité de fait, qui fait se rejoindre toutes les sectes bouddhistes, et qui lie le bouddhisme *en soi* aux autres religions. Il est vrai que récemment j'ai rencontré le rejet de cette ouverture parmi les Occidentaux convertis aux bouddhisme (parce que c'est notre façon de faire à nous les Occidentaux). Mais je n'ai jamais trouvé ce rejet parmi ceux qui ont été élevés au sein même de la pure tradition bouddhiste. Car pour eux, les différentes sectes du bouddhisme comme les différentes religions ne sont que des manifestations des différents chemins menant à la même montagne.

C'est ainsi que le Zen Rinzai utilise tant l'activité que la contemplation tranquille même s'il met plus l'accent sur la première tandis que le Zen Soto fait de même mais place l'accent sur la seconde. Hommes et femmes laïques sont complètement libres de pratiquer dans les deux écoles et c'est même un croisement que l'on encourage. Les grands maître Zen du passé avaient même l'habitude, au cours de leur entraînement d'aller d'un professeur à un autre et de recevoir la sagesse là où ils pouvaient la trouver. L'un de ces grands maître était Dögen.

Le maître Zen Dögen. J'ai déjà fait référence à Dögen, ce maître zen du XIIIe siècle qui fonda le Zen Soto au Japon. Son enseignement comprend deux points principaux. D'une part, aucun fossé ne sépare la méditation de l'illumination, la conduite juste dans la vie de chaque jour, et le bouddhisme soi-même, d'autre part.

Ces deux points montrent que méditer et se comporter avec justesse dans la vie quotidienne doit avoir pour raison, non pas d'atteindre l'illumination, mais bien l'imitation de ceux qui ont reçu cette illumination. Ces pratiques et ce comportement sont la manifestation de l'illumination et non le moyen d'y parvenir. Voilà qui ne signifie en aucun cas être content de soi, sûr qu'il n'y a plus d'effort à faire du moment que l'on médite un peu et que l'on se comporte correctement. L'enseignement est bien plus subtil que cela. L'esprit ne fait qu'un originellement avec celui du Bouddha parce qu'il contient l'essence de la même illumination mais celle-ci ne se révélera pas sans une pratique acharnée. Dès que l'on commence à pratiquer correctement, si l'on en croit Dögen, de petits sursauts d'illumination peuvent se manifester qui deviendront par la suite une illumination profonde après une pratique dévote et sincère.

Le Zen Soto a peu recours au koan parce que Dögen enseignait que c'est l'entraînement bouddhiste en soi (par la méditation, la vénération des bouddhas et l'adhésion à ses préceptes) qui est le koan suprême. Il n'en reste pas moins que le maître Zen Soto n'est pas complètement hostile au fait de donner à son élève un koan si cela peut l'aider. Du reste dans *Shobogenzo Zuimonki*, où sont rassemblées de brèves conversations que Dögen a eues avec ses disciples et qui ont été traduites par Masunaga, Dögen donne lui-même la réponse à l'un des koans les plus fameux, qui s'appelle *Nansen et le chat*. Néanmoins, Dögen met surtout l'accent sur la méditation en assise, l'esprit complètement dispos afin de laisser à l'illumination un espace pour se manifester et il donne des instructions très claires sur la façon d'y parvenir.

Dans la méditation du Zen Soto, le pratiquant est généralement assis face à un mur blanc, ce qui n'est pas le cas dans le Zen Rinzai où le pratiquant s'assoit et regarde dans la pièce de méditation. Il lui est demandé de prendre la position du lotus entière ou la demi-position, la jambe gauche sur la droite et la main gauche dans la paume de la droite. Puis :

> « Les yeux continuellement ouverts, respirez tranquillement par les narines... Prenez une profonde inspiration, balancez votre corps à droite, à gauche et à droite, puis asseyez-vous solidement comme un roc. Ne pensez à rien. Comment y parvenir ? En pensant au-delà de la pensée et de la non-pensée. Là est le fondement de zazen. »
>
> *Shobogenzo Zuimonki* (p. 46).

Puis Dögen poursuit son explication en insistant sur le fait que zazen n'est pas une méditation pas à pas.

> « C'est plutôt la pratique plaisante et facile d'un Bouddha, la réalisation de la sagesse de Bouddha. La Vérité apparaît, il ne peut y avoir de tromperies. Si vous comprenez cela, vous êtes complètement libre, tels le dragon qui a obtenu de l'eau ou le tigre qui se repose sur une montagne. La Loi suprême apparaîtra d'elle-même. Vous serez alors libre de lassitude et de toute confusion. »

Il est clair que si cet exercice est « la pratique plaisante et facile d'un Bouddha », quand il s'agit de Dögen, la chose est tout autre pour les pauvres mortels que nous sommes. Si Dögen en est conscient et nous rappelle quelque part que même Bouddha Sakyamuni (le Bouddha historique) dut passer six ans à faire zazen avant de parvenir à l'illumination tandis que Bodhidharma, le fondateur du Zen, dut attendre neuf années (et il est connu pour s'être coupé les paupières afin de ne pas se surprendre à s'endormir).

Cependant, Dögen nous rappelle une fois de plus le paradoxe au cœur de toute méditation ; c'est-à-dire une fois qu'on est parvenu à l'illumination cela semble si absurdement simple qu'on ne peut l'expliquer que par le terme « facile ». C'est aussi facile que d'ouvrir les yeux et de regarder quelque chose qui s'est toujours trouvé devant soi. Aussi facile que d'être vivant. Aussi facile que de respirer. Il ne s'agit pas de quelque chose qui est au-dehors de soi et que l'on a besoin d'attraper comme c'est le cas lorsqu'on apprend une langue étrangère. C'est tout simplement reconnaître la réalité de ce que vous connaissez déjà.

Cependant jusqu'à ce qu'on ait vraiment réalisé ce dernier point, rien ne semble plus difficile. En un sens rien *n'est* plus difficile parce que c'est nous qui créons la difficulté. C'est un peu comme être debout sur ses pieds et se demander pourquoi l'on ne peut pas marcher. Tant que l'on n'a pas réalisé qu'un pied passe devant l'autre, on n'est jamais libre de faire un pas ou de reconnaître que l'on s'inflige cette peine. Une fois que la réalisation se lève, et que l'on marche sur ses pieds, alors on rit de cette absurde simplicité. Nous sommes toujours libres et nous l'avons toujours été.

L'enseignement de Dögen est d'un immense secours, même si sa profondeur n'est pas toujours visible à première vue. Quelle que soit la tradition dans laquelle on pratique la méditation, il nous apprend que même si nous nous abusons en pensant le contraire, nous ne sommes jamais véritablement séparés de l'illumination et de la grâce. Tout ce qu'il faut, c'est que nous nous ouvrions à celles-ci.

Conclusion

Bien qu'il reconnaisse la valeur de la méditation subjective comme voie de découverte de ce qui se passe au sein de l'esprit, Dögen la rejette en tant que chemin de croissance spirituelle parce qu'elle a un arrière-goût d'outrecuidance. J'espère avoir contribué à dissiper cette erreur. La méditation subjective n'est pas de l'orgueil ; c'est une voie qui permet de comprendre que l'ego, le moi tel que nous l'entendons, n'a pas d'existence réelle. C'est une construction de l'esprit, une façon de penser la vie dont nous avons fait l'erreur de croire que c'était réellement la vie.

« Dis-moi qui tu es »

Il existe une autre façon de travailler sur un koan. Prenons pour exemple « Qui suis-je ? ».

Il convient de travailler avec un partenaire et de s'entendre afin que chacun tienne à son tour le rôle de celui qui pose les questions et de celui qui répond. Asseyez-vous l'un en face de l'autre. C'est à vous de voir si vous arrivez à maintenir le contact par les yeux mais une fois la séance terminée, demandez-vous si vous avez trouvé cela facile ou non et essayez d'en trouver la raison.

Concentrez-vous sur la respiration jusqu'à ce que vous parveniez à un état de calme concentration. Votre partenaire vous observe et lorsqu'il juge que le moment est juste, il dit : « Dis-moi qui tu es. »

N'y pensez pas et ne vous obligez pas à répondre. Dites simplement ce qui vous vient à l'esprit. Si rien ne vient, gardez le silence jusqu'à ce qu'un mot apparaisse. Si votre partenaire estime que votre silence a duré assez longtemps, il peut réitérer sa question : « Dis-moi qui tu es. » Quand vous parlerez, votre partenaire doit accepter ce que vous dites sans commentaire ni jugement.

Une fois que cinq minutes se sont écoulées (vous pouvez utiliser pour cela un chronomètre ou une montre), inversez les rôles. C'est à votre tour de demander : « Dis-moi qui tu es », et c'est au tour de votre partenaire de vous répondre.

L'exercice peut durer ainsi trente à quarante minutes et vous changez de rôle toutes les cinq minutes. Une fois l'exercice terminé, vous pouvez discuter de vos sensations, mais toujours sans jugement. C'est avec empathie qu'il faut partager celles-ci sans jamais les rejeter ou les rendre triviales.

Il n'est pas rare qu'au cours d'un tel exercice les deux partenaires répondent d'abord avec des étiquettes — le nom, l'occupation, le statut domestique. Mais sur la longue durée, on abandonne ces étiquettes et c'est alors que c'est intéressant de voir ce qui se passe.

Je reviens à la question « Qui suis-je » dans le chapitre 10 et vous pouvez travailler par vous-mêmes sur celle-ci comme sur n'importe quel koan (considérée comme un complément au travail seul et non comme une substitution à celui-ci). La présence du partenaire peut contribuer à faire tomber certaines des barrières que l'on érige en soi pour éviter la connaissance de soi. Le partenaire vous aide à prendre confiance et une fois qu'on est habitué à cet exercice, il arrive souvent que l'on en dise plus à autrui qu'à soi-même. John Crook dans *Space in Mind* donne nombre d'exemples de ce genre, et les commente.

Les voies de croissance spirituelle parlent du besoin de nier le moi, qu'il s'agisse de le perdre, d'agir sans penser au moi ou de l'abaisser. Le zen, et le bouddhisme en général, vont plus loin en insistant sur le fait que perdre le moi n'est vraiment pas perdre grand-chose. Comment perdre ce que nous n'avons jamais eu ? Le moi n'est pas quelque chose. Pouvez-vous dire ce que c'est ? Essayez. Au mieux, vous débiterez une série de définitions lourdes et alambiquées qui, en fait, ne rendront pas ce que vous pensez que vous êtes, encore moins ce que vous êtes en vérité. Même ces descriptions sont sujettes à changements constants. L'âge, la profession, le statut conjugal, les opinions, les comportements, les centres d'intérêt et de dégoût, les humeurs, les buts que l'on se fixe dans la vie, les croyances, tous ces éléments évoluent au fil des semaines et des mois. La personne que l'on est aujourd'hui, est bien différente de celle que l'on fut naguère. Si ce n'est sur un plan. Et ce plan-là c'est la conscience, ce spectateur sans nom et qui regarde le spectacle de la vie et du moi qui s'imagine vivre cette vie. Lu K'uan Yu nous rappelle que Ch'an symbolise cette image par l'hôte et l'invité. Nous sommes en vérité l'hôte, cependant dans notre méprise nous nous identifions à l'invité.

Le zen nous dit de nous éveiller à cette réalité et de réaliser qu'en perdant le tout petit moi illusoire, nous faisons l'expérience de la plénitude de l'être. Citons encore une autre vérité : « Celui qui a trouvé sa vie la perdra ; et celui qui a perdu sa vie pour moi la trouvera. »

9

La méditation objective 1

Les mystères de la vie et de la mort

Comme nous l'avons déjà vu dans le chapitre précédent, la méditation objective diffère de la subjective par le fait qu'elle prend pour point de départ l'idée d'un pouvoir spirituel qui résiderait hors du méditant et avec lequel celui-ci pourrait se mettre en contact, qu'il pourrait rechercher et dont il pourrait obtenir un certain secours. Dans sa forme la plus simple, ceci implique de se concentrer sur la conscience d'une présence, que celle-ci soit visualisée ou ressentie. Mais elle peut inclure la construction imaginaire d'une image extrêmement détaillée de l'être au cœur de la méditation. On visualise alors la façon dont cet être spirituel nous transmet les qualités personnelles que nous souhaitons développer.

Avant de détailler les techniques pour ce faire, il faut préciser que méditer sur un être « en dehors » n'est que le début de la pratique. Au fur et à mesure qu'il progresse, le méditant parvient à un point où les barrières entre le pouvoir spirituel « en dehors » et le pouvoir spirituel « en dedans » se dissolvent. Les mystiques chrétiens considéraient que Dieu était irréalisé en tant qu'être tant en dehors qu'en dedans. Le royaume des cieux n'est pas un pays situé au-dessus des nuages mais bien une réalité vivante en nos cœurs. Car c'est bien nous-mêmes, non des postes et des gardes frontière, qui par ignorance nous excluons du royaume des cieux. Si l'on prend les choses de cette façon, que l'on commence par la méditation subjective ou la méditation objective a peu d'importance puisqu'en fin de compte nous parcourons le cercle complet. Regardons en dedans et nous trouverons en fin de compte que nous regardons également en dehors. Regardons en dehors et nous trouverons en fin de compte que nous regardons également en dedans.

L'approche du bouddhisme tibétain

Les pratiques de méditation objective trouvent une de leur plus claire expression dans le bouddhisme tibétain qui recourt à des visualisations extrêmement détaillées telles que celles que nous allons décrire ci-dessous. Après s'être entraîné à la visualisation (cf. chapitre 7), le méditant étudie l'un des *rupa* ou l'un des *thanka* très compliqués du Bouddha ou du Bodhisattva qui est le point d'attention, prenant bien note de la position exacte des mains (chaque geste ou *mudra* étant chargé d'une signification bien particulière), prenons note également de la présence des objets symboliques tenus dans les mains, des détails des vêtements, de l'expression du visage, et ainsi de suite. Chacun de ces traits devant être reproduit par la suite avec une grande exactitude dans la visualisation.

Il existe deux raisons à ce luxe de détails. La première est qu'il améliore énormément le pouvoir de la visualisation. Car s'il vous est possible de visualiser un *rupa* ou un *thanka* dans ses moindres détails, c'est que vous êtes un excellent visualisateur. La seconde raison réside dans le fait que même le plus petit détail est chargé d'une signification symbolique qui peut apporter une aide spirituelle et psychologique d'importance au méditant, même s'il est inconscient de sa signification exacte.

Dans certaines pratiques, le processus de visualisation est guidé par le maître qui récite les détails du Bouddha ou du *bodhisattva*, tandis que la méditation évolue afin de permettre au pratiquant de transformer chaque détail à son tour en visualisation. Quand il s'agit de moines, de nonnes ou de méditants expérimentés, le maître psalmodiera sa récitation à une grande vitesse, conscient qu'elle est si familière à son auditoire que celui-ci est capable de construire la visualisation avec l'aisance d'un enfant qui reconstitue un puzzle qu'il connaît et qu'il aime énormément.

Bien des ouvrages décrivent ce que le lama peut réciter : ainsi en est-il de celui de Kathleen McDonald, *How to meditate*. Mais si l'on choisit de travailler par soi-même, la meilleure idée est de commencer avec une image simple porteuse d'un sens qui vous est propre — généralement, mais pas nécessairement, il s'agit de l'image d'un maître spirituel. Placez-la en face de vous, à hauteur des yeux une fois que vous êtes en position d'assise et fixez-la en ne clignant des yeux que lorsque c'est nécessaire. Imprégnez-vous de chaque détail. Quand il vous semble que l'image est fixée dans votre esprit, fermez les yeux comme si vous vouliez prendre un instantané de l'image. Une fois que celle-ci a commencé à se faner, rouvrez les yeux et regardez-la de nouveau. Procédez de la même façon que lorsque vous visualisez des formes géométriques : ne la sondez pas du regard. Absorbez l'image en son entier avant de vous concentrer délibérément sur certains endroits de celle-ci et de les intégrer jusqu'à ce qu'ils soient clairs.

En travaillant de cette façon, on intègre également le sens symbolique que l'image véhicule. Si elle contient un symbolisme global — amour, compassion ou sérénité — il convient d'identifier les éléments *spécifiques* qui en sont les vecteurs. Quels sont les détails représentant l'amour, la compassion, la sérénité ? Vous pouvez par exemple constater que les yeux semblent irradier la qualité en question comme s'ils émettaient des rais d'invisible lumière. Vous pouvez noter également qu'une main est tendue vers vous dans un geste de don symbolique. Vous pouvez prendre conscience qu'un sourire léger et rassurant sur les lèvres transmet le message qu'en fin de compte tout est bien. Vous pouvez ensuite ressentir que les plis souples des vêtements émettent comme une impression presque tangible de chaleur et de douceur tandis que les couleurs, blanche, peut être bleue, suggèrent respectivement la pureté et la spiritualité. Vous noterez enfin la délicatesse des mains, promesse d'une caresse d'amour sensible et ainsi de suite.

L'étude de cette image vous montrera la façon dont elle vous transmet son message, dont elle vit par les symboles et dont par votre réaction vous l'avez en quelque sorte amenée à la vie en partageant avec l'artiste qui l'a conçue, l'acte de la création. C'est ainsi que vous saurez comment et pourquoi l'image tient ce rôle particulier dans votre expérience. Cette capacité d'identification symbolique contribuera à développer vos pouvoirs de visualisation, lesquels seront accrus si vous mettez par écrit votre description personnelle de l'image et que vous la réécoutez au cours de la méditation, exactement comme le lama récite les qualités du *rupa* ou du *thanka* à son auditoire de moines. N'omettez pas, lorsque vous enregistrez votre description, d'y inclure tous les symboles que vous avez identifiés. Prenons pour exemple ce que pourrait être la description pour un chrétien une image de Marie (je prends pour support la peinture de Fra Angelico, *La Madone à l'enfant*) :

> Le visage de Marie est entouré d'un halo de lumière dorée, symbole de sa spiritualité et de la radiation de celle-ci sur le monde entier. Elle me regarde en face et ses yeux sont emplis de l'amour qu'elle éprouve pour tous les hommes et toutes les femmes. Son visage est beau. Elle possède le sourire serein de celui qui sait que la grâce divine est donnée à tous. Elle lève la main droite, paume à l'extérieur, le pouce et l'index se rejoignant dans un geste qui rassure et qui ôte la peur. La robe de Marie est d'un bleu riche : elle tombe en plis souples jusqu'à ses pieds et son corsage que l'on aperçoit à hauteur de ses seins est rouge comme le sacrifice. Blotti dans son bras gauche contre son cœur, l'enfant Jésus symbolise l'amour entre parent et enfant, ainsi que l'incarnation du pouvoir du Christ de transformer le cœur des humains.

Une fois l'image construite en l'esprit, avec ou sans l'aide d'un magnétophone, maintenez-la fermement tout au long de la méditation. Si vous êtes sujet à un problème particulier dans votre vie, ou que certains de vos objectifs aient besoin d'aide, demandez du soutien à l'image, et représentez-vous cette aide coulant de la visualisation en vous sous la forme de faisceaux de lumière. Dans la tradition bouddhiste tibétaine, il s'agit généralement d'une lumière blanche irradiant du front, d'une lumière rouge de la gorge et d'une lumière bleue du cœur, symbolisant ainsi respectivement l'éjection de tous les obstacles du corps, de la parole et de l'esprit.

L'étape terminale de la méditation consiste en la dissolution de la visualisation en vous-mêmes. Elle est importante pour deux raisons. D'une part ne pas dissoudre la visualisation peut vous en rendre dépendant. C'est sûr, vous pouvez croire en l'existence objective du Christ, de Marie, du Bouddha ou de qui que ce soit, et l'idée d'être « dépendant de la visualisation », attachée à elle, peut pour cette raison ne pas être désagréable. Mais la visualisation en soi et l'image sur laquelle elle est basée, sont des créations de l'esprit qu'il faut reconnaître en tant que tel. Ce qui ne signifie pas que l'aide que la visualisation apporte par le rayon de lumière est nécessairement une autosuggestion intelligente, une façon de construire la confiance nécessaire pour triompher des obstacles qui se dressent sur votre chemin. Votre croyance peut fort bien embrasser l'idée que la visualisation a ouvert un canal véritable entre vous et le pouvoir spirituel qu'elle représente. Cependant, une représentation reste une représentation. S'y attacher, c'est faire l'erreur de prendre le symbole pour la réalité. Le pouvoir spirituel est bien plus grand que la méthode qui vous y conduit ; il ne faut jamais confondre l'un avec l'autre.

D'autre part, dissoudre la visualisation en vous c'est symboliser l'incorporation dans votre être des qualités qu'elle représente. En langage plus prosaïque, c'est comme si vous méditiez sur le modèle de quelqu'un à qui vous souhaitez ressembler puis imaginez que cette personne ne fait plus qu'un avec vous — il s'agit là d'une technique psychologique puissante permettant d'inciter au changement personnel, indépendamment de la signification spirituelle plus profonde que la pratique peut avoir à vos yeux.

Pour dissoudre la visualisation, il faut imaginer qu'elle bouge devant vous jusqu'à ce qu'elle se situe au-dessus de votre tête puis tournez jusqu'à ce que vous regardiez dans la même direction. Vous la visualisez ensuite en train de se dissoudre dans la lumière, et de descendre par la couronne jusqu'à ce qu'elle prenne place dans votre cœur. Dans le bouddhisme tibétain, le Bouddha ou le *bodhisattva* que l'on visualise possède une couleur propre qui leur est toujours associée et dont ils se revêtent pour se dissoudre et descendre dans votre cœur. En son absence, c'est toujours le symbole de la lumière blanche que l'on utilise. Si vous méditez sur le Christ, sur Marie ou sur l'un des saints chrétiens, il se peut que vous souhaitiez leur faire correspondre une couleur spéciale de votre cru. Le bleu est recommandable puisqu'il s'agit d'un symbole universel de spiritualité. L'or sera le symbole de la royauté, le rouge du courage et du sacrifice, le vert de la créativité, et la fécondité et de l'énergie terrestre, le violet enfin une couleur puissamment mystique.

On a rarement besoin de prendre une décision constante en ce qui concerne la couleur. Commencez par dissoudre la visualisation dans la lumière blanche puis voyez ce qui arrive. Après un certain temps il se peut qu'une couleur apparaisse spontanément au cours de la visualisation. Si tel est le cas, elle sera d'un grand secours dans votre pratique. Les couleurs sont faciles à visualiser et, une fois la méditation terminée, il se peut que vous gardiez l'impression qu'elle remplit votre cœur et vous soutient quand vous porterez votre attention vers l'extérieur. Ce n'est pas du tout la même chose que si l'on est attaché à la visualisation dans la mesure où la couleur symbolise la qualité qui est en vous, que vous êtes en train de développer et de mettre en pratique par la méditation.

Les traditions des mystères occidentaux

Ce genre de pratique soulève la question déjà évoquée au chapitre 3 à savoir dans quel sens peut-on dire que les expériences auxquelles parvient le méditant sont « véritables » (*real* en anglais) ? Le pouvoir de la visualisation peut se développer jusqu'au point que l'on fait l'expérience que le Christ, Marie ou le Bouddha sont aussi présents que s'ils étaient là physiquement, au point que l'on ressent objectivement la puissance de leur amour. Charles Seymour, l'une des sommités de l'étude des traditions mystérieuses de l'Occident — qui travaille également sur les techniques d'imagination créatrice — rapporte qu'au début il avait beaucoup de mal à distinguer la pure imagination des résultats véritables obtenus en utilisant correctement le pouvoir créatif de l'esprit. Après des années d'expérience, il découvrit qu'un système de recoupement (on compare en détail des expériences avec des partenaires) lui permet de préciser la différence entre les deux avec une grande « certitude ».

Seymour, dans ses écrits, explique que le passage de l'imagination au résultat authentique dépend du fait que le méditant agit *comme si* les images étaient réelles et sans se soucier « des pourquoi et des comment de l'esprit humain résonnant ». Ce que l'on peut appeler la suspension de l'incrédulité affranchit l'imagination qui peut alors se transformer en une créativité authentique. Seymour affirme qu'un disciple des traditions du mystère (un magicien dans la mesure où l'on utilise ce terme dans son sens propre et originel) est *ce* qu'il croit être *où* il croit être. Les tenants d'une religion plus orthodoxe feront ici le parallèle avec la foi et la puissance de la foi. Si vous *croyez* que vous pouvez entrer directement en contact avec le christ, alors vous serez capable de transporter les montagnes du doute qui vous séparent de Lui de façon métaphorique.

Une partie des éléments sur lesquels se fonde Seymour dans sa contre-vérification sont donnés par Alan Richardson dans son ouvrage *Dancers to the Gods* et la collection la plus complète des écrits de Seymour est présentée par Dolores Ashcroft Novicki dans *The Forgotten Mage* (voir bibliographie).

L'intérêt de longue date que je porte aux religions mystérieuses de l'Occident est issu de deux sources qui sont liées entre elles ; d'une part ma volonté d'identifier les processus psychologiques utilisés par les hommes et les femmes des siècles qui nous ont précédés, et le souhait de balayer les traditions spirituelles les plus variées afin d'identifier leur point commun d'autre part. Lorsque je fus diplômé et que je me consacrai à l'étude de Jung, j'appris l'importance qu'il attachait aux traditions magiques dans l'exploration qu'il faisait de l'inconscient humain et mon intérêt en fut nettement accru.

En ce qui concerne les religions de mystères et les traditions tant alchimiques que magiques que l'Occident y associe, il s'agissait à l'origine de systèmes de croissance intérieure tant au plan spirituel que psychologique. Le terme « magique », considérablement galvaudé de nos jours et qui couvre un éventail très large qui va des illusionnistes de théâtre aux prétendus amateurs de surnaturel, est en fait issu de la même racine que l'ancien terme « magi » (probablement du sanskrit, terme qui désignait les disciples du zoroastrisme, l'ancienne religion de Perse représentés à la naissance du Christ par les hommes du sage ou *magi*.

Pourtant ce terme magique dans sa forme la plus pure n'a absolument rien à voir avec du théâtre, des maléfices, des charmes et des potions. Il est clair qu'au sein du processus de développement intérieur, le magicien authentique développe ce que les hindous appellent les siddhis, les pouvoirs extrasensoriels dont la recherche moderne en parapsychologie a démontré l'existence sans que le doute ne soit plus permis. Mais il ne faut pas perdre de vue que le développement des siddhis peut avoir une incidence dans ce processus mais qu'il n'est pas le but des pratiques magiques, exactement comme il s'agit d'une incidence à tout système de méditation. La façon dont des individus immatures au plan spirituel galvaudent l'utilisation des siddhis dans le but d'obtenir un pouvoir sur leurs compagnons, fut à l'origine de ce que l'on appelle la magie noire, qui n'est autre qu'une inversion du but véritable des traditions magiques par le fait que le pratiquant cherche à rabaisser des pouvoirs élevés pour obtenir des avantages sur terre au lieu de s'élever vers ses pouvoirs, siège de l'authentique nature intérieure.

Les aspects tant ésotériques qu'exotériques

Les termes « mystérieux » et « occulte » signifient secret ou caché. Les religions du mystère comme toutes les religions, ont ensemble une face ésotérique et une face exotérique, la première n'étant destinée qu'à ceux qui sont prêts à suivre l'apprentissage obligatoire pour obtenir la *gnosis*, la connaissance directe du pouvoir spirituel. Et la seconde étant destinée à ceux qui se contentent des formes extérieures de l'observance spirituelle. L'un des traits principaux des traditions du mystère était cependant la force de la facette ésotérique. Au cours de son initiation à ces fameux « mystères », les secrets intérieurs, le pratiquant se trouvait face à face avec les dieux, et pour reprendre les propres termes d'Apuleius dans *The Golden Ass.*, il pénétrait « aux limites du royaume des morts... sur le seuil de Perséphone » seulement « après être né de tous les éléments » il retournait sur terre. Telle était l'initiation à la mort et au monde d'en dessous dont revenait l'initié, tout comme le chamane, détenteur de la sagesse secrète qui dissout la peur et laisse l'individu face à la connaissance qu'il a de sa nature immortelle.

Les siddhis

J'ai déjà mentionné à propos de l'inconscient collectif, et c'est probablement à ce moment-là que les perceptions extrasensorielles opéraient. Ce genre de pouvoirs, qu'il s'agisse de la télépathie (la réception des pensées d'autrui), la clairvoyance (la réception de l'information sur ce qui nous environne) ou la précognition (la réception de l'information concernant le futur), ne peut fonctionner par le biais de canaux conscients normaux. Ces perceptions, en effet, sourdent et apparaissent comme des intuitions, des sensations, des bouillons. Souvent le récipiendaire ne sait pas si l'information qu'il reçoit est exacte ou non et s'il est en mesure de la recevoir dans l'ordre. Des recherches de laboratoires, conjointement aux expériences spontanées de la vie de tous les jours, confirment l'existence de ces pouvoirs extrasensoriels mais ne sont pas capables de nous dire grand-chose de leur processus ni de la façon dont on les travaille.

Dans ses *yoga-sûtra*, Patanjali propose une liste impressionnante de ce genre de pouvoirs qui va de la marche sur l'eau au vol permettant de devenir invisible. Le lecteur occidental sera difficilement convaincu par la grandeur de ses prétentions mais ce n'est pas ce qui nous occupe : l'intérêt est que Patanjali lie chaque siddhi à un point particulier de concentration au cours de la méditation. Par exemple, c'est en se concentrant sur des marques distinctives du corps d'autrui que l'on peut obtenir une connaissance télépathique de son esprit : en se concentrant sur la façon dont l'arrière de la tête irradie, on développera la capacité à voir les êtres célestes : en se concentrant sur la relation qui existe entre l'oreille et l'éther, on peut obtenir des pouvoirs surnaturels au plan de l'écoute. Pratique que Patanjali met dans le même sac que d'autres qui nous apparaîtront plus crédibles comme la concentration sur l'amitié capable de développer l'amitié ou sur la compassion permettant d'accroître celle-ci, exactement comme s'il n'existait aucune différence réelle entre les deux formes de pouvoirs et les deux formes de techniques qui permettent de les obtenir.

Mais comme tous les maîtres spirituels, Patanjali met en garde contre l'exercice délibéré que l'on ferait de ces siddhis — « en abandonnant ces pouvoirs, on détruira la graine du mal et on ouvrira la porte à la libération ». S'il faut s'en éloigner, c'est que l'on risque que ces pouvoirs détournent celui qui les cultive vers l'exercice des pouvoirs personnels, lequel renferme l'ego — le petit moi qui s'interpose entre nous et le progrès que l'on peut faire sur la voie méditative.

En tout cas, si ce n'est pas un choix de votre part, par le fait même qu'elle vous met en contact avec la source de l'inconscient, la méditation ouvre à bien des gens la voie des expériences extrasensorielles. Cela commence par l'obtention de fragments d'informations à l'aveuglette au cours de la méditation, informations qu'on ne pourrait pas connaître par les moyens habituels mais qui seront plus tard vérifiés dans les faits. Il se peut qu'apparaissent également des images ou des sortes de peintures. Plus tard elles apparaîtront dans la vie quotidienne et ces « coïncidences » se feront de plus en plus fréquentes : vous aurez même parfois l'impression de saisir au vol les pensées d'autrui ou les détails de leur vie.

À moins que vous ne possédiez des dons particuliers dans ces domaines ou que vous soyez un méditant très assidu, il y a peu de chances pour que ces pouvoirs prennent une importance considérable. Néanmoins on vous conseille de vous contenter de les noter. Ne les recherchez pas. N'en soyez pas fier. Si ces pouvoirs vous montrent une facette des mystères de l'esprit, ce qui est bon, ils ne représentent pas la raison pour laquelle vous méditez.

Les origines de la tradition occidentale

La tradition magique occidentale trouve ses racines dans les traditions mystérieuses d'Asie Mineure et du Proche-Orient, chacune d'elles étant issue de régions encore plus orientales. L'une de ces racines est la kabbale, le grand système du mysticisme juif qui existe également sous une forme chrétienne et vers lequel je reviens en fin de compte. Une autre de ces traditions est celle de l'ancienne Égypte qui est antérieure aux pyramides et à laquelle on fait parfois référence assez largement comme étant la tradition hermétique de son fondateur mythique, Hermès Trismégiste (Hermès trois fois grand) dont certains disent qu'il est Thoth, le dieu de la sagesse de l'ancienne Égypte, tandis que d'autres reconnaissent en lui Adam le premier homme. C'est dans *La Table d'émeraude* d'Hermès Trismégiste que l'on trouve la maxime fameuse « tout ce qui est en haut est comme ce qui est en bas, et tout ce qui est en bas est comme tout ce qui est en haut », maxime qui voit en la condition humaine le microcosme de l'univers. L'enseignement qu'elle véhicule est que nous sommes faits à l'image de Dieu et que nous possédons la parcelle divine nous permettant d'entrer en relation directe avec les forces cosmiques de la création, tant animée qu'inanimée.

Israel Regardie, un autre interprète de la tradition magique occidentale, écrit lorsqu'il parle de ses origines remontant à l'Égypte ancienne :

> « Les mythes et légendes que les prêtres égyptiens ont passé à la postérité et qui concernent les dieux n'étaient pas simplement de vaines inventions d'hommes ignorants n'ayant rien d'autre de mieux à

faire, occupés à raconter des histoires et à tisser des récits plaisants ou non issus de leur imagination... l'homme primitif n'a pas créé les dieux... ce qu'il fit en réalité et peut être inconsciemment, fut de donner des noms (et même ces noms étaient signifiants) ainsi que des facultés presque humaines à ces « pouvoirs », à ces grandes forces de la nature qu'il observait de façon tellement précise et dont il croyait à juste titre qu'elles étaient suffisantes pour être des manifestations ou des symboles du divin. »

The Tree of Life (pages 86-87).

C'est pour cette raison que, loin de rejeter ces traditions primordiales comme des tentatives infantiles d'expliquer les forces de la nature, les religions du mystère doivent être respectées car elles sont issues des expériences profondes de l'être intérieur et de ses relations avec la création. Il en va de même lorsque l'on considère l'hindouisme en ce sens qu'il ne faut pas faire l'erreur de considérer les « dieux » des religions du mystère comme des individus mais bien comme des vecteurs, des aspects symboliques d'une seule force créatrice, ou encore comme les différents canaux conduisant à cette force, bien plus. Cela se rapproche de la façon dont la religion chrétienne a souvent conceptualisé les saints, et le bouddhisme les *bodhisattva*.

L'assertion dans laquelle Regardie explique que même les noms donnés à ces dieux de la tradition égyptienne étaient signifiants, est également d'une grande importance et pose de nouveau la question du pouvoir contenu dans certains sons. Ceux-ci symbolisent, en effet, au plan auditif ce que les dessins géométriques suggèrent au plan visuel. C'est pour cette raison que leur répétition donne des clés à l'inconscient alors que d'autres sons ne pourraient le faire. L'exemple de « om », celui qu'on appelle le son primal, et que j'ai déjà évoqué au chapitre 5, les noms des dieux égyptiens, tous véhiculent la même qualité sonore, la même résonance. *Horus*, le seigneur des cieux à tête de faucon, symbole du lien qui unit l'esprit à la matière ; *Thoth* le dieu lunaire de la connaissance à tête d'ibis ; *Isis* (prononcer Eeziz), la déesse des puissances magiques et la mère symbolique d'*Horus* ; *Nephthys* sa sœur, protectrice des rois ; *Anubis* le seigneur de la terre sacrée à tête de chacal, protecteur de l'âme au royaume des morts ; *Osiris* (prononcer Ozeeriz), frère d'*Isis* et de *Nephthys*, seigneur de l'après vie. Chacun de ces noms peut être utilisé par le méditant de la même façon que « om ».

Certes, les noms vont plus loin d'une certaine façon dans la mesure où chacun d'eux contient un symbole visuel autant qu'oral. Des papyrus funéraires retrouvés dans les tombes décrivent le Panthéon des dieux égyptiens en recourant à un luxe de détails similaires, si ce n'est moins élaborés, que celui des bouddhas et des *bodhisattva* figurant sur les *rupa* et les *thanka* tibétains : le méditant peut les utiliser de la même façon. De même que dans les panthéons bouddhistes, chaque symbole représente une qualité positive spécifique. Ainsi *Horus* représente l'esprit divin intime s'élevant dans les cieux, *Thoth* l'illumination et la sagesse qui nous attend sur la voie spirituelle, *Isis* la puissance de l'amour et de la compassion, *Nephthys* la force nourrissante et protectrice qui prend soin de nous, *Anubis* la destruction de la peur et l'assurance d'un passage en toute sécurité dans la mort, *Osiris* enfin représente la résurrection en une nouvelle vie une fois que ce passage est achevé.

Et avant que l'on se rebelle à l'idée que les symboles font référence aux animaux, rappelons-nous qu'en Occident on utilise les symboles tant de l'agneau que du poisson pour faire référence au Christ, tandis que le lion (le courage), le singe (l'esprit lent), la mule (l'entêtement), le chien (la dévotion), la colombe (la paix) et bien d'autres sont devenus des idiomes de notre langage quotidien. Les symboles animaux égyptiens sont là pour nous rappeler les qualités du pouvoir spirituel — sa nature permettant l'élévation, sa fidélité, sa douceur, sa sagesse, sa compassion. Le panthéon hindou fait le même usage des symboles animaux, tout comme le dieu à tête de singe *Hanuman* (symbole de dévotion) et le dieu à tête d'éléphant *Ganesh* (symbole de constance et de force spirituelle).

La méditation dans les traditions du mystère

S'il ne reste aucun détail précis des pratiques méditatives utilisées par les traditions du mystère, il ne fait aucun doute qu'elles contenaient ensemble une visualisation intensive et la répétition de noms sacrés. C'est ainsi par exemple que le méditant, travaillant sur *Isis*, devait prononcer le nom de cette déesse sur chaque expir tandis qu'il en construisait l'image de la façon dont nous avons déjà parlé.

Il semble également qu'il existait des voyages peu différents de ceux engagés par le chamane : il se peut qu'ils avaient lieu tant dans les mystères inférieurs (ceux d'*Isis*, de la lune et de la terre), que dans les mystères supérieurs (ceux concernant *Osiris*, le soleil et l'après vie). C'est ainsi que le méditant devait accompagner le dieu qu'il visualisait dans des royaumes intérieurs où on lui révélait des secrets dont il devait faire serment de ne pas les dévoiler aux non-initiés. La puissance de cette pratique était valorisée par un rituel où on emmenait le méditant dans les pièces intérieures secrètes du temple, parfois même par l'abandon rituel des vêtements (symbole d'ignorance) à chaque point, de telle façon que le méditant parvenait totalement nu dans le sanctuaire intérieur (ce qui n'est pas sans rappeler la légende de la descente d'*Ishtar* dans le monde inférieur sur laquelle est fondée ce que l'on appelle la danse des sept voiles).

Il se peut également que le méditant « transfère » sa conscience comme c'est le cas dans certaines pratiques bouddhistes tibétaines ou des traditions magiques de l'Occident, comme c'est le cas jusqu'à ce jour dans certaines pratiques. Celles-ci impliquent de se forger une visualisation claire de quelqu'un, de s'asseoir en face de lui et de porter une tenue cérémonielle. Une fois la visualisation fermement établie (ce qui pouvait exiger de se consacrer énormément à la pratique), le méditant se visualisait à l'intérieur de l'image visualisée et regardait en arrière vers son moi physique.

Une fois que la conscience était transférée dans la visualisation, on disait que le méditant était capable de voyager à volonté dans ce « corps astral » vers des endroits de ce monde ou d'autres mondes, et que d'autres personnes les voyaient souvent physiquement. Il se peut que ce soit cette pratique qui fut combinée aux voyages dans les royaumes d'*Isis* et d'*Osiris* ou que ce dernier ait pris place seulement dans le monde intérieur de l'esprit.

La psychologie occidentale a montré ces dernières années un intérêt accru pour ces transferts de la conscience tels qu'ils se manifestent dans ce que l'on appelle sortie hors du corps ou voyage astral dans lesquels des individus ressentent clairement qu'ils sortent de leurs corps physiques et qu'ils peuvent observer ceux-ci depuis un autre endroit situé dans l'espace. Ce genre d'expérience est le plus fréquemment le fait de personnes en situation de crise ou vivant une expérience se situant entre la mort clinique et la « résurrection » à l'hôpital. S'il existe une controverse active sur le fait que la conscience quitte réellement le corps lors de ces expériences ou non, il est évident que les individus ayant vécu ce genre d'état sont capables de rapporter des informations qu'ils n'auraient jamais pu obtenir s'ils étaient restés à l'intérieur de leurs corps physiques.

Une chose semble sûre. Celui qui avait été initié aux mystères ne doutait pas que les expériences qu'il avait vécues étaient celles de la mort et de l'après-vie. On dit que ces initiés avaient perdu toute crainte de la mort à leur retour de ce voyage qui leur avait d'abord fait passer la frontière du monde visible, qui les avait entraînés dans le monde invisible et dans la béatitude qui le baignait. Paul Brunton cite l'un des écrits peu nombreux rescapés de ceux qui ont écrit sur les mystères :

> « L'esprit est affecté, est tourmenté dans la mort exactement comme lors de l'initiation au grand mystère ; la première étape n'est rien d'autre qu'erreurs et doutes, peines, errances dans l'obscurité. Et maintenant, parvenus aux confins de la mort et de l'initiation, tout revêt un aspect effrayant ; tout est horreur, tremblement, affolement. Une fois cette étape passée, c'est une lumière divine miraculeuse qui se répand... parfaits, les initiés, libres, couronnés, triomphants, marchent dans le domaine de ceux qui sont bénis. »
>
> *Search in Secret Egypt* (page 183).

Cette description paraîtra étrangement familière à celui qui a côtoyé *Le Livre tibétain des morts*, un manuel que le lama lisait à celui qui était en train de mourir afin de lui donner la carte du pays où il allait entrer. Il existe là des parallèles entre « l'aspect effrayant » de ce que l'on voit dans les mystères et « les déités courroucées » inquiétantes détaillées dans le texte tibétain. Il existe de même un parallèle entre la « lumière divine et miraculeuse » des mystères et la « claire lumière » messagère de la naissance de la vraie sagesse pour le Tibétain qui s'éteint.

Empreintes des dieux anciens

Trouver les empreintes de la puissance symbolique des dieux de l'ancien temps est chose aisée même dans l'Égypte d'aujourd'hui. Il suffit d'étudier leur représentation vieille de cinq mille ans dans les peintures et sur la pierre des musées et des temples en ruine. Il suffit de pénétrer dans l'obscurité de la grande pyramide de Giseh. Il suffit de se promener dans la campagne où les gens cultivent encore la terre comme ils le faisaient au temps des dieux. Il suffit encore de s'asseoir sur les rivages d'une île et de méditer sur une visualisation d'*Isis* ou sur le son de son nom. Il suffit enfin d'observer la croissance lumineuse de la lune dans la nuit violacée et de méditer sur *Anubis* ou *Osiris*. L'Égypte murmure encore ses résonances magiques, comme si une mémoire tout près d'être rappelée remuait encore dans les profondeurs de son âme.

Ceci n'est pas vrai à propos de la seule Égypte. Notez désormais, lorsque vous aurez l'occasion de voyager dans des pays étrangers à quel point les dieux locaux deviennent à vos yeux crédibles au point que cette impression persiste bien après votre retour à la maison. C'est comme si chaque dieu se transformait en être symbolique obéissant à cette possibilité déjà mentionnée lorsque j'ai abordé la réalité de la force vitale de Steiner ; à savoir la possibilité que leur création émane de l'union des esprits d'un peuple en symbiose avec la puissance créatrice de l'univers. Chaque race humaine et la façon dont elle envisage le monde est dans bien des cas le produit de son climat et de son terroir. Il n'est donc pas surprenant que chaque peuple symbolise la réalité divine à sa façon. Ce serait également une erreur que d'affirmer que c'est la raison pour laquelle ces symboles ne sont que des pures créations humaines ; pourrait-on dire que les pierres sont telles parce que c'est nous qui les avons façonnées dans nos villes et nos cités ?

La Kabbale

Les pratiques méditatives contenues dans les traditions du mystère exigent que l'on allie une concentration mentale et émotionnelle intense à des pouvoirs de visualisation hautement développés et à une discipline intérieure rigoureuse, le tout soutenu par des rituels destinés à aiguiser encore la conscience et la concentration. C'est par ces moyens que le praticien s'élève palier après palier sur la voie de la réalisation spirituelle jusqu'à ce qu'il dépasse les symboles de la divinité et parvienne au but final qui est l'union avec l'absolu. Regardie exprime cela de façon très poétique :

> « Parvenu à la Couronne le magicien n'est plus rien. Seule existe alors la conscience céleste de la vie éternelle, authentique individualité du magicien — cette partie réelle dont il était peut être rarement conscient lors de ces précédentes vies sur terre — l'esprit universel primal, qui émet ses pulsations et qui vibre en secret au plus profond du cœur de tous. »
>
> *The Tree of Life* (page 246).

Le fait que Regardie utilise le symbole de la *Couronne* introduit un élément important de la tradition magique occidentale auquel j'ai déjà fait allusion, à savoir la Kabbale. Je tiens à prévenir que malgré mon apprentissage tant théorique que pratique de celle-ci, malgré le fait que je connaisse la plus grande partie de la littérature écrite à ce sujet, je ne prétends pas connaître toutes les subtilités de ce système. Arriver à une compréhension pleine et entière de la Kabbale nécessite des années d'études intensives que personne ne peut envisager d'effectuer avant l'âge de quarante ans, avant d'être suffisamment mûr tant au plan de l'expérience du monde que de la connaissance de la religion. C'est en tout cas ce que des juifs orthodoxes m'ont dit.

Pour l'exprimer le plus simplement possible, la Kabbale est constituée de dix séphiroth (dont le singulier est séphira), élément de ce que l'on appelle « l'arbre de vie », représentation symbolique des dix forces constitutives tant de la vie psychologique et spirituelle de l'individu qu'empreintes de la création soi-même. Une étude exhaustive de l'arbre de vie prendrait ici trop de place mais je retiens le fait que les dix séphiroth qui le composent sont en analogie avec les différents paliers par lesquels le méditant doit passer lors de son progrès sur la voie spirituelle.

Charles Poncé dans son ouvrage *Kabbalah, An Introduction and Illumination for the World Today*, fait un parallèle extrêmement intéressant entre ces niveaux et les enseignements *yogi* de l'ascension de la *Kundalinî* ainsi qu'entre les séphiroth individuels et chaque *chakra yogi*. Il parle de l'union de l'énergie contenue dans le principe féminin en exil de *Malkhuth*, la séphira la plus basse, avec l'énergie mâle contenue en *Kether*, la plus haute. À travers cette union, l'énergie éparpillée dans le monde futile de nos passions s'unifie avec l'énergie spirituelle, en un « mariage mystique », des deux forces au sein de l'être humain pour donner naissance à l'illumination.

Ce « mariage mystique » figure également au cœur d'une autre tradition magique, l'alchimie, dans laquelle le « métal de base » du moi est transmuté dans l'« or » de l'illumination ; c'est une chose fascinante que d'étudier l'importance que prend ce symbolisme que l'on trouve et retrouve dans la tradition magique. Derrière celui-ci, sourd toujours la maxime d'Hermès Trismégiste « tout ce qui est en haut est comme ce qui est en bas ». La nature de l'énergie matérielle du corps n'est pas foncièrement différente de l'énergie spirituelle de l'âme. Toutes deux sourdent de la même source créatrice. Cette énergie matérielle — notre « métal de base » — peut être élevée et transmutée en énergie spirituelle, en « or ». Quand l'union se produit, on prend connaissance dans un éclair d'illumination de qui nous sommes réellement. Il s'ensuit qu'au lieu de se cantonner dans le monde limité de l'énergie matérielle, nous vivons à partir de ce moment-là dans le monde sans limite de l'esprit.

C'est dans ce sens que l'on peut dire que nous devenons comme des dieux, puisque la sagesse et la puissance spirituelle agissent à travers nous sans entrave aux yeux de certains alchimistes, une fois que l'on a transmuté le métal de base de l'être matériel en or de l'être spirituel — et que nous avons ainsi trouvé la symbolique « pierre philosophale » — on possède les mêmes pouvoirs de transmutation sur le monde naturel. Il était alors possible de transformer le métal de base d'autrui et même celui de notre environnement en or, de la même façon que le contact avec un être illuminé produit l'illumination dans l'esprit des dévots, si l'on en croit les traditions orientales. La pierre philosophale pouvait alors opérer tant dans les mondes spirituel que matériel. De nouveau on peut dire « tout ce qui est en haut est comme ce qui est en bas ».

L'arbre de vie

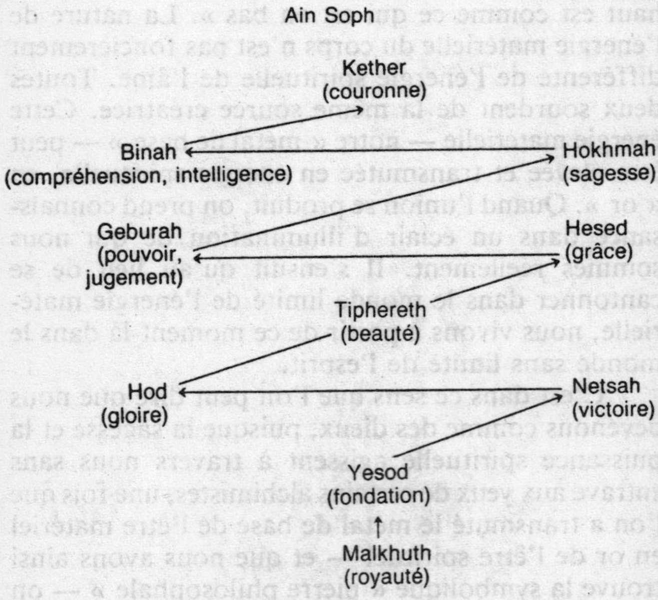

Aux yeux de Poncé, le mariage mystique de l'esprit et de la matière en nous dépend également de l'équilibre existant entre les deux colonnes extérieures de l'arbre de vie. Il les compare à *idâ* et *pingalâ* de la tradition yogique et relie la colonne centrale, par laquelle s'élève l'énergie de *Malkhuth* vers *Kether* au *sushumnâ* yogique. Cependant il diffère de l'enseignement yogique par le fait qu'il prétend que l'énergie spirituelle de son ascension de *Malkhuth* à *Kether* peut passer dans les deux canaux extérieurs aussi bien que dans la colonne centrale. Ce dernier passage direct par le centre est la voie la plus rapide vers l'illumination, apanage de bien peu de gens. Plus lente mais plus sûre est celle qui passe par chaque séphira et qui acquiert le pouvoir spirituel que chacun d'eux contient.

Il n'en est pas moins vrai que cette différence est plus apparente que réelle. En effet, les philosophes de la Kabbale prétendent que l'énergie ne peut s'élever *directement* par l'un des deux canaux extérieurs, mais qu'elle doit bien alterner entre eux comme le montre l'encadré ci-contre, c'est-à-dire passer par chaque séphira y compris par celle de la colonne centrale. C'est de cette façon que l'on peut maintenir l'équilibre parfait au sein du système. Que l'énergie s'élève par un seul des canaux extérieurs et cet équilibre sera déplacé avec les effets désastreux que l'on sait.

Pour comprendre les techniques méditatives correspondant à l'ascension dans l'arbre des séphiroth, il s'agit d'être accompagné d'un être qualifié. Mais si j'ai bien compris ces techniques et si mes propres méditations sur l'arbre de vie ont quelque sens, il semble bien que cette méditation suit le modèle commun des méditations en mouvement telles qu'exprimées dans le chapitre 5. C'est ainsi que le méditant fait l'expérience de la principale qualité associée à chaque séphira — qualité qu'il utilise comme point de concentration — tout en laissant l'inconscient lui révéler la signification véritable de cette qualité. En faisant cela il libère le potentiel qui est en lui.

Ainsi le méditant porte son attention initialement sur *Malkhuth*, le royaume, le corps au choix, ou bien il recourt à des méditations telles que celles sur les éléments décrites dans le chapitre 6 ou les techniques utilisées au *vipassana* décrites au chapitre 4. Une fois qu'on est parvenu à la vision profonde, le méditant passe à *Yesod*, la fondation, lien entre le corps et l'esprit ; il travaille là sur la nature réelle des pensées et des émotions en considérant qu'elle ne représente pas son identité véritable. Le point d'attention suivant est *Netsah*, la victoire, puisque l'on maîtrise désormais les pensées et les émotions qui avaient mis la main sur le monde intérieur. La conséquence en est l'émergence de *Hod*, la gloire, le calme et l'espace de calme qui suivent l'obtention des *Netsah*.

Vient ensuite *Tiphereth*, la beauté, l'entrée dans la béatitude des royaumes spirituels, immédiatement suivi d'*Hesed*, la compassion caractérisée par l'amour infini partagé. Ensuite vient *Geburah*, le pouvoir, pouvoir sur le cœur et l'esprit de soi et d'autrui. Puis l'on passe à *Hokhmah*, la sagesse, la sagesse qui voit tout de l'adepte spirituel capable de pénétrer la nature véritable de la réalité. *Hokhmah* est suivi de *Binah*, l'intelligence, intelligence qui permet de comprendre pourquoi la réalité est telle qu'elle est, qui permet la compréhension de la création, enfin nous parvenons à *Kether*, la couronne. C'est alors que le mariage mystique a lieu, que le matériel et le spirituel ne font plus qu'un et que le méditant a atteint l'illumination pleine et entière.

Bien que j'aie écrit « enfin » en ce qui concerne

Kether, il reste une étape, si l'on peut l'appeler ainsi, où l'on s'élève hors de l'arbre de vie jusqu'à *Ain Soph*, l'absolu, Dieu, le fondement de l'être, l'expérience au-delà de l'expérience où toute distinction se dissout, l'expérience dont on ne sait rien avant d'être *devenu* cette expérience.

Pour s'élever ainsi à travers l'arbre de vie, le méditant doit réaliser avec succès la fonction contenue en chacune des séphiroth avant de passer à la suivante. L'on voit maintenant le danger qui consiste à s'élever par l'un des seuls canaux extérieurs. Si l'on prend le canal gauche et que l'on atteint *Hod*, la gloire, sans passer par *Netsah* la victoire, on risque de parvenir à une sorte de fierté spirituelle qui enflera l'ego bien loin de le diminuer. Atteindre *Geburah* le pouvoir sans d'abord prendre connaissance d'*Hesed*, la pitié, la grâce, c'est user de forces spirituelles pour un pouvoir personnel (tout comme le Christ fut tenté dans le désert). Et pour atteindre *Binah*, l'intelligence, il convient de passer par *Hokhmah*, le savoir qu'il faut comprendre, sinon rien n'est possible.

De même, s'élever par le seul canal de droite et atteindre *Hesed*, la grâce, sans passer par *Hod*, la gloire, induirait un amour personnel et émotionnel qui ne pourrait être complètement désintéressé tandis que parvenir à *Hokhmah*, la sagesse sans passer par *Geburah*, le pouvoir, donnerait à cette sagesse un caractère purement théorique sans le soutien de l'expérience directe des pouvoirs spirituels dont on parle. S'il se cantonnait à ces deux canaux extérieurs, le méditant négligerait également *Tiphereth*, la beauté, c'est-à-dire l'entrée dans la réalité spirituelle, en s'élevant par le seul canal central, la voie rapide dont j'ai parlé, il irait directement de *Malkhuth*, le royaume à *Yesod*, le fondement pour monter ensuite vers *Tiphereth*, la beauté, et parvenir à *Kether*, la couronne. Mais comme je l'ai dit précédemment, cette voie est difficile, probablement impossible pour nous autres simples mortels à l'exception de quelques grands mystiques de naissance.

Comment savoir si l'on a réalisé « chaque séphira » ? Lors de l'entraînement formel à la Kabbale, un maître est à portée de main pour témoigner des progrès. Dans un sens le progrès se fait quasiment automatiquement dans la mesure où lorsqu'une fonction est réalisée à chaque séphira, celle qui suit apparaît spontanément (« quand l'étudiant est prêt, le maître apparaît »). Les séphiroth ne sont pas simplement un escalier pour s'élever mais bien une carte des différentes étapes par lesquelles doit passer tout méditant au fur et à mesure de son évolution. Un bon maître vous assurera qu'il ne faut pas vous inquiéter ni vous détourner de cette voie en songeant à votre progrès et vous donnerait un coup de coude métaphorique si vous vous laissiez aller. En fin de compte, c'est par ces seuls efforts que le méditant s'élève et qu'il développe l'énergie spirituelle. Voici une métaphore qui vous sera fort utile : celle de la bulle. Plus elle grossit et plus elle traverse des obstacles sur son chemin jusqu'à ce qu'elle finisse par casser son enveloppe dans la lumière du jour.

Dans les enseignements kabbalistiques, on encourage le méditant à utiliser les lettres hébraïques pour chaque séphira comme point visuel de concentration au cours de la méditation. Les lettres sont porteuses d'une valeur symbolique exactement comme le sont les formes géométriques. Dans d'autres enseignements, et particulièrement dans le kabbalisme des chrétiens tel que ceux-ci l'adaptèrent au XVIe et XVIIe siècle, l'on peut adjoindre les cartes du tarot en associant chacune d'elles avec le chemin qui conduit d'une séphira à une autre. De même avec le

Zodiaque où chaque signe constitue un des degrés sur la voie. Poncé, par exemple, donne des conseils sur la façon dont il faut procéder. Malgré le fait que les cartes du tarot, riches de symbolisme, sont utiles à la méditation en soi, soutenant le méditant dans le développement de ses pouvoirs de visualisation et de prise de contact avec l'inconscient, il reste qu'il est peu justifié de les mettre en relation avec la Kabbale tout comme les signes du Zodiaque. Voilà une démarche relativement artificielle, élaborée par l'occultiste français du XIXe siècle, Eliphas Levi. Aucune de ses concordances ne peut se justifier, semble-t-il d'un fondement réel dans la littérature kabbalistique originelle.

La tradition hindoue

J'ai déjà parlé du *hatha-yoga* dans le chapitre 4 mais il reste quatre autres voies yogi : *bhakti-yoga* (le yoga de la dévotion), *karma-yoga* (le yoga des bonnes actions), *râja-yoga* (le yoga de la méditation supérieure), et *jnâna-yoga* (le yoga de la connaissance). Si on les considère dans leur globalité, les yogas forment une voie complète et quelle que soit la tradition que l'on suit, elle reste valable car elle reflète pour le méditant l'une des cinq facettes qui composent sa vie. Quant au niveau auquel on vit chacune de ces voies, il n'est pas nécessaire qu'il soit d'égale intensité. Généralement une ou deux prennent le pas sur les autres, mais aucune d'elles n'est totalement mise de côté.

Ainsi par exemple, le méditant sérieux fait attention au corps parce qu'il est le temple de l'esprit en s'assurant qu'il ne s'en occupe pas trop ni trop eu *(hatha-yoga)*. Il ou elle s'attache aussi aux actions, tentant de les rendre justes et de réfréner les mauvaises *(karma-yoga)*. De même il ou elle nourrira des sentiments de vénération et de respect envers les maîtres spirituels de la tradition qui est suivie — ou au moins envers la méditation soi-même *(bhakti-yoga)*, il ou elle souhaitera apprendre autant de choses que possible concernant cette tradition et ces pratiques *(jnâna-yoga)*, il ou elle enfin voudra donner à ces pratiques des résonances effectives et les rendre opératives *(praya-yoga)*.

Quelle que soit l'une de ces cinq voies que l'on souhaite mettre en valeur, quelle que soit la tradition que l'on suit, nous sommes les débiteurs des sages du nord de l'Inde qui, il y a près de trois mille ans, établirent la cartographie du monde intérieur de l'esprit et développèrent les techniques de méditation qui en permettront l'exploration. Ceci surprend bien des gens, persuadés que leurs exercices spirituels n'avaient que deux mille ans et étaient plus ou moins contemporains de la naissance du Christ. Mais pour reprendre les termes de Seymour (*The Forgotten Mage*, page 107), « Dieu ne nous a jamais abandonné sans témoignage, il n'a jamais laissé le monde qu'Il a créé sans lumière ». En l'occurrence pourquoi l'aurait-il fait ? Ce faire aurait été dénier Sa création.

Si l'on considère les probabilités historiques, nombre de philosophies spirituelles du monde occidental peuvent trouver leurs origines dans le culte que les peuples aryens, arrivés dans le nord de l'Inde au second millénaire avant Jésus-Christ, vouaient à Mitra. Ce dernier est mentionné dans le *Rig Veda* hindou, l'un des textes les plus anciens que l'on connaisse. Au cours des siècles son culte prit une importance croissante dans la branche occidentale des aryens qui s'étaient installés dans ce qui est aujourd'hui l'Iran. Mitra (plus exactement Mitra dans sa forme iranienne) était considéré comme la vie du monde visible, le sauveur de l'humanité, l'intermédiaire entre l'esprit et la chair, le fils du créateur absolu Ahura Mazda.

Grâce aux migrations suivantes des populations aryennes — vers le nord par l'Asie Mineure, et le long du Danube, vers l'ouest jusqu'en Espagne et au nord de l'Italie, vers le sud jusqu'au Liban, à Babylone, en Palestine et en Égypte — le culte de Mitra s'étendit dans la majorité du monde connu. Il influença la pensée des Grecs, des Romains et des Égyptiens (qui, de bien des façons, l'identifient à Horus) et fut à l'origine sans doute des religions du mystère dont nous avons déjà parlé. La religion zoroastrienne d'Iran symbolisait Mitra sous la forme du bon berger, du protecteur des pauvres, du guide montrant la voie dans la vallée des ténèbres entre ce monde et l'autre monde, le défenseur de la justice, le porteur de lumière. Si l'on en croit les termes employés dans les textes zoroastriens, Ahura Mazda aurait dit que Mitra était « aussi digne de prière que moi-même ».

Comme je l'ai déjà mentionné, les sages de l'est étaient zoroastriens à l'époque de la naissance du Christ et il est fort probable que Jésus fut à leurs yeux l'incarnation de Mitra, comblant par sa naissance les espoirs de l'Orient comme de l'Occident. Du reste, la légende dit que le Christ étudia sous la houlette des zoroastriens pendant les années dont on sait peu de choses qui s'écoulèrent entre son apparition dans le temple à l'âge de douze ans et le début de son ministère quelque dix-huit années plus tard. Il est certain que bien des symboles qu'il utilisait dans son enseignement étaient plus proches du culte de Mitra que du judaïsme et son message regroupait tout ce qu'il y avait de meilleur dans la spiritualité de son époque de l'est de Jérusalem aux régions occidentales.

Les techniques de méditation issues du culte de Mitra venues de l'Orient et qui sont perceptibles dans les mystères, sont encore enseignées en Inde d'où les aryens ont émigré ; elles forment l'essentiel de l'hindouisme. Je parle « d'hindouisme » mais en fait celui-ci est si vaste, si profond tant au plan culturel que spirituel, qu'il serait plus juste de parler *de religion hindoue* à cette nuance près que l'hindouisme, dans la profondeur de la spiritualité qu'il présente, ne fragmente ni ne catégorise l'humanité sur la base de différences purement locales dans l'expression de celle-ci. Car aux yeux du dévot hindou, toutes les religions quelles qu'elles soient sont autant de tentatives d'atteindre à l'union avec l'absolu entre lesquelles les différences individuelles ne sont que la résonance des facettes de l'humain. Suivre telle ou telle forme d'observance spirituelle, ce n'est pas considérer les autres comme erronées. Vous le verrez du reste afficher l'image du Christ ou de Bouddha sur l'autel familial au même titre que celle de Krishna ou des nombreux symboles hindous de la réalité spirituelle une et unique.

De toutes les formes d'hindouisme, c'est le *vedñta* que l'Occident connaît le mieux (ce qui signifie tout simplement qu'il place l'accent sur les textes anciens des Védas). On peut trouver bien des raisons à ce choix ; la plus évidente est liée à Vivekananda, jeune disciple du saint hindou Ramakrishna arrivé en Amérique du Nord en 1893 pour assister à Chicago aux séances du parlement des religions. Sauf courtes exceptions, il passa le reste de sa vie jusqu'à sa mort précoce en 1902 dans cette partie du monde occidental où il enseigna non pas un dogme étroit mais bien une vision de Dieu et de l'homme si majestueuse et si étendue dans sa portée, tout en restant si humaine et si immédiate que quiconque l'étudiait ne pouvait manquer de ressentir qu'il s'agissait bien là de l'essence de la voie, voie qui mène au contact et à la conversation avec le divin.

L'impact de l'enseignement de Vivekananda était telle qu'il attira nombre de disciples devenus les messagers de son œuvre après sa mort et qui invitèrent d'autres maîtres influants des Vedas à venir professer en Occident. Ce mouvement (si l'on peut l'appeler ainsi dans la mesure où le *vedânta*, loin d'être une religion prosélytique, est plus une aide à gérer sa vie qu'une tentative de conversion), ce mouvement donc s'amplifia au point que dans les années trente, nombre d'écrivains tels qu'Aldous Huxley, Gerald Heard et Christopher Isherwood s'identifièrent à lui et le firent connaître au grand public. Pour parler de mon expérience personnelle dans ce domaine, je puis affirmer aujourd'hui que quiconque est soucieux de sa vie intérieure ne peut manquer de trouver une aide salutaire dans l'étude de la vie et des enseignements de Vivekananda, ce que l'on peut dire également de son maître Sri Ramakrishna.

Les hindous possèdent un mot pour désigner l'élite de ce qui incarne le pouvoir spirituel au point qu'ils expriment sur terre les qualités d'ordinaire associées à la divinité. Ils les appellent des *avatars*. Plus encore que des saints, les *avatars* sont considérés comme les incarnations directes de Dieu. Même si l'esprit occidental a du mal à accepter cette notion, on peut parler ici de symbole parfait de Dieu. Il n'existe qu'un nombre très limité d'individus capables de manifester dans leur vie ce que nous sommes tous appelés à devenir. Sans pêcher, sans « moi », ils agissent comme des canaux, des vecteurs par lesquels le pouvoir spirituel s'écoule en toute liberté du monde intérieur vers le monde extérieur, de l'esprit à la matière. Tel était Sri Ramakrishna. Bien qu'il n'écrivît rien de ses propres mains, ses enseignements furent soigneusement consignés par ses disciples comme c'est le cas dans *The Condensed Gospel of Sri Ramakrishna.*

Le maître enseigna que la meilleure association possible des différentes voies de yoga pour les gens de notre époque unit *bhakti*, l'amour et *jnâna*, la connaissance. Il ne fait aucun doute que *bhakti* sans *jnâna* conduirait à un sentimentalisme vide et inutile alors que *jnâna* sans *bhakti* ne serait que pure virtuosité dialectique. Que les deux soient harmonieusement équilibrés et la vie devient « douce, majestueuse et sublime ». Dans les deux voies, la méditation reste la pratique essentielle. On peut y connaître l'expérience directe de la réalité ultime quel que soit le nom qu'on lui donne. Dogmes, credos, rituels, savoir livresque, études, ne seront d'aucun secours si l'on ne pratique pas la voie intérieure, porteuse de la réalisation pleine et entière de l'être comme de la source d'où il jaillit.

Ramakrishna nous fait là un don qui, dans la mesure où nous choisissons de l'accepter, peut mettre un terme au conflit agitant et confrontant les grandes religions qui ont jusqu'à ce jour, causé tant de souffrances. Pendant toute une période de sa vie, il suivit lui-même très intensément et tout à tour aussi bien les principaux chemins spirituels de l'hindouisme que ceux proposés par l'Islam, la chrétienté et le bouddhisme, montrant ainsi par sa vie que chacun d'eux menait à la même illumination. Quand il décrit l'expérience directe vécue par Ramakrishna des vérités intérieures des autres religions, Swami Ghanananda nous dit ceci :

> « Il avait parcouru le vaste et riche domaine de l'hindouisme et allait voyager à l'extérieur de ses

territoires pendant quelque temps... il ne s'agissait par là d'une curiosité futile qui le prenait et l'invitait à ce faire. Il avait atteint une remarquable universalité d'esprit et une largeur de vue non moins remarquable grâce à la pratique et à la réalisation d'*advaita* — la gloire couronnée du *vedânta*, la raison d'être et la science des religions et de la philosophie. Elle dominait toutes les voies et tous les credos qui n'étaient alors que des approches de *Brahman* un et indivisible, l'absolu dans lequel le dieu personnel, quelle que soit la façon dont il était conçu, s'immergeait. *Advaita* considère les disciples de toutes les religions sans distinction de caste, de croyance ni de couleur, comme des pèlerins plus ou moins conscients, liés au Temple de la Vérité vers lequel les religions du monde conduisent toutes. »

Sri Ramakrishna and his unic message (page 88).

Advaita est une philosophie de non-dualisme, qui enseigne que la vérité utile est l'unité à laquelle j'ai déjà tant fait référence ici. Que Ramakrishna ait réalisé cette vérité tant par l'intermédiaire du christianisme, de l'Islam et du bouddhisme que par le truchement de l'hindouisme montre assez qu'*advaita* est opératif tant aux plans pratique que théorique. C'est ainsi que Ramakrishna se présente comme symbole de l'unité divine, en tant que point de jonction à la croisée de toutes ses voies.

Cependant, Ramakrishna nous fait un autre don, capable de résoudre le débat qui oppose les tenants d'une vérité ultime personnelle symbolisée par un Dieu personnel et les tenants d'un absolu impersonnel. L'expérience directe de l'unité dans la diversité n'a pas mené Ramakrishna à rejeter la notion d'un dieu personnel tel qu'il est exprimé dans les religions théistes comme l'Islam et le christianisme. Pour tout dire, il enseigna que nous devons vivre aussi bien *bhakti* que *jnâna*, tant l'amour que la sagesse. Le Dieu personnel est une émanation de l'absolu afin d'aider l'humanité à développer cet amour, tandis que l'on se rapproche de l'absolu grâce à la sagesse. C'est ainsi qu'il associe *bhakti* au Dieu personnel et *jnâna* au transpersonnel. Si notre voie est d'atteindre l'absolu, cela sous-entend de nous réaliser tant aux plans personnel qu'impersonnel.

J'ai déjà abordé la triple conception que les hindous ont de Dieu, à savoir Dieu avec une forme et des attributs, Dieu sans forme avec attributs et Dieu sans forme ni attributs. Il est donné à une infime partie de l'humanité la joie de connaître le degré ultime de cette conception, la réalité qui dépasse la forme et les attributs — le *Brahman* des hindous, le *château de l'être* des mystiques chrétiens, le *nirvâna* des bouddhistes, l'*Ahura Mazda* des zoroastriens, l'*On* des Grecs, et le *Amon* des religions du mystère égyptien — bien peu ont la joie de connaître cette ultime réalité sans avoir d'abord fait l'expérience des deux plans préliminaires. En termes kabbalistiques nous dirions qu'il faut s'élever le long de l'arbre des séphira si l'on souhaite vraiment atteindre *Kether* et faire l'expérience *d'Ain Soph*. Ce qui veut dire plus spécifiquement qu'il nous faut éviter de prendre la voie directe conduisant à la sagesse et de ne pas négliger de passer par le chemin de l'amour.

Illustrons ces dires par quelques exemples issus du bouddhisme. Celui-ci connaît deux principales écoles de pensées, le *Théravâda* et le *Mahâyâna*, la première prévalant au Sri Lanka et en Asie du Sud-Est, tandis que la seconde recouvre le Tibet, l'Inde et l'Extrême-Orient. Les tenants du *Théravâda* se réclament d'une grande fidélité aux enseignements originels du Bouddha, qui proposent une pratique dépouillée des dieux et des royaumes célestes soulignant la discipline personnelle, la moralité et la renonciation au monde comme seule voie conduisant à l'illumination. Les tenants du *Mahâyâna*, quant à eux, prônent la fidélité aux enseignements plus tardifs du Bouddha qui ouvrent de plus larges perspectives sur la voie conduisant à l'illumination et font référence à un panthéon d'êtres cosmiques en mesure d'apporter leur aide et de soutenir les mortels.

Par l'accent qu'il met sur le salut issu de ses propres efforts, le bouddhisme théravâdin propose un Bouddha très proche du simple mortel que nous sommes. Malgré tout le respect qu'il lui accorde, il ne met pas spécialement l'accent sur *bhakti*. Parce qu'elle ne reconnaît pas le besoin de pratiquer *bhakti* conjointement à *jnâna*, la voie théravâdine apparaît d'une certaine façon plus « sèche » que la voie du *Mahâyâna*. Cette dernière, bien qu'elle privilégie la pratique puissante de *jnâna*, laisse une grande place à *bhakti* par la dévotion au Bouddha ainsi qu'aux différents êtres cosmiques qui, bien qu'ils en diffèrent au plan théorique, sont en pratique traités à peu près de la même façon que les dieux et les saints personnels des autres grandes religions. L'absence de *bhakti* est plus évidente dans l'idéal théravâdin de l'*Arhat*[1], celui ou celle qui a atteint l'étape finale

1. « Selon l'école du bouddhisme *Théravâda*, l'*Arhat* est celui chez qui les influx, les intoxications *(asrava)* qui produisent le karma futur, sont éteints. Il a abandonné les "souillures" et tranché tout attachement à soi et au monde. Pour devenir *Arhat* il est pratiquement indispensable de devenir moine. C'est en réaction contre l'exaltation de l'état d'*Arhat* que sont apparues les premières grandes divergences dans l'histoire du bouddhisme sous l'influence du moine Mahadeva au concile de Pataliputra en 340 avant J.-C.... Pour le *Mahayâna*, l'*Arhat* n'est qu'à un stade inférieur car il recherche l'éveil pour lui-même tandis que le *bodhisattva* est celui qui ne fait pas de distinction entre soi-même et les autres. Le *bodhisattva* personnifie l'humanisme du bouddhisme qui, par la sagesse, sait que les existences sont dépourvues de substances, mais qui, par compassion a résolu de toutes les sauver. » Pierre Crépon, *op. cit. (N.d.T.)*

de la réalisation spirituelle, l'illumination, et qui entre seul dans le *nirvâna*. En revanche la présence de *bhakti* apparaît dans l'idéal mahayaniste de *bodhisattva*, l'être d'éveil qui a atteint l'illumination mais qui, par pure compassion, retourne dans le monde de la manifestation au cours d'incarnations multiples jusqu'à ce que tous puissent parvenir ensemble au *nirvâna*. La première de ces voies-là retient certaines facettes du moi, tandis que la seconde symbolise l'altruisme désintéressé accessible à l'esprit humain, ceci dans sa forme la plus pure.

Le *bodhisattva* est en fait la manifestation de la voie *bhakti* telle que Ramakrishna en a élaboré la définition, c'est-à-dire la voie de « la communion par l'amour, la dévotion et l'abandon de soi-même ». Le contre poids qu'il constitue pour *jnâna* est clair quand on vient à étudier comment Ramakrishna définit ce dernier ; il s'agit d'une voie conduisant aux réalisations :

> « Je ne suis pas le corps, ni grossier ni subtil. Je suis un avec l'Âme Universelle, l'Être Absolu et Inconditionnel. N'étant pas le corps, je ne suis pas soumis aux nécessités corporelles — par exemple la faim, la soif, la naissance, la mort, la maladie, la peine, le plaisir, la douleur, etc. »
>
> *Condensed Gospel of Sri Ramakrishna* (page 194).

En soi, *jnâna* peut donc mener à une forme d'indifférence à sa propre souffrance comme à celle d'autrui, puisque de même les autres ne sont pas le corps. Il peut également mener à l'indifférence quant au bien-être physique, ce qui est le grand manquement de l'Orient, et même à une absence de respect pour le monde matériel et ce qu'il contient. Il est nécessaire d'être conscient du dieu personnel pour avoir ce respect, tout comme l'on a besoin d'avoir un prochain s'il nous faut apprendre à l'aimer comme nous-mêmes.

Aux yeux de Ramakrishna, la réalisation du dieu personnel dans la méditation *savikalpa samâdhi*, un *samâdhi* où le méditant conserve un certain sens de l'individualité en contemplant la divinité, tandis que la réalisation de la réalité ultime est *nirvikalpa samâdhi* où l'individualité est absorbée en son entier dans la divinité. Il est possible, si l'on en croit Ramakrishna, de réaliser ces deux *samâdhi* entre lesquels n'existe en fin de compte, aucune distinction.

Dans ses commentaires, Ghanananda reprend cette notion d'absence de distinction dans ce passage où il parle des aspects personnels et impersonnels de Dieu :

> « Les aspects de Dieu tant formels qu'informels sont tels que l'avers et l'envers d'une même médaille. Si l'on veut que celle-ci ne comporte que le portrait de la reine sans le dessin figuré de l'autre côté, cela ne sera pas possible dans la mesure où l'on ne peut avoir une médaille comportant un seul côté. Le dieu informel est le fondement du dieu formel. Prenons encore la comparaison utile de l'océan. Tout comme celui-ci, l'eau n'a... pas de forme ; mais en tant que série de vagues, elle possède bien une forme... »
>
> *Ibid.* (page 51).

Le parallèle que l'on peut faire entre les deux *samâdhi* précités et les *samâdhi* positifs et absolus de la méditation Zen sont trop évidents pour amener un commentaire. Dans sa pratique originelle hindouiste, Ramakrishna utilisait comme dieu personnel le principe féminin de la création, Kali, la mère divine. Lorsqu'il utilisait une pratique chrétienne, il méditait constamment sur le Christ et sur Allah quand il suivait une méthode islamique. Ghanananda raconte que lorsqu'il s'adonnait à la pratique islamique, Ramakrishna refusait d'entrer dans un temple hindou, expliquant ainsi son geste :

> « ... je psalmodie le nom d'Allah, je m'habille à la façon des musulmans et je récite des *Namaz* régulièrement. Toutes les notions hindoues je les ai bannies totalement de mon esprit, ce qui fait que je ne salue plus les dieux et les déesses hindous et que je n'ai aucune envie de leur rendre visite. »
>
> *Ibid.* (page 89).

Dans les dernières étapes de cette pratique là, Ramakrishna fit d'abord l'expérience d'Allah avec forme et attributs, puis sans aucun des deux. Il réalisa de la même façon dans le christianisme et dit plus tard du Christ : « C'est le Christ qui versa le sang de son cœur pour la Rédemption de l'humanité et souffrit l'agonie pour son salut. Il n'est rien d'autre que... l'incarnation de l'amour ». Quand on lui dit que Bouddha était dit athée, Ramakrishna répondit :

> « Pourquoi athée ? Il n'était pas athée, il ne pouvait simplement pas expliquer ses réalisations. Savez-vous ce que ''Bouddha'' signifie ? Faire un avec ''Bodha'', l'intelligence suprême par le biais de la méditation profonde, devenir l'intelligence pure soi-même. »
>
> *Ghanananda* (pages 92-93).

Dans d'autres circonstances Ramakrishna fit cette remarque : « Il n'existe aucune distinction entre les doctrines du Bouddha et celle de Jnanakanda de la voie védique... être et non-être ne sont que des facettes de *prakriti*[1] la matière spirituelle, la Réalité les transcende tous deux » (Ghanananda, page 93).

Je me souviens d'un jour où, après que le moine qui guidait une méditation bouddhiste se soit retiré, j'étais resté pour dire que « l'erreur » des hindous était la recherche du moi tandis que les bouddhistes reconnaissaient celui-ci simplement comme la création temporaire de l'esprit. Dans cet exemple-là, le moine, qui était un Occidental d'excellente éducation ayant intégré la *secte guelougpa*[2], était un homme sincère et bon, croyant véritablement ce qu'il disait. Cependant, s'il avait pris tant soit peu la peine d'étudier l'hindouisme même rapidement, il aurait su que lorsque les Hindous font référence au moi, il ne s'agit pas de l'ego humain instruit et éphémère auquel les bouddhistes et les Occidentaux donnent le nom de « moi », mais bien de la réalité ultime à laquelle j'ai fait référence maintes fois, celle que les bouddhistes appellent *nirvâna*.

Il aurait apprit également qu'*âtman* — notre esprit illuminé — ne fait en fin de compte qu'un avec *Brahman*, l'esprit absolu impersonnel, de la même façon que l'esprit de Bouddha auquel il se réfère ne fait qu'un en fin de compte avec *nirvâna*. La différence entre les points de vue hindous et bouddhistes

1. *Prakriti* correspond à la « phusis » (nature des Grecs). Il représente l'ensemble de la création depuis les éléments inanimés jusqu'à l'activité psychique. C'est la cause matérielle ultime aussi bien de l'esprit que de la matière de tout l'univers qu'ils constituent. En son état d'équilibre, de quiétude, de potentialité, *prakriti* est la « natura naturans » composée des trois *guna* : *sattwa* (l'essence de toute manifestation), *raja* (son principe actif efficient) et *tamas* (le principe de la résistance, de l'inertie). *Prakriti* s'oppose à *purusha*, le principe spirituel, le Soi. *(N.d.T.)*

2. Cette école remontant à 990 environ, a retrouvé une nouvelle impulsion au XIVe siècle grâce aux moines Tsongkcapa. Elle est également appelée par les Européens Église Réformée (« les bonnets jaunes »). Leur texte principal est le *Lamrim* (« la voie progressive »). *(N.d.T.)*

n'est qu'affaire de sémantique, issue de la tentative qui a été faite d'exprimer ce qui est en fait inexprimable. Pas étonnant dans ces conditions que le Bouddha ait gardé le silence quand on lui posait des questions sur la réalité ultime et qu'il ait préféré en lieu et place, encourage les gens à suivre la pratique qui permettait de l'atteindre.

Je me suis demandé ensuite pourquoi le moine n'avait pas accordé à l'hindouisme l'attention que celui-ci méritait avant de faire référence à ses croyances. De la même manière, je me demande souvent pourquoi les gens n'étudient pas les différentes écoles contenues dans leur propre tradition avant de les rejeter. À mon retour d'un enseignement du Zen Sotto, un disciple du bouddhisme tibétain me fit cette remarque « il n'est donc pas bouddhiste » lorsque je lui dis que le supérieur qui donnait l'enseignement s'était référé à « l'Éternel ». Pourquoi faut-il que nous passions notre temps à nous diviser sur les termes à employer alors que les expériences dont nous tentons de parler défient toute définition ?

Il suffit parfois de se rendre sur le lieu du culte d'une tradition différente de la nôtre pour reconnaître que c'est la folie. J'ai été élevé dans une secte non conformiste et fondamentaliste chrétienne et j'ai tôt intégré l'enseignement selon lequel le catholicisme romain, ses saints et le culte de la Vierge qu'il propose était idolâtre, voire dangereusement subversif au sein de la famille chrétienne. Bien que je me sois séparé plus tard de cette secte fondamentaliste, ma suspicion à l'endroit du catholicisme demeurait et augmenta même beaucoup lorsque j'appris la façon odieuse dont on annihila en son nom le gnosticisme.

Lors de ma première visite à Saint-Pierre de Rome, j'ai ressenti un peu plus de sympathie envers cette religion. Il se peut que j'ai été influencé par la prestance en quelque sorte de cette majestueuse basilique, mais ceci ne changea pas grand-chose consciemment de mon point de vue sur le catholicisme. Cependant lorsque je me réveillai le lendemain matin, je découvris à mon grand étonnement que ma position à ce sujet s'était profondément transformée. Je « savais » maintenant, à un plan intérieur vraiment intime, pourquoi les catholiques révéraient leurs saints et adoraient la Vierge. Cette « connaissance » ne m'a plus jamais quitté. Si elle ne m'a pas engagé à rejoindre l'Église catholique, car il ne s'agit pas vraiment d'une « conversion » au sens où on l'entend d'habitude, il est clair que j'ai conscience d'avoir été initié à la dévotion exprimée par toutes ces âmes pieuses qui ont trouvé leur voie dans le catholicisme, et que j'ai conscience également d'avoir reçu d'elles en quelque sorte le don de la parenté avec elles.

Il n'y a pas de place pour le fanatisme

Ramakrishna a expliqué que la Réalité que nous tentons difficilement d'exprimer est, au plan linguistique, comme l'eau. L'on attribue à l'eau bien des noms différents, mais l'eau reste l'eau et continue d'étancher la soif quand nous la buvons. Chidbhavananada résume ainsi l'enseignement de Ramakrishna concernant la nécessité de conserver un esprit ouvert :

> « Le fanatique croit sincèrement que sa voie est la seule véritable et que les autres ne sont en aucun cas des voies possibles. Il estime de son devoir d'attaquer les autres religions. Cette attitude est issue de l'ignorance. Le fanatique ne vient en aide ni à lui-même ni à autrui. Il ne distribue rien d'autre que du mal. Au contraire de cette attitude, avoir la même

vision qu'autrui, accepter toutes les religions, voilà une attitude issue de l'illumination. Celle-ci est le résultat d'une comparaison entre les différentes voies qui n'ont pas encore été siennes jusqu'à ce jour. S'il est vrai qu'un bébé débute sa vie dans la proximité immédiate et exclusive de sa mère, au fur et à mesure de sa croissance, l'enfant doit être mis en contact avec autrui afin d'ouvrir son point de vue. La rencontre des autres n'est pas conflictuelle avec l'attachement à la mère. Une personne religieuse, de la même manière, doit créer un état similaire dans son développement, faire montre d'une quête des différentes ''fois'' autres que la sienne. Si elle ne cherche pas à étudier les autres chemins, elle s'enferme, pour son malheur, dans la coquille de sa seule religion. »

Ramakrishna Lives Vedânta (page 267).

Vivekananda ne tenait pas un autre discours lorsqu'il disait très simplement : « Vous devez naître dans une église mais vous ne devez pas y mourir ».

Si l'on en croit Ramakrishna, même l'athéisme peut être une étape pour certains vers l'illumination, comme un pallier de l'évolution spirituelle. Pourvu que les athées créent une sorte de « gravité en fusion » pour s'élever par l'effort personnel et ne pas oublier qu'ils sont des chercheurs de vérité, alors « comme l'air frais entre par une fenêtre ouverte, la vérité se révélera à l'esprit qui est resté ouvert par une recherche sérieuse. Le seul obstacle au progrès, c'est la fermeture du portail de la compréhension avec les relais de l'égotisme ». Telle que je la comprends cette fermeture-là constitue un pêché contre l'Esprit Saint, car celui-ci estime qu'il ne peut y avoir de pardon dans la mesure où il n'y a aucune possibilité de Rédemption tant que l'on n'a pas ouvert son esprit.

Ramakrishna est très vigilant sur un point : l'harmonie religieuse ne doit pas conduire à ne suivre aucune voie spécifique. Cette attitude serait aussi préjudiciable que le fanatisme. Au contraire de ce maître, et de quelques autres, il est clair que la grande moyenne des gens n'a ni le temps ni l'aptitude à pratiquer tous les chemins avec l'application qu'ils requièrent. Il nous faut à chacun choisir la voie vers laquelle nous nous sentons le plus en accord et la suivre avec zèle. Il reste que — et c'est là mon point de vue personnel — tant que nous ne serons pas en mesure de comprendre au moins intellectuellement, la sincérité et l'authenticité des autres grandes voies qui nous sont proposées, il est clair que nous ne pourrons jamais comprendre pleinement la nôtre.

10

La méditation objective 2

La forme et l'absence de forme

La méditation dans le vedânta

Si l'on considère l'accent mis par Ramakrishna sur *bhakti* et *jnâna*, les pratiques de méditation enseignées par le *vedânta* doivent de préférence être considérées sous ses deux aspects séparés. Chacun d'eux peut entrer dans la catégorie de la méditation objective, même si, comme nous le verrons bientôt *jnâna* transcende rapidement toute distinction entre objectif et subjectif. Avant d'en venir à ce point, faisons quelques préliminaires utiles au méditant.

Les Védas enseignent qu'il existe trois étapes de méditation spirituelle : *sthula-dhyâna*, *tejo-dhyâna* et *sukshma-dhyâna*[1].

1. *Dhyâna* recouvre un contenu différent selon les écoles de méditation. Dans le bouddhisme théravâda, on distingue plusieurs types de *dhyâna* constituant une progression vers l'acquisition de la sagesse. C'est ce que nous explique ici David Fontana. Au contraire dans l'école zen qui tire son nom de ce mot (*dhyâna* / Ch'an / Zen), *dhyâna* est seulement un et constitue, en lui-même, la pratique de l'éveil. *(N.d.T.)*

Dans le premier état (*sthula-dhyâna*), on a des visions des saints et des dieux, on peut entendre des voix ; il s'agit de la méditation du flux telle que nous l'avons décrite au chapitre 5. Le second état, *tejo-dhyâna*, qui représente un niveau plus élevé sur la voix dans lequel les formes et les visions disparaissent, est plus du domaine de la méditation du calme que nous avons vue au chapitre 4. Le troisième palier quant à lui, constitue une immersion dans la Réalité, une expérience surpassant toute expérience humaine. Les deux premiers états permettent l'entrée dans le *savikalpa samâdhi*, tandis que le dernier ouvre la porte de *nirvikalpa*.

Ces trois étapes représentent respectivement la réalisation de Dieu avec une forme et des attributs, la réalisation de Dieu sans forme mais avec des attributs et la réalisation de Dieu sans forme et sans attributs. Il s'agit là des différents états par lesquels passe le méditant lorsqu'il suit une des pratiques dont nous traitons dans cet ouvrage. Il n'est pas inintéressant de les cartographier sur l'arbre de vie de la kabbale ; dans ce cas, les quatre séphira inférieures correspondent au premier palier, les trois suivantes au second, et les trois séphira supérieures ainsi que leur résolution dans *Ain Soph* correspondent à la troisième.

Les huit degrés de la méditation

La tradition du *vedânta* conseille au méditant de suivre huit étapes importantes que l'on appelle souvent les huit degrés du *râja-yoga* qui furent donnés pour la première fois par Patanjali dans les *yoga-sûtra*. Ils recouvrent bien des points dont nous avons déjà traité dans ce livre tout en offrant une synthèse tout à fait utile dont je résume ici les points principaux :

1) ***Yama*** - la conduite juste dans la vie quotidienne ; il s'agit là de la vérité, de la chasteté, puis de trois actions qui consistent à éviter de porter préjudice, de voler et d'accepter des dons dans la mesure où ceux-ci sont créateurs d'obligation et entravent la liberté de l'action.

2) ***Niyama*** - la pureté de l'esprit et du corps, l'égalité d'âme, la dévotion à Dieu ainsi que l'absence de cupidité et d'indulgence excessives.

3) ***Asana*** - la posture juste : celle qui permet de tenir l'assise de méditation pendant au moins quarante-cinq minutes.

4) ***Prânâyâma*** - la respiration juste.

5) ***Pratyâhâra*** - la capacité à rassembler les forces de l'esprit pour éviter leur vagabondage habituel.

6) ***Dhâranâ*** - la fixation de l'esprit sur une seule idée.

7) ***Dhyâna*** - le recentrage de l'esprit sur l'idée pendant une vingtaine de minutes sans que la concentration s'arrête.

8) ***Samâdhi*** - la connaissance suprême, d'abord au niveau de *savikalpa*, puis en fin de compte à celui de *nirvikalpa*[1].

1. Si l'on en croit Desikachar, l'un des traducteurs des *yoga-sûtra*, voici les huit aspects du yoga dont l'ordre n'est pas forcément à suivre dans la pratique : 1) nos attitudes à l'égard de l'environnement ; 2) nos attitudes envers nous-mêmes ; 3) la pratique d'exercices physiques ; 4) la pratique d'exercices respiratoires ; 5) la maîtrise des sens ; 6) l'aptitude à diriger le mental ; 7) l'aptitude à développer infailliblement des interactions avec ce que nous cherchons à comprendre ; 8) l'intégration complète avec l'objet de notre compréhension. Voici comment Michel Coquet présente à son tour les huit *angani* (membres ou degrés du yoga) : 1) les cinq commandements, le devoir universel ancré dans le centre cardiaque, expression de l'amour sagesse ; 2) les règles de discipline, force ancrée dans le centre frontal, expression de la connaissance concrète ; 3) les postures, une attitude calme en face du monde, force ancrée dans le centre solaire, expression de l'idéalisme abstrait ou dévotion ; 4) contrôle du

J'ai déjà indiqué que, loin de ne privilégier qu'un ou deux de ces aspects, le méditant doit tenir compte de tous les yogas, les huit degrés auquel nous venons de faire allusion permettant de comprendre comment les aborder. Les deux premiers degrés, en tant que *karma-yoga*, permettent de s'assurer que la vie est libre des désirs et des stress inhérent à la vie quotidienne qui rendent la concentration plus difficile. Bien plus, ils nous aident à nous débarrasser de l'égoïsme qui risque de faire un mauvais emploi des *siddhis* qui pourraient apparaître à travers la méditation. C'est ainsi que l'on peut obtenir la pureté d'esprit et de corps nécessaire si l'on désire devenir le temple approprié au troisième aspect, l'esprit. Sans ce nettoyage, cette périclitation, l'esprit, même s'il est toujours présent, resterait à ces deux aspects.

Nous sommes des êtres humains faillibles : c'est pourquoi il est possible que les deux premiers degrés représentent pour nous d'impossibles conseils de perfection. Il n'en reste pas moins qu'ils constituent des étapes vers ce à quoi nous aspirons. Le troisième et le quatrième degrés sont un peu plus faciles et constituent les bases élémentaires, quoique essentielles, du *hatha-yoga*, lequel requiert que l'on reste assis confortablement pendant la période de temps exigée et, pour utiliser les termes de la philosophie yogique, ouvre les canaux subtils au sein du corps par lesquels l'éner-

souffle, la loi d'existence rythmique, force ancrée dans le centre coccygien, expression de l'harmonie par le conflit-union ; 5) abstraction, retrait du désir, force ancrée dans le centre coronal, expression de volonté et de pouvoir ; 6) concentration, orientation appropriée, force ancrée dans le centre sacré, expression de l'ordre cérémonial ; 7) méditation, juste utilisation du mental, force ancrée dans le centre laryngé, expression de l'intelligence active ou d'adaptabilité ; 8) contemplation, résultat complet, détachement spirituel. On lira avec intérêt les deux ouvrages dont sont extraits ces définitions (et que l'on trouvera dans la bibliographie) afin d'approfondir la réflexion sur ces huit degrés. *(N.d.T.)*

gie voyage au cours de sa transformation, transmutation pendant laquelle de grossière elle devient subtile, de physique elle devient spirituelle.

Le cinquième degré implique de recentrer l'esprit, grâce à une prière, à une dédicace ou à une invocation introductive — rituel destiné à recentrer l'esprit vers le monde intérieur (*bhakti-yoga*). Le sixième degré consiste en la méditation (*râja-yoga*), état où l'esprit est focalisé sur un objet tandis que le septième degré consiste en la tâche difficile de le maintenir sur l'objet de concentration. Une fois que l'on peut réaliser ceci pendant quelque vingt-cinq minutes, alors le huitième degré (*jnâna-yoga*) émerge naturellement et le méditant entre en *samâdhi*.

La méditation en tant que bhakti[1]

Quelle que soit la méditation que l'on choisisse, les cinq premiers degrés restent invariables. C'est au cinquième degré (*Pratyâhâra*), que débutent certaines différences dans la mesure où le méditant choisit alors l'objet de sa concentration. Le *vedânta* enseigne que celui-ci devrait être Dieu avec forme et attributs, qu'il soit personnifié par un *avatar*, un saint, un *bodhisattva*, un maître vénéré, un symbole ou un *mantra*. Peu — bien peu — de gens peuvent dès le début fixer leur esprit sur un objet qui n'a pas de forme ; pour la plupart d'entre nous ceci est vraiment très difficile. C'est la raison pour laquelle le *vedânta* nous invite à commencer à un plan plus

1. « Composante mystique essentielle de la religiosité hindoue, la *bhakti* désigne la participation affective de l'homme au divin, la dévotion émotionnelle rendue à l'absolu manifesté par une divinité. » Pierre Crépon, *op. cit.* *(N.d.T.)*

concret avant de « monter plus haut et d'atteindre le sans-forme ». Il nous recommande de placer l'objet sur lequel se focalise la méditation — qu'il soit visualisé, pensé ou répété comme un *mantra* — dans le centre de gravité au « cœur du corps » qui n'est pas le cœur physique mais bien un centre énergétique placé sous le nombril à l'intérieur du corps. « C'est là que doit siéger l'objet de la concentration, si l'on en croit Ghanananda dans son ouvrage *Meditation* (page 50), le cœur est le point de départ de la pensée spirituelle [1]. »

Ramakrishna a particulièrement insisté sur *japa*, la répétition du nom de Dieu ou de l'objet de la dévotion comme point de focalisation de la concentration dans *bhakti*, enseignant qu'il s'agit là de la forme la plus accessible de méditation. *Japa* est en fait un des aspects de la méditation des *mantras*, une pratique largement utilisée dans toutes les grandes traditions. Le *mantra* implique de répéter un son, une série de sons ou encore une série de mots, ce qui peut se faire tant en silence qu'en parlant comme c'est le cas par exemple pour le « Je vous salue Marie » des catholiques romains ou la prière de Jésus (« Seigneur Jésus, fils de Dieu, aie pitié de moi pauvre pêcheur ») des Églises orthodoxes grecques et russes. Chez ces dernières il n'est pas rare que la répétition du *mantra* se fasse en coordination avec la respiration, soit qu'on le répète sur l'expir, soit qu'on le répète ensemble sur

1. Si l'on en croit l'emplacement proposé par Ghanananda, ce « centre au cœur du corps » ne correspond pas au *chakra* cardiaque mais bien à ce que Graf Dürckheim a appelé le *hara*, le centre, le point de gravité de l'homme. Jacques Castermane explique dans *Les Leçons de Dürckheim*, page 16, comment Dürckheim, à l'aide d'un bois destiné au chauffage, lui fit prendre conscience de ce point de gravité. Pour en savoir plus, se reporter aux ouvrages de Castermane et de Dürckheim cités dans la bibliographie. *(N.d.T.)*

l'inspir et l'expir. Lorsqu'il s'agit d'un *mantra* d'une certaine longueur, on choisit d'en dire une partie sur l'inspir et l'autre partie sur l'expir.

Tout en s'adonnant à cette répétition, le méditant focalise son attention sur la signification de chaque mot constituant le *mantra* ou sur les sons eux-mêmes tout en visualisant parfois les symboles qui les accompagnent. Tout comme le fameux « Om », les sons de nombreux *mantras* sont réputés pour porter en eux et du fait de leur nature, une certaine puissance (qui explique pourquoi ils perdent leur valeur si on les traduit), puissance qui permet au *mantra* de pénétrer profondément dans l'inconscient où il poursuit son œuvre même quand on ne le récite plus.

Dès les débuts de l'histoire connue, on rencontre la notion suivante : les sons sont porteurs d'une puissance créatrice. Certains enseignements prétendent même que c'est le « Verbe » de Dieu qui a créé et continue de créer le monde visible. « Au commencement était le verbe. » « Dieu dit, que la lumière soit, et la lumière fut. » Les vibrations constitutives du son seraient alors la « matière » primordiale qui précéda l'apparition du monde physique, elle aurait été le premier mouvement au sein de l'unité indifférenciée de l'être. Essayez d'en faire l'expérience vous-mêmes sur un plan concret ; frappez un diapason tout près d'une feuille de papier sur laquelle vous aurez répandu du sable très fin et regardez la façon dont les grains s'organisent en formes géométriques. Celles-ci constituent la représentation visuelle de l'onde sonore, sa signature, sa création unique.

Dans les traditions bouddhistes et hindoues, on utilise fréquemment, pour accompagner la récitation du *mantra*, un *mala* c'est-à-dire un chapelet composé de cent huit perles (un nombre chargé d'une signification astrologique en Inde) ; à chaque fois que l'on dit le *mantra*, on passe une perle entre les doigts. Les catholiques comme les musulmans utilisent de la même façon les rosaires et les perles de prières. On peut également psalmodier le *mantra* en silence et sans l'aide tangible du *mala* lorsqu'on vaque à ses occupations quotidiennes[1]. Si j'en crois mon expérience personnelle, après quelques mois de cette pratique constante, le *mantra* se maintenait apparemment dans le « centre au cœur du corps » et l'on prend conscience de cette continuité même quand l'esprit est occupé à d'autres choses. Loin de distraire la concentration, cette constante répétition à l'arrière-plan de la conscience, stimule l'esprit en occupant justement l'espace habituellement rempli par des distractions du mental.

À cette répétition constante, il existe une alternative qui consiste à répéter le *mantra* un nombre précis de fois juste avant de se coucher de façon qu'il pénètre dans le « centre au cœur du corps » (ou si vous préférez dans l'inconscient) où il persiste pendant le temps du sommeil. Enfin le *mantra* est souvent choisi comme point de focalisation de l'esprit au cours de la méditation en assise, qu'il soit répété ouvertement ou silencieusement au gré du méditant.

1. La récitation avec un chapelet (*mala*) prend la forme de *japa* tandis que la pratique sans chapelet prend la forme d'une *namasmarana*. Michel Coquet dans *Pratique de la méditation*, donne de nombreux exemples de la *gayatri* (ce qui protège), la prière qui appelle la lumière. Selon Sattia Sahibaba, le nombre des grains du chapelet est le produit de douze multiplié par neuf : douze est le nombre des *Adithya*, les luminaires ou planètes qui révèlent le monde objectif. Quel que soit le nombre de fois que nous multiplions le nombre neuf, nous le retrouvons toujours. Neuf (*Brahman*) avec ses douze manifestations (*Adithya*) égal neuf fois douze, égal cent huit, totalité de la divinité. *(N.d.T.)*

La signification et l'usage du *mantra*

On pense que le terme *mantra* est composé des premières syllabes des mots sanskrits *mana* (pensée) et *trana* (libération des entraves de l'apparence). Ainsi le *mantra* libère de la pensée mais au cours des siècles ce terme prit également la signification de « celui qui protège » indiquant par là qu'un *mantra* bien utilisé est réputé sauvegardé des périls du monde extérieur au même titre qu'il permet d'entrer dans le monde intérieur. (Il existe aussi des *mantras* aux pouvoirs destructifs dans la magie et la sorcellerie, c'est du moins ce que révèle les *Atharva Veda*).

Les traditions orientales rapportent que chaque *mantra* a d'abord été confié au maître spirituel avec lequel il est associé alors que celui-ci (ou celle-ci) se trouvait dans un état de conscience supérieure. C'est la raison pour laquelle il constitue la « signature sonore » du maître de la même façon que les formes sur le sable sont la signature sonore du diapason. Le maître se révèle à la conscience intérieure en réponse au *mantra* lorsque le méditant possède une pratique suffisante.

D'ordinaire, on donne un *mantra* à celui qui est initié à la pratique par un grand maître au sein de la tradition qu'il suit, dont qui s'accompagne d'instructions précises sur la façon de l'utiliser. Celles-ci sont réputées augmenter les pouvoirs du *mantra* puisque celui à qui il a été donné l'entend de la bouche de quelqu'un qui l'a entendu de la bouche d'un autre qui l'a entendu de la bouche d'un troisième jusqu'à ce qu'on arrive au maître spirituel à qui il fut révélé en premier. Il n'en reste pas moins que vous pouvez quand même utiliser un *mantra* si vous n'avez pas reçu d'initiation particulière. Commencez par apprendre un maximum de choses de la tradition que vous suivez avant de chercher quel est le maître qui, en son sein, répond de la façon la plus forte à votre émotion. Il n'est pas rare que cette réponse survienne comme une bouffée soudaine d'amour immense pour le maître concerné, un peu comme s'il s'agissait d'un ami que vous avez toujours connu au plus profond de votre cœur.

L'étape suivante consiste à utiliser son *mantra*, lequel l'incarne au plan sonore. Ne considérez pas le *mantra* simplement comme un nom (même si les noms peuvent être fort chargés). Considérez-le plutôt comme une émanation opérative, comme une forme sonore en correspondance avec la forme visuelle du maître. Vous pouvez l'énoncer quand vous voulez et, quand vous le faites, essayez de ressentir (sans visualiser) que le maître est présent physiquement.

Une fois en position d'assise pour la méditation, il s'agit de faire fusionner cette sensation de présence avec votre « centre au cœur du corps ». Ressentez (toujours sans visualiser) que le maître est assis dans ce centre, que sa conscience est une réalité vivante et vitale en votre sein. Commencez alors en silence à répéter le *mantra*, en intégrant chaque répétition dans ce « centre au cœur du corps » afin de stabiliser la sensation d'une présence.

Si je vous invite à ne pas visualiser au cours de ces premières cessions c'est que cela risquerait de distraire l'attention du *mantra*. Pour l'instant il vous suffit de travailler purement et simplement avec le son et avec la sensation de présence qu'il évoque. Une fois la pratique bien établie, alors une visualisation se formera peut-être d'elle-même. C'est là la révélation du maître à un plan de prise de conscience intérieure dont j'ai déjà parlé. À l'inverse des pratiques de visualisation que nous avons étudiées au chapitre 7, celle-ci n'a pas besoin d'être construite au sein de votre esprit. Elle sourd spontanément tout comme les formes dans le sable apparaissent spontanément, en résonances aux vibrations du diapason. La visualisation représentera le maître ou ce qui est encore possible, la transcription en sanskrit du *mantra*. D'ordinaire vous devez déjà les connaître mais elles apparaîtront non pas comme si elles étaient issues de la mémoire mais bien comme si elles émergeaient d'une dimension qui leur est propre. Ne vous demandez pas trop d'où elles viennent. Traitez les *comme si* elles étaient réelles. Laissez la visualisation prendre sa place au centre de la pratique et offrez lui le *mantra* à chaque fois que vous le psalmodiez.

Si d'aventure aucune image n'apparaissait spontanément, cela ne serait pas vraiment important. Continuez de travailler avec le *mantra* ou construisez la visualisation consciemment afin qu'elle soit générée par l'énergie que le *mantra* met en œuvre.

Comme c'est le cas de toutes les visualisations, ne devenez pas dépendant de cette image, quelle que soit la façon dont elle naît. Rappelez-vous ce que le *vedânta* enseigne : il s'agit seulement du premier des trois niveaux de la méditation. Plus tard viendra le moment du sans-forme. Que vous deveniez alors dépendant des formes et, soit vous résisterez à cette cession en entravant votre développement futur, ou vous ressentirez un profond sentiment de perte (autre émotion qui se mettra en travers de votre chemin). En effet, le jour viendra où vous laisserez derrière vous le *mantra* comme une échelle qui vous a aidé dans votre ascension mais dont vous n'avez plus besoin.

Quelques *mantras*

Au sein de la religion chrétienne, la prière de Jésus que nous avons déjà signalée, constitua le centre de la tradition méditative des Églises orthodoxes en Russie et en Grèce. Le *philokalia*, une série d'écrits dont certains remontent au IVᵉ siècle après J.-C., nous offre une relation indispensable de la façon dont cette prière est utilisée au cours de la méditation tandis que les traductions de deux classiques spirituels anonymes, *The Way of Pilgrim* et *The Pilgrim Continues His Way* constituent d'autres excellentes sources d'information.

L'Islam utilise en particulier le *mantra Allah Ahkba* (a-la atc-ba) « Dieu est grand » ainsi que *La illa ha illa Allah ho* (lah ih-luh hah ih-luh a-la hoo), « il n'y a rien d'autre que Dieu ». Tous deux peuvent être chantés en toutes occasions mais l'Islam n'encourage pas l'utilisation de *mantras* directement adressés à des saints ou à des prophètes. Tout comme il n'encourage pas la visualisation de Dieu sous forme picturale. Dans cette tradition l'on approche Dieu soit par l'intermédiaire de ses attributs (tels que la pitié, la puissance et l'amour) ou un degré ultime du sans-forme (« il n'y a rien à part Dieu »).

Des nombreux *mantras* de la tradition bouddhiste tibétaine, trois sont les plus largement utilisés qui sont les *mantras* du Bouddha, de *Tara* et d'*Avalokiteshvara*. Le *mantra* de Bouddha, *Tayata om muni muni maha munaye-soha* (ta-ya-ta om mouni mouni ma-ha mounaye ye so-ha) permet l'éveil de l'esprit de Bouddha, l'esprit de pleine illumination au sein de chacun d'entre nous. S'il est pratiqué souvent conjointement à une visualisation de Bouddha, l'illumination est imaginée s'écoulant du Bouddha en longs rais blancs de lumière purifiante.

Quant au *mantra* de *Tara*, *Om tare ture tuttare ture soha* (om taray tou-ray tou-tharay tou-ray so-ha), il permet l'éveil des « voies de l'habileté » nécessaires à l'affranchissement de l'ignorance et de la crainte. Parfois considérée comme « la mère des Bouddhas », *Tara* est visualisée sous une forme féminine, une lumière blanche s'écoulant de sa tête pour symboliser l'illumination de tout ce qui est négatif dans le corps, une lumière rouge s'écoulant de sa gorge pour nettoyer les aspects négatifs du discours et une lumière bleue s'écoulant de son cœur, purifiant ainsi l'esprit.

Quant à *Avalokiteshvara*, le Bouddha de la compassion, on le visualise comme une lumière blanche, rouge, bleue, verte et jaune irradiant tous les êtres, porteuse de compassion, allégeant la douleur. Son *mantra Om mani padme hum* (om mani pay-me hom) que l'on appelle parfois « le grand *mantra* » est l'un des plus populaires de tous. Les Tibétains le psalmodient avec respect et bonheur lorsqu'ils vaquent aux activités de la vie quotidienne.

En fait on peut dire que l'hindouisme possède un *mantra* pour chaque occasion virtuelle. Certains sont en correspondance avec une divinité (en tant que facette du seul Dieu) tandis que d'autres sont d'ordre général. Certaines divinités par ailleurs possèdent plus d'un *mantra*. Parmi les *mantras* courts les plus en vogue, on peut citer le *mantra* de *Shiva*, *Shivo-ham* (shi-voh-hum) qui éveille la spiritualité et permet d'atteindre à la contemplation ainsi que le *mantra* de *Vishnu*, *Hari om tat sat* (huh-ree ohm tut sut) qui purifie et permet le réconfort des âmes des morts. Enfin *Om Shanti* (ohm shahn-ti), « la paix de Dieu », est d'un usage universel.

Les *mantras* ci-dessus doivent être consacrés par celui à qui ils sont associés ainsi que par la qualité du son mais également par l'usage que les dévots en ont fait au cours des siècles. Un peu comme on ressent l'atmosphère sanctifiée dès que l'on pénètre dans une église, un temple ou une mosquée, ces *mantras* irradient une puissance objective qui leur est propre.

La méditation des *mantras* sans visualisation

J'ai déjà dit qu'il n'était pas très important que la visualisation intervienne au cours de la méditation du *mantra*. Certaines traditions considèrent qu'elle réduit les chances de devenir dépendant des formes et qu'elle accélère la progression vers l'expérience de « sans-forme ». Il n'en reste pas moins que la notion même de visualisation ne doit pas être bien attractive pour ceux qui n'adhèrent pas à la notion de divinité, de Bouddha ou de *bodhisattva*.

Quelles que soient vos raisons, si vous avez choisi de ne travailler qu'avec le *mantra*, intégrez-le au « centre au cœur du corps » de la façon que j'ai décrite plus haut. Votre concentration ne fera que s'aiguiser si le *mantra* devient partie intégrante de vous-mêmes et qu'il ne se réduit pas à une série de sons purement et simplement répétés. Considérez-le comme un objet de *bhakti* même si vous ne l'associez pas avec un maître particulier — en fin de compte il vous aidera à mieux vous connaître. Considérez-le comme un symbole de la profonde sagesse qui est en vous et qui ne demande qu'à être investie. Tout du moins, il mérite le respect.

Maintenez le *mantra* au centre de votre conscience. Essayez de rendre chaque répétition aussi intense que la précédente. Une fois la méditation bien établie, vous pouvez laisser tomber de temps en temps le *mantra* pour maintenir votre concentration sur l'espace qu'il occupait. Il ne s'agit pas là d'un espace sans limite, d'une absence de forme authentique. Il s'agit simplement de l'espace défini par le *mantra*. Il vous faudra encore traverser de nombreuses étapes avant de faire l'expérience de l'espace infini ; il ne s'agit pas moins là d'un progrès considérable.

S'il advient que les pensées interfèrent de nouveau, revenez au *mantra* jusqu'à ce que vous rétablissiez votre concentration. Viendra un temps où vous serez capable de mener une cession entière avec un nombre très limité de répétitions du *mantra* initial.

Les avantages de la méditation du *mantra*

De toutes les techniques de méditation, le *mantra* est la plus facile à mettre en pratique. Bien plus évident comme point de focalisation que la respiration, bien plus accessible que la visualisation, bien plus efficace comme voie pour trouver la tranquillité qu'un *koan*, le *mantra* offre, à quiconque progresse lentement et modestement dans la tranquilisation de l'esprit, une voie royale. L'une des raisons du succès de la méditation transcendantale est le fait qu'elle constitue une forme simple de méditation de *mantra* où le méditant se focalise sur un seul mot sanskrit qu'il répète encore et encore au cours de séances d'un quart d'heure qui reviennent deux fois par jour, ceci sans qu'il ait forcément besoin d'être dévoué à une religion ou à un maître spirituel.

Même si vous êtes fermement lié à une autre pratique méditative, posséder un *mantra* que l'on peut répéter silencieusement dès que l'on ressent le besoin de calmer l'esprit sans repos au cours d'une journée de travail — qu'il s'agisse d'autodiscipline ou de dévotion, sera très utile au point que vous éprouverez bientôt le besoin d'y revenir. Au tout début de la période où je pratiquais intensivement la répétition du *mantra* — bien avant d'y avoir été initié réellement — j'avais constaté que mon esprit se focalisait automatiquement sur ce *mantra* dès que je passais à un état d'esprit neutre. Non content d'accroître l'énergie mentale (bien des gens sont inconscients de la dépense d'énergie faite par un esprit bavard), le *mantra* favorise l'émergence de la vision profonde créatrice. Celle-ci jaillit de l'inconscient, source de l'intuition et le fait de clarifier l'esprit des pensées conscientes qui le dominent d'habitude, décrasse en quelque sorte le canal par lequel l'inconscient communique.

Plus encore, le *mantra* accroît l'amour et la dévotion du méditant envers l'objet de sa pratique. C'est un peu comme s'il drainait un flot d'émotions au sein du cœur, lequel s'écoulerait par l'intermédiaire du méditant vers le Christ, le Bouddha, que sais-je encore, et par leur intermédiaire vers tous les êtres.

L'intégration de « sans-forme »

Le méditant est maintenant prêt à passer de la méditation avec une forme à la méditation sans-forme. Cette transition comme les étapes qui la précèdent et qui la suivent est, en quelque sorte, cartographiée, hiérarchisée en quatorze paliers progressifs par le bouddhisme tibétain : il constitue un chemin bien détaillé qui mène aux quatre étapes supérieures composées par le *vedânta*. Voici en substance ces quatorze paliers :

1) ***L'attention*** comprend la position de méditation et on se met dans l'état d'esprit de la méditation.

2) ***L'implantation*** [1], la concentration se focalise sur

1. David Fontana emploie le terme « *continuous setting* » c'est-à-dire « mise en continu », établir son assiette, son équilibre. *(N.d.T.)*

le *mantra* : lorsque les pensées surgissent, on les écarte, même lorsqu'elles n'apparaissent plus, persiste encore la pensée que « la pensée demeure ».
3) ***Se fixer*** [1], la concentration s'approfondit et l'esprit reconnaît en les repoussant, les distractions dès qu'elles surgissent.
4) ***L'implantation intime*** [2], on ne perd plus de vue l'objet de la concentration ; l'état de tranquillité s'installe.
5) ***Se discipliner***, la concentration devient encore plus profonde et donne naissance à la « vision profonde » (*insight*), mais il se peut que vienne la tentation du relâchement (sur-sevrage conduisant à un état proche de la transe), relâchement qu'il faut éviter par la discipline de l'esprit pour maintenir la concentration.
6) ***La pacification***, on vient à bout du relâchement mais c'est la surexcitation, provoquée par le fait qu'on atteint des niveaux très profonds de méditation, qui doit être pacifiée ; pour cela il faut laisser cette émotion se décharger.
7) ***La pacification complète***, cette surexcitation est désormais contrôlée en totalité.
8) ***La concentration sur un seul objet*** [3], l'esprit est désormais totalement centré sur l'objet de la méditation et peut commencer d'entrevoir le *savikalpa samâdhi* (le *samâdhi* relatif).
9) ***La souplesse du mental***, on ressent comme un picotement au sommet de la tête au fur et à mesure que les états négatifs aux plans tant mental que physique quittent le corps. Le *samâdhi* peut alors apparaître plus fréquemment.

1. David Fontana emploie le terme « *re-setting* » c'est-à-dire « faire prise de nouveau », s'établir de nouveau. *(N.d.T.)*
2. David Fontana emploie « *close setting* ». *(N.d.T.)*
3. David Fontana utilise le terme « *one-pointedness* ». *(N.d.T.)*

10) ***La souplesse au plan physique***, le corps est lumineux ; il fusionne (devient un) avec l'objet de la méditation. La béatitude fait son apparition et l'on entre pleinement dans *savikalpa samâdhi*.
11) ***La première intégration de « sans-forme »***, l'esprit ne fait plus qu'un avec l'espace infini. Les formes disparaissent y compris celle de l'objet de la méditation. Même « le son d'un canon » ne pourrait plus perturber cet état. Le *nirvikalpa samâdhi* (le *samâdhi* absolu) commence d'émerger.
12) ***La deuxième intégration de « sans-forme »***, même « l'espace infini » apparaît grossier ; on le laisse derrière soi pour immerger l'esprit dans la conscience infinie.
13) ***La troisième intégration de « sans-forme »***, même « la conscience infinie » apparaît grossière, on l'abandonne pour permettre à l'esprit de se confondre avec le néant[1].
14) ***La quatrième intégration de « sans-forme »***, on atteint ici le sommet de l'existence cyclique, toute discrimination a disparu, même celle existant entre la forme et sans-forme. On est entré pleinement dans *nirvikalpa samâdhi*.

Dans les trois premiers paliers de l'intégration de « sans-forme », au fur et à mesure de l'entrée dans *nirvikalpa samâdhi*, il serait plus juste de définir le terme « grossier » par le mot discrimination, puisque *espace infini*, *conscience infinie et néant* induisent l'existence de leur opposé. Dans le quatrième palier, l'esprit dépasse le niveau de la discrimination et, si l'on reprend la terminologie bouddhiste, il peut

1. David Fontana utilise le terme « *no-thingness* » c'est-à-dire le « sans-quelque chose ». *(N.d.T.)*

désormais quitter le cycle de l'existence s'il le souhaite pour entrer dans l'état terminal du *nirvâna*[1].

Si l'on abandonne le *mantra* au seuil des quatre intégrations de « sans-forme », cela ne veut pas dire que le méditant n'y reviendra plus jamais. Car s'il l'accompagne dans sa vie quotidienne, le *mantra* constituera également un préliminaire pendant les cessions de méditation formelle. Par ailleurs, le fait que l'on ait réussi à entrer dans les trois premières étapes de l'intégration de « sans-forme » ne veut pas dire qu'on y parviendra de nouveau à la demande. Il se peut fort bien que la méditation ne produise aucune conscience de la forme ni de sans-forme avant des semaines, voire des mois. Il se peut fort bien que le méditant demeure dans une sorte d'aridité, de désert où le *mantra* sera son seul réconfort. C'est là ce que les mystiques chrétiens appellent « la nuit noire de l'âme », ce temps pendant lequel il semble que la vision divine qu'ils ont reçu leur ait été enlevée sans rien laisser à la place.

Le seul moyen de faire face à cette expérience spécifique est d'en prendre note avec autant de détachement qu'il est possible et de poursuivre la prati-

1. *Dans la lumière du Dharma*, sa Sainteté le quatorzième Dalaï Lama donne quelques précisions sur les quatre *sam-ten* sans-forme. « Après avoir obtenu le quatrième *sam-ten*, on se détourne des *dharma* grossiers (tels que le toucher, la vue, etc...) et même des *dharma* subtils et l'on s'attache à développer l'idée que "tous les *dharma* sont semblables à l'espace infini". Ensuite, on médite sur "la conscience semblable à l'espace infini". Cette concentration permet de pénétrer dans la sphère "terre de la conscience infinie". Après avoir acquis ces deux réalisations, le méditant s'aperçoit qu'elles ont encore un "objet" et reposent sur la conscience d'un objet de pensée. Il s'attache à développer la pensée "qu'il n'y a rien à saisir" et il pénètre dans la sphère "terre vide de concept". Finalement ces trois sphères ont encore chacune un objet, bien que très subtil : il n'y a pas de perception grossière mais il n'y a pas non plus "absence de perception subtile". On accède enfin à la sphère "ni perception, ni non-perception". Cette dernière réalisation porte le nom de "sommet du devenir". » (page 69). *(N.d.T.)*

que. Il ne faut surtout pas se laisser tenter par l'abandon de celle-ci ou par l'envie d'en changer pour une autre. Il faut continuer de travailler avec le *mantra*, jour après jour, dans l'attente d'une nouvelle aube de la lumière qui ne manquera pas de se lever.

Jnâna en méditation

L'expérience de *savikalpa samâdhi* est la première initiation à *jnâna*, la vision profonde véritable. Désormais, le méditant a eu accès au centre, même si c'est brièvement ; il en connaît sans qu'il puisse en douter la réalité. Il reste pourtant encore à réaliser le *jnâna* ultime de *nirvikalpa samâdhi*, ce qui ne peut arriver sans que l'on abandonne totalement la pratique *bhakti* qui consiste à focaliser l'attention sur les formes et leurs attributs, sans entrer de plain-pied dans le quatrième degré de l'intégration de « sans-forme ».

Bien des grandes traditions reconnaissent que le méditant rencontre d'importantes difficultés lors de cette dernière étape quand ce n'est une profonde répugnance. Il est vrai que lorsque l'on a atteint *savikalpa samâdhi*, que l'on y fait l'expérience du divin et qu'on a éprouvé la béatitude, on ressent naturellement le désir de se maintenir dans cet état. Pourquoi aller encore plus loin ? L'univers est devenu clair, l'éternité a été révélée, les œillères de l'ignorance sont tombées et l'amour nous a été révélé comme la vérité au centre de toute chose. Pourquoi donc abandonner ces merveilles en se lançant à la poursuite de « sans-forme », état qui apparemment nie le précédent pourtant réalisé après une si longue pratique ?

La réponse est la suivante : rien n'est nié. La réalité dont on a fait l'expérience est l'expression de la réalité ultime, tout comme vous et moi en sommes les expressions. Cependant, il reste que cette réalité ultime a été entrevue à l'intérieur des limites de l'esprit humain. Si vous préférez, on peut dire que cette réalité ultime a été présentée sous une forme compréhensible par un esprit encore restreint, même si ce n'est que légèrement, car ses concepts et sa façon de filtrer la vérité, à la manière d'un prisme, divise la lumière en un arc en ciel de couleurs. Il n'y a rien d'« irréel » dans ledit arc-en-ciel. Il est bien là, potentiellement au sein de la lumière blanche, mais chacune de ses couleurs n'est qu'une partie de la lumière, une expression limitée de celle-ci. Lorsqu'on atteint cette lumière-là, on ne perd pas l'arc-en-ciel mais on en prend conscience pour ce qu'il est, c'est-à-dire la manifestation de la couleur sans-couleur qui transcende et crée toutes les couleurs, un des aspects de la source originelle d'où s'écoulent toutes les couleurs, la diversité.

Ken Wilber, un Occidental qui a beaucoup fait pour jeter un pont entre les psychologies de l'Orient et de l'Occident, écrit de sa propre expérience concernant la réalisation de l'état de « sans-forme » :

> « (Il ne s'agit) pas d'une perte des facultés mais bien de la culmination de ces facultés..., (il ne s'agit) pas d'une transe vide mais de la parfaite clarté ; non il ne s'agit pas d'une dépersonnalisation mais bien de transpersonnalisation. Je n'avais perdu ni même altéré aucune de mes facultés personnelles. Au lieu de cela, elles fonctionnaient toutes pleinement et pour la première fois il me semblait qu'elles étaient libres des défenses construites par la perception séparée du soi, elles me semblaient radicalement ouvertes... Je n'ai pas observé ni fait l'expérience de tout ceci, *j'ai* simplement *été* tout ceci. Je ne l'ai pas vu parce que c'était tout ce qui était vu ; je ne l'ai pas entendu

parce que c'était tout ce qui était entendu ; je ne l'ai pas connu parce que c'était tout ce qui était connu. C'est la raison pour laquelle c'est ensemble le grand mystère et l'évidence parfaite. »

Odyssey, article (page 84).

Wilber écrit ailleurs que l'expérience de « sans-forme » n'est pas :

« Une expérience parmi d'autres mais bien la nature profonde et le fondement de *toutes* les expériences, supérieures ou inférieures... *en soi* pour cette raison elle n'est même pas empirique, elle n'a rien à voir avec des changements d'états... L'état ultime, c'est ce que je suis avant d'être autre chose ; c'est ce que je vois avant de voir autre chose ; c'est enfin ce que je ressens avant de ressentir autre chose. »

Ramakrishna enseigne que cette expérience de sans-forme, et *jnâna*, est à notre époque bien plus difficile que *bhakti*. S'il nous faut suivre une seule voie, il nous recommande *bhakti* dans la mesure où le progrès sera plus rapide et où la sentimentalité à laquelle il peut conduire est une erreur de moindre importance que le savoir sec et théorique résultant de la pratique seule de *jnâna*. Il reste qu'il faut associer les deux pour pratiquer de façon achevée.

Le réalité « sans-forme »

Le *vedânta* reconnaît à cette difficulté des temps moderne d'expérimenter *jnâna*, quel que soit l'état de préparation du méditant, la raison suivante : depuis la naissance nous sommes conditionnés à prendre en compte cette présence des formes et il nous est bien difficile de concevoir qu'il puisse exister quelque chose ressemblant à « sans-forme ». Le *vedânta* nous apporte quelque secours en nous expliquant que *jnâna* est la réalisation (*réal*-isation, de *réel*) que « je ne suis pas mon corps, je ne suis pas mes pensées, je ne suis pas l'intellect ni l'ego » et ainsi de suite. En fait, cette réalisation est essentiellement la réalisation fondée sur l'expérience du monde que nous présentent sous la forme de modèles théoriques les scientifiques de la physique nucléaire moderne, un monde d'énergie sans forme d'où les particules émergent et dans lesquelles elles disparaissent.

Les anciens *rishis*, les sages créateurs des *Véda* savaient tout ceci il y a plus de trois mille ans et le Bouddha les a remises en forme cinq cents ans avant la naissance du Christ. Si l'on en croit les *rishis*, le monde des formes est « la matière esprit » — (le principe matériel, la nature — la *maya* du *vedânta*, la *prakriti* de la philosophie du système philosophique *sâmkhya*, la *shakti* des tantristes et le *samsâra* des bouddhistes. On retrouve cette terminologie dans celle de certains philosophes de la science. Je pense à Sir Arthur Eddington ou à Sir James Jeans. Eddington prétend que le lien existant entre le monde vide de la physique subatomique et le monde physique tel que nous en faisons l'expérience est l'esprit humain : « La matière du monde est la matière de l'esprit » *(The Nature of the Physical World).* Tandis que Jeans est encore plus explicite : « La meilleure façon de représenter l'univers est pure pensée [1] ».

Cependant, et voilà bien où réside la distinction entre le savoir théorique et le vrai *jnâna* — c'est une chose que de connaître ces faits par l'étude de la

1. Pour en savoir plus on se reportera aux ouvrages de David Bohm, de Fritjof Capra, de Rupert Sheldrake et de Michael Talbot cités dans la bibliographie. *(N.d.T.)*

sagesse des *rishis* ou les ouvrages de nos physiciens, c'en est une *autre* de les connaître, c'est-à-dire d'en avoir fait l'expérience. C'est à ce point charnière que la croyance dépasse la connaissance et que ce qui est de nature intellectuelle devient sagesse. Quel est ce point particulier ? Prenons un exemple. Il se peut que vous possédiez une connaissance parfaite en tant que physicien de l'étrange monde de l'atome ou que vous soyez parfaitement au courant des enseignements des *Véda* ou du bouddha, et que vous sachiez que le monde du phénomène est fondamentalement vide ; avez-vous seulement cessé de penser — voire même d'expérimenter — que votre corps est vide de la même manière ? Les atomes qui le composent n'ont pas plus de substance que les atomes qui composent une table ou une chaise, votre corps est tout autant *maya* que le sol que vous foulez.

Méditer sur « l'immensité spacieuse »

Une fois qu'on noue au plan théorique le sans-forme, on peut dire qu'en quelque sorte on évolue et on parvient à une étape « miroir » dans laquelle cette connaissance est reflétée dans nos esprits. Dans tous les cas on ne peut pas donner d'explication moins claire de la façon de dépasser cet état que celle concernant les autres techniques de méditation dans la mesure où la nature même de la méditation sur sans-forme se situe au-delà des mots et des concepts. Une fois que le méditant a laissé derrière lui le *mantra* et les visualisations, le « sans-forme » peut émerger par soi-même mais il y a des moments où le méditant ressent l'impression d'être échoué sur ce que l'on appelle parfois « l'espace terrible entre le ciel et la terre » (voir à ce sujet le livre de Herrigel).

Pendant ce temps la pratique qui peut permettre à l'esprit d'être opératif sans un point de focalisation spécifique, est bien la méditation sur les dimensions spacieuses. Placez le point de conscience à l'endroit qui se situe juste entre les sourcils un peu au-dessous de leur ligne (le fameux « troisième œil » utilisé dans la pratique de la visualisation telle que nous l'avons décrite au chapitre 7) et prenez ici de la vacuité du « sans-quelque chose » symbolisé par un écran aveugle si c'est nécessaire. Au fur et à mesure qu'elles apparaissent tout comme dans zazen, on ne fait pas attention aux pensées mais on les laisse passer leur chemin comme s'il s'agissait des murmures d'une conversation qui se tenait dans la pièce d'à côté. Plus on est centré au sein de cet espace très spacieux, moins ce murmure est une entrave ; il cessera enfin et « l'immensité spacieuse » embrassera toute chose comme s'il s'agissait de l'étendue infinie de l'éternité.

Netti « pas ceci »

Le *vedânta* enseigne également que la pratique véritable de *jnâna* tourne autour du concept hindou du *netti* « pas ceci » et qu'elle exige du méditant qu'il dépasse chacune des caractéristiques tant physique que mentale qui constitue d'habitude ce qui est « moi ». Ce faisant, le méditant s'approche de son être véritable de la même façon que le *vedânta* approche l'ultime réalité, c'est-à-dire surtout en terme de ce qu'elle n'est pas plutôt que de ce qu'elle est « *netti, netti* » ; « pas cela, pas cela ».

Comme je l'ai expliqué précédemment, on transfert le point de focalisation de l'attention sur le corps, en prenant conscience de celui-ci dans sa solide présence. Puis tout comme un *mantra*, on laisse émerger l'aphorisme en le répétant constamment « j'ai un corps mais je ne suis pas ce corps ». Il ne faut pas tenter de « dissoudre » la conscience que l'on a du corps. Bien au contraire, au fur et à mesure que la méditation gagne en profondeur, la réalisation apparaît tant par le truchement des sens que par celui de l'esprit, et l'on prend conscience que, bien que l'on aime et chérisse le corps que l'on possède, il n'est pas vraiment ce que nous sommes en réalité. Un jour le corps viendra à mourir et se dissolvera mais notre conscience essentielle persistera.

Une fois parvenu à cette « réalisation » (qui peut survenir rapidement ou se faire attendre pendant de nombreuses cessions), le méditant porte son attention sur les pensées qui jouent comme un théâtre d'ombres à la surface de l'esprit puis fait sortir cet aphorisme « j'ai des pensées mais je ne suis pas les pensées ». Tout comme pour celui traitant du corps, on répète cette phrase encore et encore jusqu'à ce que l'on parvienne à comprendre que les pensées, malgré leur importance, ne sont pas ce que nous sommes en réalité. Elles apparaissent et se dissolvent tandis qu'on supporte de les observer tout comme un public supporte les changements qui s'opèrent devant lui sur une scène de théâtre. Puis, le méditant se tourne vers l'ego, la somme du petit moi qui comprend toutes ses humeurs, ses sentiments, ses attitudes, ses préférences ou ses répugnances, et il fait apparaître l'aphorisme suivant « je suis un ego mais je ne suis pas l'ego ».

Très progressivement, cette pratique fait apparaître la sensation que l'être est bien plus que les attributs qui lui sont associés — qui vont et viennent —, qui naissent de la vacuité et retournent à la vacuité comme le reste du monde phénoménal. Les pensées vont et viennent, tout comme les sentiments et les humeurs, les attitudes et les opinions, la conscience du corps, l'inspir et l'expir. La conscience soi-même va et vient en fonction de nos phases d'éveil et de sommeil. Tout est ensemble création et destruction excepté la constance de la conscience dont on dit pour certains individus particulièrement évolués qu'elle reste sans faille même durant les heures de sommeil apparent.

Il n'y a rien d'effrayant là-dedans. Réaliser cela, même très brièvement, permet de percevoir combien notre vision normale du monde est restreinte, combien elle est isolante et perturbatrice. Pour la bonne et simple raison que cette vision du monde qui met la réalité « à l'extérieur » est toujours à l'affût, même lorsque la vie suit bien son cours, de nous mettre au défi, de nous prendre en défaut, de nous ravir à ce que nous pensons être nôtre, de nous manipuler. Même les gens que nous aimons le plus sont là pour nous rappeler que l'on vit toujours dans la crainte de la perte. Même si nous ne faisons qu'entrevoir un très court instant le sans-forme, l'unité, nous découvrons que la vue fragmentaire que nous avons du monde n'est pas la vision de la réalité, que notre angoisse existentielle n'est que la conséquence d'une hallucination et non d'une vision. Et quoi qu'il arrive après cet instant-là, ce coup d'œil à l'unité, jamais nous ne pourrons oublier ce qui nous a été révélé.

Les bouddhistes ont leur version de cette pratique. On médite sur un objet (ou on pense consciemment à cet objet) — n'importe quel objet fera l'affaire mais c'est bien de commencer avec une table. Celle-ci est composée d'un plateau et de quatre pieds. Visualisez donc une table. Enlevez-lui maintenant un pied. Puis un autre. Enlevez-lui un troisième pied et le dernier jusqu'à ce qu'il ne reste que le plateau. S'agit-il encore d'une table ? Sinon où donc est partie la table ? Vous ne l'avez pourtant pas emportée. Tout ce que vous avez enlevé ce sont les quatre pieds. Alors pourquoi donc n'avez-vous plus de table ? Qu'est-ce qu'une « table » ? Essayez de nouveau en enlevant le plateau. Avez-vous encore une table ou simplement quatre pieds ? Si vous n'avez plus de table, où est-elle partie ? Et en fin de compte qu'*est*-ce que la table ?

Procédez de même avec les objets qu'il vous plaira et consacrez-vous à cette technique pendant plusieurs séances de méditation sans jamais pourtant aller au-delà du « démembrement » de chacun des objets. Laissez la signification de ce que vous faites faire son chemin. Ne vous posez pas mille questions, ne vous torturez pas l'esprit. Observez simplement. Au bout d'un moment, vous réaliserez soudainement que la table, le corps et tout le reste ne sont que constructions mentales. Quels qu'ils soient ces objets n'ont aucune existence durable et constante. Quand vous réaliserez cela vous ferez l'expérience de l'absence de forme, du sans-forme de toutes choses.

Ceci fait, vous ne regarderez plus dans un miroir. Votre conscience, pour utiliser une métaphore, est maintenant à l'extérieur des choses et commence de percevoir la réalité. Les visions momentanées, cette sensation de *connaissance* ne dureront pas longtemps au début. Mais ne doutez pas des visions profondes qu'elles feront surgir. Maintenez cette pratique et continuez de l'approfondir progressivement.

Netti dans le christianisme

Le christianisme enseigne également la voie de *netti*. L'une des plus importantes révélations de ma vie fut de découvrir que le christianisme possédait les mêmes visions profondes que celles qui anoblissaient la pensée orientale. J'ai déjà abordé certaines de ces visions lorsque j'ai traité de gnosticisme au chapitre 5, mais *netti* est une autre des richesses du christianisme. Surtout apparentes dans les épanchements des mystiques comme l'anonyme qui emprunta le nom grec de Denys l'Aéropage, le christianisme a toujours prôné une voie négative comme une voie positive. La *via negativa* débute par le concept de l'inconnaissabilité de Dieu. À moins que Dieu ne Se révèle à la création, un nuage d'inconnaissabilité le séparera toujours de nous autres comme un voile tendu entre nous. La *via negativa* défend le point de vue suivant : toute description de Dieu, aussi exaltée fût-elle, est nécessairement une description issue de l'humain. Si l'on en croit le commentaire que fait Wolters :

> « Toute description quelque exaltée qu'elle soit est d'origine humaine et, du fait de cette différence de nature, ne peut être ni juste ni suffisante. Si l'on dit que (Dieu) est "grand" ou "le plus élevé", si l'on dit qu'il s'agit d'une "personne", ou encore qu'il est "bon", l'on a recours à des mots qui ne peuvent être correctement compris que dans un contexte humain, des mots qui vous distinguent de moi et nous séparent tous deux de notre prochain. Il est manifeste que l'on ne peut parler de la divinité de cette façon... Dieu ne peut pas être grand, élevé, personnel, bon, dans le sens où nous entendons ces mots d'ordinaire. Il est tellement plus que tout cela que l'on parlera plus justement en disant qu'Il n'est rien de ces mots-là ; il est plus juste de Le décrire en termes négatifs qu'en termes positifs. Lorsque l'esprit Lui fait face... Il entre dans un nuage non connu. »
>
> *The Cloud of Unknowing and Other Works*, page 17.

Si Wolters avait également précisé le fait que Dieu n'est ni Lui ni Elle, alors sa présentation de la *via negativa* et la reconnaissance que nous faisons de son unité par l'intermédiaire de *netti-netti* aurait été aussi proche de la plénitude que les mots peuvent l'exprimer.

Qui suis-je ?

Une technique très proche de *netti* est présentée par un autre sage hindou, du nom de *Ramana Maharshi*. Elle se rapporte d'une certaine façon au chapitre 8 dans la mesure où « qui suis-je ? » est l'ultime *koan* dont tous les autres dérivent. D'une certaine façon cette technique a sa place dans chaque chapitre de cet ouvrage parce que « qui suis-je ? » est au centre de toutes les méditations comme je l'ai déjà dit.

Comme l'enseigne Ramana Maharshi, la question ultime « qui suis-je ? » peut devenir le centre de la concentration et l'on peut travailler dessus en suivant la technique que j'ai expliquée au chapitre 8. Mais comme il en va de tous les *koan*, il ne faut pas chercher de réponse intellectuelle. Garder la question présente à l'esprit en la considérant comme une devinette à laquelle vous savez bien qu'il existe une réponse, une réponse qui viendra en son temps et en suivant son propre chemin, une réponse que l'on ne doit ni anticiper ni entraver par des projections, une réponse qui est comme un sommet de montagne émergeant des brumes au petit matin.

On peut également travailler sur « qui suis-je ? » dans un exercice à deux tel que je l'ai présenté au chapitre 8. Ramana Maharshi enseigne également que, quel que soit le moment où l'on prend conscience de soi comme acteur d'une action, il faudrait se demander « qui est-ce qui est en train de faire cela ? », « qui est-ce qui est en train de manger ? », « qui est-ce qui est en train de marcher ? », « qui est-ce qui est fâché ? », « triste ? », « heureux ? ». Et même lorsque l'on en vient à se casser la tête sur des questions concernant la vérité ultime, la vie et la mort, nous devrions nous dire « qui est-ce qui pose ces questions ? ». En d'autres termes il nous faudrait toujours retourner les questions vers nous-mêmes.

Nous commencerons par répondre à la question « qui suis-je ? » en donnant notre nom, mais un nom n'est qu'une étiquette qui nous a été assignée par autrui au moment de la naissance. Le nom ne peut donc pas être ce que nous sommes. On pensera ensuite à nous-mêmes par rapport aux relations que nous entretenons avec autrui, qu'il s'agisse d'une épouse, d'un mari, d'un amant, d'un parent, mais ces relations-là sont toujours en train d'évoluer, de se développer, de changer. Elles ne peuvent donc pas être ce que nous sommes. Ensuite on pensera à soi par rapport aux caractérisques physiques et psychologiques que l'on peut s'attribuer, l'âge, les préférences et les répugnances, le tempérament, les qualités. Mais voilà des traits qui changent également constamment. Il suffit de regarder quelques années en arrière, voire quelques semaines pour trouver des changements radicaux dans certaines de ces caractéristiques. Et pourtant étiez-vous moins « vous » dans le passé que vous ne l'êtes aujourd'hui ?

En fin de compte si l'on continue cet exercice suffisamment longtemps, on parviendra à une sensation vide de non-connaissance. Bien que l'on vive avec soi-même depuis des années et que l'on connaisse plein de choses sur tout ce qui nous entoure, la vérité est bien là : on ne sait pas qui l'on est. N'allez pas plus loin que ce « on ne sait pas ». Ne cherchez pas plus de formule, ne cherchez pas d'autres mots. Restez-en là. Méditez sur ce « on ne sait pas ». S'il vient à faiblir retournez aux premières questions que vous vous êtes posées et reconsidérez combien elles sont insatisfaisantes. Puis méditez de nouveau sur ce

« on ne sait pas ». De même qu'avec « Mu », la réponse ne se trouve pas dans la spéculation intellectuelle mais dans l'expérience directe de la réalité.

Faire le dernier pas dans *jnâna*

« Réaliser » la vérité de son être nous entraîne dans le domaine du sans-forme, le but de *jnâna*, le *nirvikalpa samâdhi* des intégrations de sans-forme, de l'expérience pure qui fait un tout avec l'être qui en fait l'expérience. Il n'en reste pas moins que même ce doute-là n'est pas le dernier. Car le méditant doit maintenant intégrer cette réalisation à sa vie de tous les jours, il doit l'intégrer au monde des formes. Non pas grâce à une formule qui doit être partagée avec autrui — car nous avons vu maintes fois qu'il n'y a là rien qui puisse être transcrit avec des mots —, mais bien comme une expérience vécue. Comment faire ? La seule solution est de réconcilier cette vision de la réalité ultime avec la réalité relative dans laquelle nous vivons sur cette terre. Demeurer dans cet état très rare du *nirvikalpa samâdhi* serait synonyme d'avoir échoué au test final, dans la mesure où ce serait nier le monde des formes en tant que faisant partie intégrante de la réalité, car ce serait nier que, comme l'enseigne le Bouddha, *samsâra* et *nirvâna* ne font qu'« un ». Ce déni-là voudrait dire que l'on n'a pas fait l'expérience de l'ultime degré de *nirvikalpa samâdhi* dans la mesure où l'on serait resté dans la dualité, dans le monde de « ceci ou cela » et non dans celui de « ceci et cela ». Les opposés auraient de nouveau surgi et, le Bouddha l'a bien dit, « quand les opposés surgissent, l'esprit du Bouddha est perdu ».

Réconcilier le monde sans-forme et le monde des formes est comme poser la question suivante : « Est-ce que mon corps possède une forme ? » La réponse est qu'il en a certainement une même si elle ne représente pas ce que nous sommes et qu'elle est sujette au changement, à la croissance et au décès. *J'ai* bien un corps et *j'ai* bien certains attributs. Qu'est-ce qu'ils sont ? Rien d'autre que les *symboles de la réalité*, de la même façon que les formes sur le sable sont les symboles du son qui les a créés.

Lorsque l'on « réalise » ainsi, on a la connaissance que, puisque le monde des formes est issu de l'ultime réalité sans-forme, alors les mondes de la forme et de la non-forme sont en réalité les deux aspects de la même chose. *Samsâra* et *nirvâna* ne font qu'un, le Bouddha l'a dit. La roue devient alors un cercle complet, révélatrice d'une réalité ultime embrassant tant l'existence que la non-existence. Et cette révélation fait disparaître les opposés, les alternatives qui composent semble-t-il l'expérience terrestre ; les « ceci ou cela » de la vie quotidienne. La vie et la mort elles-mêmes ne sont qu'une. L'esprit, grâce à cette vision, dépasse le doute et la crainte, la mortalité et l'immortalité, le moi et le non-moi, pour entrer dans la vaste étendue de l'être. Pour reprendre le grand texte bouddhiste *jnâna prajnaparamita* (« la sagesse suprême ») :

Gate gate paragate parasamgate bodhi svaha
(« aller, aller, aller ensemble
au-delà du...
sur la rive de l'éveil.
Salut à vous tous »).

Conclusion

L'étude des différentes formes de méditations ont fait émerger un système unique dont tous les autres systèmes émanent, et fleurissent comme des pousses sortant d'une seule racine. Que peut-on dire, en résumé et en guise de conclusion, de ce système unique ? Six choses au moins :

1. Au centre de la méditation sont les différentes étapes de la concentration, de la tranquillité et de la vision profonde. Car c'est la consécration — l'attention qui n'a qu'un but porté sur l'objet focalisant la conscience, on ne peut rassembler les fragments dispersés de l'esprit et permettre l'installation de la tranquillité. Sans cette dernière, l'on ne peut faire l'expérience de l'ouverture et de la clarté au sein desquelles la vision profonde peut naître. Et sans cette dernière enfin, la pratique ne peut dépasser le stade de la relaxation.

2. La vision profonde nous fait pénétrer dans le monde intérieur de l'esprit. En son sein, il nous faut abandonner l'intellect si l'on souhaite faire des progrès. Le langage du monde intérieur est intuitif et paradoxal ; il parle par l'intermédiaire de symboles, d'images, de sons, il parle encore par le truchement des *koan* et de leur aspect irrationnel. Dans ce monde intérieur il nous faut cesser les questionnements d'ordre logique et accepter ce qui advient « comme si » c'était réel. Les dieux et les pouvoirs dont nous faisons alors l'expérience sont créés conjointement par les actions de notre esprit et par la réalité créatrice sous-jacente dont ils sont les symboles.

3. Afin que la méditation soit efficace, elle doit devenir partie intégrante de la vie, non seulement pour ce qui est de la régularité de la pratique mais bien dans l'importance que nous attachons à ce *râja-yoga* de l'esprit. Et l'on doit placer ce dernier ancien du *karma-yoga*, lequel nous permet de prendre conscience de nos actions, du *bhakti-yoga*, lequel développe à son tour en nous les pouvoirs de l'amour et de la compassion, et au sein de *jnâna-yoga* qui nous élève au niveau de la sagesse et de la compréhension.

4. Le « moi », l'ego, la petite personne savante que nous pensons être est une entrave au progrès. Dans la méditation, ce petit « moi » est mis de côté, écarté au fur et à mesure que l'esprit se centre sur la conscience méditative. En lieu et place de ce petit « moi », la méditation nous met en contact avec le sens bien plus profond de l'être, un sens qui transforme notre humanité tant dans les relations que nous entretenons avec nous-mêmes que dans celles que nous entretenons avec autrui.

5. Si l'on considère un plan plus profond, tous les systèmes de méditation dissolvent les barrières qui s'élèvent entre l'intérieur et l'extérieur, entre notre propre esprit et l'esprit universel, que l'on choisisse d'appeler ce dernier, Dieu, le *nirvâna*, *Ain Soph*, *Brahman* ou encore de tous les noms que les hommes et les femmes ont bien pu lui donner.

6. Enfin pour aller encore plus en profondeur, nous parvenons à l'expansion de l'esprit limité lequel s'intègre à l'esprit universel infini, une expansion qui n'est en aucun cas annihilation ni perte de l'individualité mais bien une réalité dans laquelle la distinction entre individualité et unité, comme celle qui existe entre tous les opposés, non contente de disparaître, s'avère n'avoir jamais eu d'existence réelle.

Reconnaître ce système sous-jacent à tous les systèmes, c'est reconnaître pourquoi Aldous Huxley en parle comme de « la sagesse perpétuelle », une sagesse qui nous a constamment été transmise par les grands maîtres spirituels et que les hommes et les femmes doivent redécouvrir à l'intérieur de leur cœur. À chaque fois que ces grands maîtres partagent cette sagesse, celle-ci est progressivement affadie après leur mort, perdue sous une masse de dogmes, de rituels, de luttes personnelles pour le pouvoir par des disciples dans les mains desquels ils pensaient avoir placé cette sagesse sous bonne garde. De là vient le besoin de chacun de nous de ramener l'esprit en lui-même, de se tourner vers l'intérieur et d'entrer par nous-mêmes dans la voie qu'ils ont montré et qu'ils ont dessinée pour nous, la voie qui conduit au monde intérieur où la sagesse constamment demeure.

Cette voie-là, c'est la méditation. La longueur du chemin que nous parcourons sur cette voie-là dépend d'un nombre considérable d'éléments parmi lesquels on peut citer l'opportunité, la santé et la force physiques, le soutien et la compagnie de personnes qui ont les mêmes aspirations et — le plus crucial de tous, la force de notre propre motivation. Mais quelque faible que celle-ci puisse paraître, une fois que l'on s'est engagé dans cette voie, on ne rebrousse pas chemin. Il est des moments dans la vie où l'on médite régulièrement, comme il est des moments où il faut lutter pour trouver la volonté, pour ménager l'espace mental ou physique de s'asseoir ne serait-ce qu'une fois par semaine. Il est des moments où l'esprit reste calme et clair, bien équilibré dans la conscience qu'apporte la méditation, et d'autres moments où il ne cesse de jacasser et où on a l'impression qu'on ne fera plus jamais de progrès. Cependant, une fois engagé sur la voie de la méditation, on ne la délaisse jamais tout à fait dans la mesure où même si l'on s'en écarte pour un moment, on n'oublie jamais complètement le chemin parcouru.

La voie de la méditation est une voie qui s'accorde au flux de la vie, une voie de résonance avec celui-ci, une voie qui conduit à sa source l'esprit créatif qui souligne toutes nos actions, qui soutient et renouvelle nos vies à chaques instant. L'esprit créatif qui est ce que la vie *est* réellement. Plus l'on prend conscience de ce fait, et plus il nous semble étrange d'avoir pu traverser tant de jours sur cette terre sans savoir ce que voulait dire « être vivant ». Nous sommes vivants, jour après jour, heure après heure, minute après minute. Cependant, quelle est la signification exacte du terme « être vivant » ? Nous sommes tellement distraits et troublés par ce qui se passe dans le monde extérieur, par les sollicitations qu'il nous envoie, par ce qu'il nous dit à nous à propos de nous, que nous nous sommes séparés de notre vraie nature, de notre nature réelle. Le mariage mystique, fruit de la méditation, qui unit l'être matériel à l'être spirituel qui est en nous met fin à cette séparation. Au cours de ce mariage mystique, l'alchimiste que nous sommes transmute le métal de base en or, notre âme entend la voie de Dieu, l'esprit de Bouddha réalise le *nirvâna*, le magicien fait l'expérience de l'envol d'*Horus* dans la lumière de l'éternité, *Malkhuth* enfin s'unit avec *Kether* pour fusionner dans l'immensité d'*Ain Soph*.

Bibliographie
en langue française

Cette bibliographie intègre les ouvrages traduits en langue française des auteurs cités par David Fontana ainsi que quelques ouvrages français apportant un éclairage complémentaire sur les sujets qu'il a abordés.

Association IANDS, *Expérience au seuil de la mort*, L'Âge du Verseau, Belfond, 1992.
Bohm David, *La plénitude de l'univers*, Le Rocher.
Campbell Joseph, Moyers Bill, *Puissance du Mythe*, J'ai Lu, coll. New Age, 1991.
Capra Fritjof, *Le Temps du changement*, Le Rocher.
Castaneda Carlos, *Les Enseignements d'un sorcier Yaqui*, Gallimard, Folio.
Castaneda Carlos, *Histoires de pouvoir*, Gallimard, Folio.
Castaneda Carlos, *L'Herbe du Diable et la petite fumée*, 10/18.
Castaneda Carlos, *Le Voyage à Ixtlan, les leçons de Don Juan*, Gallimard, Folio.
Castermane Jacques, *Les Leçons de Dürckeim*, Le Rocher, 1988.
Chee Soo, *La Relaxation, l'harmonie et la maîtrise de soi par le Tai Chi Chuan*, M.A. Éditions, 1990.
Colloques de la Sainte-Beaume, *Méditer et Agir*, Albin Michel, coll. Espaces Livres, 1993.
Coquet Michel, *Pratique de la Méditation, Jyoti, So-Ham, Gayatri*, l'Or du Temps, 1990.
Crépon Pierre, *Bouddhisme et Spiritualité Orientale*, Pocket, coll. L'Âge d'Être, 1994.
Crépon Pierre, *Les Évangiles Apocryphes*, Retz-Poche, 1989.
Crépon Pierre, *Les Fleurs du Bouddha*, Albin Michel, coll. Spiritualités Vivantes, 1991.
Dalaï Lama Sa Sainteté le XIVe, *La Lumière du Darmha*, Pocket, coll. l'Âge d'Être, 1995.
David-Néel Alexandra, *Le Bouddhisme du Bouddha*, Pocket, 1989.
Denis Huisman et Marie-Agnès Malfray, *Les Plus Grands Textes de la philosophie orientale*, Albin Michel, 1992.
Deshimaru Taisen, *Zen et Arts Martiaux*, Albin Michel, coll. Spiritualités Vivantes, 1983.
Dögen Maître, *Le Trésor du Zen*, textes commentés par Taisen Deshimaru, Albin Michel, coll. Spiritualités Vivantes, 1986.
Doresse Jean, *Évangile de Thomas*, Le Rocher, 1986.
Doresse Jean, *Les Livres secrets des Gnostiques d'Égypte*, Le Rocher, 1984.

Edde Gérard, *Vers l'éternelle jeunesse. Initiation au Gi gong*, Pocket, coll. l'Âge d'Être, 1992.
Eliade Mircea, *Aspects du Mythe*, Gallimard, coll. Idées, 1963.
Evans-Wentz, *Le Yoga tibétain et les doctrines secrètes ou les sept livres de la sagesse du Grand Sentier* (d'après la trad. du lama Kasi Dawa Samdup, trad. par Marguerite de la Fuente), J. Maisonneuve, 1987.
Fessard Gaston, *La Dialectique des exercices spirituels*, Desclée de Brower, 1966.
Feild Reshad, *Né pour guérir*, Éd. Soleil, 1989.
Fontana David, *Gérer le stress*, Mardaga, 1990.
Feild Reshad, *Voyage au Pays des Soufis*, Éd. Soleil, 1990.
Gadwin Joscelyn, *Bibliothèque de l'Hermétisme* (traduit de l'anglais par Marc Rolland).
Gadwin Joscelyn, *Les Harmonies du ciel et de la terre, les dimensions spirituelles de la musique*, Albin Michel, 1994.
Govinda Lama Anagarika, *La Méditation créatrice*, Albin Michel, coll. Spiritualités Vivantes, 19 .
Govinda Lama Anagarika, *Méditation créatrice et conscience multidimentionnelle*, Albin Michel, coll. Spiritualités Vivantes, 1979.
Grim John A., *Chamane guérisseur de l'âme*, Pocket, coll. l'Âge d'Être, 1992.
Han Shan, *Le Mangeur de brumes*, éd. P. Carré, Phebus, 1985.
Han Shan, *Merveilleux Chemin de Han San*, (trad. d'Hervé Collet et Cheng Wing Fun) Moundarren, 1985.
Hark Helmut, *La Force de guérison de l'Arbre de Vie*, Dangles, 1994.
Harner Michael, *La Voie spirituelle du chamane*, Pocket, coll. l'Âge d'Être, 1994.
Herrigel Eugen, *Le Zen dans l'art chevaleresque du tir à l'arc*, Dervy livres, 1970.
Jacq Christian, *Pouvoir et Sagesse selon l'Égypte ancienne*, Le Rocher, 1981.
Joko Beck Charlotte, *Soyez Zen*, Pocket, coll. l'Âge d'Être, 1992.
Jung Carl-Gustav, *L'Homme et ses Symboles*, Laffont, 1964.
Jung Carl-Gustav, *Commentaire sur le Mystère de la Fleur d'Or*, Albin Michel, coll. Spiritualités Vivantes.
Jung Carl-Gustav, *Psychologie et religion*, Buchet Chistel, 1990.
Kapleau Philips, *Questions Zen* (traduit de l'américain par Vincent Bardet), Seuil, coll. Point Sagesse, 1992.
Kelder Peter, *Les Cinq Tibétains, secrets de jeunesse et de vitalité* (traduit de l'américain par le Docteur Soleil), Vivez Soleil, 1993.
Kryananda Goswami, *Méditation, Guide Pratique*, Arista, 1992.
Lü Tung Pin, *Le Mystère de la Fleur d'Or* (trad. Richard Wilhelm), Librairie de Médicis.
Lü Tung Pin, *Le Secret de la Fleur d'Or* (trad. Cleary Thomas, texte intégral), Pocket, coll. l'Âge d'Être, 1995.
Maître Eckhart, *Les Sermons* (3 tomes), Seuil, 1978.

Maître Eckhart, *Les Traités*, Seuil, 1971.
Michael Tara, *Introduction aux voies du yoga*, Le Rocher, 1984.
Monroe Robert, *La Sortie hors du corps*, Pocket, coll. l'Âge d'Être, 1995.
Mortazavi Djamchid, *Soufisme et psychologie*, Le Rocher, 1989.
Nikhilananda Swami, *La Vie de Vivekananda*, Éd. Christian de Bartillat, coll. de l'Esprit.
Patanjali, *Yoga sûtras* (trad. de T.K.V. Desikachar), Le Rocher, 1986.
Ramdas Swami, *Pensées*, La Table Ronde, coll. Les petits livres de la sagesse, 1995.
Regardie Israel, *Initiation aux secrets de la magie* (traduction par Pascal Bodeveix et Nicolas Blot) Amarande, 1991.
Rinpoché Darmha-Arya Akong Tulkou, *L'Art de dresser le tigre intérieur*, Sand, 1991.
Rinpoché Sogyal, *Méditation*, La Table Ronde, coll. Les petits livres de la sagesse, 1995. Ce livre est le chapitre 5 du *Livre tibétain de la mort et de la vie* du même auteur chez le même éditeur.
Roberts Jane, *L'Enseignement de Seth*, J'ai Lu, 1991.
Robets Jane, *Seth*, Éd. de la Montagne, 1993.
Rüdiger Dhalke, *Mandalas : comment retrouver le divin en soi*, Dangles, coll. Horizons Spirituels, 1988.
Saint Ignace de Loyala, *Exercices spirituels*, trad. par Pierre Jennesseaux et Eugénie Thibaut, Arléa, 1991.
Schnetzler Jean-Pierre, *La Méditation Bouddhique. Une voie de libération*, Albin Michel, coll. Spiritualités Vivantes, 1994.
Schwaller de Lubicz Isha, *Her-Back « pois chiche » et Her-Back « disciple »*, Flammarion, Champs, 1956, 1980.
Sheldrake Rupert, *La Mémoire de l'univers*, Le Rocher, 1994.
Simonton Carl Dr., Stephanie Mathews Simonton et James Creighton, *Guérir envers et contre tout*, Épi, 1991.
Steiner Rudolph, *Comment acquérir des connaissances des Mondes Supérieurs ? Initiation* (trad. par S. Rihouët-Coroze), Éd. Triades, 1989.
Steiner Rudolph, *Comment parvient-on à des connaissances des Mondes Supérieurs ?*, (trad. par Geneviève Bideau), Éd Novalis, 1993.
Steiner Rudolph, *La Science de l'Occulte*, Triades, coll. la Voie Ouverte, 1988.
Sutras du Lotus Blanc de la Loi Merveilleuse, trad. et annot. par André Chedel, Dervy Livres, 1975.
Suzuki Daisetz Teitaro, *Essai sur le Bouddhisme Zen*, Albin Michel, coll. Spiritualités Vivantes, 1987.
Suzuki Daisetz Teitaro, *Le Chemin du Zen*, Le Rocher, 1990.
Talbot Michael, *L'Univers est un Hologramme*, Pocket, coll. l'Âge d'Être, 1995.
Thurman Robert A.F., *Le Livre des Morts tibétains*, Christian de Bartillat Éditeur, 1995.
Varenne Jean-Michel, *Vivre au calme par la méditation*, M.A. Éditions, 1990.

Bibliographie
en langue anglaise

Textes cités par David Fontana non traduits en langue française à ce jour.

Ashcroft-Nowicki D., *The Forgotten Mage : The Magical Lectures of Colonel C.R.F. Seymour*, Aquarian Press, 1986.
Barlow W., *The Alexander Technique*, Arrow, 1975.
Benson H., *The Relaxation Response*, Collins, 1976.
Brunton P., *A Search in Secret Egypt*, Rider, 1969.
Budge Sir E. A., *Egyptian Magic*, Routledge and Kegan Paul, 1972.
Budhananda Swami, *Teachings of Sri Ramakrishna*, Advaita Ashrama, 1975.
Chidbhavananda Swami, *Ramakrishna Lives Vedânta* (2e édition), Sri Ramakrishna Tapovana, 1971.
Chögyam Ngakpa, *Rainbow of Liberated Energy : Working with Emotions through the Colour and Element Symbolism of Tibetan Tantra*, Element Books, 1986.
Chögyam Ngakpa, *Journey into Vastness : A Handbook of Tibetan Meditation Techniques*, Element Books, 1988.
Conze E., *Buddhist Meditation*, Unwin, 1972.
Conze E. (trans.), *The Short Prajnaparamita Texts*, Luzac and Co., 1973.
Cooper J.-C., *An Illustrated Encyclopaedia of Traditional Symbols*, Thames and Hudson, 1982.
Crook J., *Catching a Feather on a Fan : A Zen Retreat with Master Sheng Yen*, Element Books, 1991.
Crook J. and Fontana D. (eds), *Space in Mind : East-West Psychology and Contemporay Buddhism*, Element Books, 1990.
Cox M., *Mysticism : The Direct Experience of God*, Aquarian Press, 1983.
Dunne D., *Yoga Made Easy*, Panther, 1965.
Eddington Sir A., *The Nature of the Physical World*, Cambridge Universtiy Press, 1935.
Evans C. de B., *The Works of Meister Eckhart*, vol. 1, Watkins, 1924.
Evans-Wentz W. Y. (ed.), *The Tibetan Book of the Dead*, Oxford University Press, 1960 (commentary by C. G. Jung).
Evans-Wentz W. Y. (ed.), *The Tibetan Book of the Great Liberation*, Oxford University Press, 1968 (commentary by C. G. Jung).
Feild R., *The Last Barrier*, Element Books, 1985.
Fontana D., *Dreamlife : Understanding and Using Your Dreams*, Element Books, 1990.
Fontana D., *The Elements of Meditation*, Element Books, 1991.
French R. M. (trans.), *The Way of a Pilgrim*, SPCK, 1942.

French R. M. (trans.), *The Pilgrim Continues His Way*, SPCK, 1973.
Ghanananda Swami, *Sri Ramakrishna and His Unique Message*, Ramakrishna Vedanta Centre, 1970.
Godman D. (ed.), *Be As You Are : The Teachings of Sri Ramana Maharshi*, Arkana, 1985.
Godwin J., *Mystery Religions in the Ancient World*, Thames and Hudson, 1981.
Goleman D., *The Meditative Mind*, Crucible Books, 1989.
Govinda Lama Anagarika, *Creative Meditation and Multidimensional Consciousness*, Unwin, 1977.
Grant P. (ed.), *A Dazzling Darkness : An Anthology of Western Mysticism*, Fount Books, 1985.
Guirdham A., *The Great Heresy*, Neville Spearman, 1977.
Gupta M. N., *The Condensed Gospel of Sri Ramakrishna*, Sri Ramakrishna Math, 1978.
Halifax J. (ed.), *Shamanic Voices : A Survey of Visionary Narratives*, Dutton, 1979.
Hamilton-Merritt J., *A Meditator's Diary*, Penguin Books, 1979.
Hanson V. (ed.), *Approaches to Meditation*, Quest Books, 1976.
Hart G., *A Dictionary of Egyptian Gods and Goddesses*, Routledge and Kegan Paul, 1986.
Harvey A., *A Journey in Ladakh*, Fontana Books, 1983.
Hoffmann J., *The Sound of the One Hand*, Paladin Books, 1977.
Hyams J., *Zen in the Martial Arts*, Bantam Books, 1982.
Isherwood C. (ed.), *Vedanta for the Western World*, Unwin, 1963.
Jeans Sir J., *The Mysterious Universe*, Cambridge University Press, 1930.
Julian of Norwich Mother, *Revelations of Divine Love*, Penguin Books, 1966.
Kadloubovsky E. and Palmer G. E. H., *Writings from the Philokalia on Prayer of the Heart*, Faber and Faber, 1951.
Kapleau Roshi Philip, *Three Pillars of Zen*, Rider, 1980.
Krpälvanand Yogacarya Swami, *Science of Meditation*, Sri Dahyabhai Patel, 1977.
Lati Rinbochay, Denma Locho Rinbochay, Zahler L. and Hopkins J., *Meditative States in Tibetan Buddhism*, Wisdom Books, 1983.
Luk C., *The Transmission of the Mind Outside the Teachings*, Grove Press, 1975.
Luk C., *Practical Buddhism*, Rider, 1971.
Mahadevan R. M., *Ramana Maharshi, The Sage of Arunacala*, Unwin, 1977.
Masunaga R. (trans.), *A Primer of Soto Zen : Dögen's Shobogenzo Zuimonki*, Routledge and Kegan Paul, 1972.
McDonald K., *How to Meditate*, Wisdom Books, 1984.
Monks of the Ramakrishna Order, *Meditation* (3e édition), Ramakrishna Vedanta Centre, 1984.
Naranjo C., *How to Be*, Jeremy Tarcher, 1989.

Nicol C. W., *Moving Zen*, Bodley Head, 1975.
Osborne A. (ed.), *The Teachings of Sri Ramana Maharshi in His Own Words*, Rider, 1971.
Pagels E., *The Gnostic Gospels*, Penguin Books, 1982.
Payne P., *Martial Arts : The Spiritual Dimension*, Thames and Hudson, 1981.
Poncé C., *Kabbalah : An Introduction and Illumination for the World Today*, Quest Books, 1973.
Prabhavananda Swami and Isherwood C. (trans. and eds.), *How to Know God : The Yoga Aphorisms of Patanjali*, Mentor Books, 1953.
Regardie I., *The Tree of Life*, Samuel Weiser, 1972.
Reps P., *Zen Flesh, Zen Bones*, Penguin, 1971.
Richardson A., *Dancers to the Gods*, Aquarian Press, 1985.
Roberts J., *The Seth Material*, Prentice Hall, 1970.
Robinson J. M. (ed.), *The Nag Hammadi Library* (2e édition), E. J. Brill, 1984.
Sabom M. D., *Recollections of Death*, Corgi Books, 1982.
Scholem G., *Kabbalah*, Dorset Press, 1987.
Sekida K., *Zen Training : Methods and Philosophy*, Weatherhill, 1975.
Sekida K. (trans.) and Grimstone A. V. (ed.), *Two Zen Classics : Mumonkan and Hekiganroku*, Weatherhill, 1977.
Staal F., *Exploring Mysticism*, Penguin Books, 1975.
Stace W. T., *The Teachings of the Mystics*, Mentor Books, 1960.
Suzuki D. T., *Mysticism : Christian and Buddhist*, Unwin, 1979.
Toyne M., *Involved in Mankind : The Life and Message of Vivekananda*, Ramakrishna Vedanta Centre, 1983.
Tucci G., *The Theory and Practice of the Mandala*, Rider, 1969.
Vivekananda Swami, *Inspired Talks*, Sri Ramakrishna Math, 1963.
Waley A., *The Way and Its Power : The Tao Te Ching and Its Place in Chinese Thought*, Mandala Books, 1977.
Ward T., *What the Buddha Never Taught*, Element Books, 1990.
West M. A. (ed.), *The Psychology of Meditation*, Clarendon Press, 1987.
Wilber K., « Odyssey : a personal enquiry into humanistic and transpersonal psychology », *Journal of Humanistic Psychology*, 22, 1, pp. 57-90, 1982.
Wilber K., « The pre-trans fallacy », *Journal of Humanistic Psychology*, 22, 2, pp. 5-43, 1982.
Wolters C. (ed. and trans.), *The Cloud of Unknowing*, Penguin Books, 1978.
Wood E., *Concentration : An Approach to Meditation*, Quest Books, 1949.
Wood E., *Yoga*, Penguin Books, 1965.
Yokoi Y. and Victoria D., *Zen Master Dögen : An Introduction with Selected Writings*, Weatherhill, 1976.

Achevé d'imprimer en mai 1995
sur les presses de l'Imprimerie Bussière
à Saint-Amand (Cher)

POCKET - 12, avenue d'Italie - 75627 Paris Cedex 13
Tél. : 44-16-05-00

— N° d'imp. 1494. —
Dépôt légal : juin 1994.

Imprimé en France